TABLETTES ROYALES
DE
CORRESPONDANCE,
ET
D'INDICATION GENERALE,

DES MANUFACTURES, PRINCIPALES FABRIQUES ET MAISONS DE COMMERCE,

DE DRAPERIE, SOIERIE,

Toilerie, Bonneterie, Chapellerie, Pelleterie, Papeterie, Librairie, Imprimerie, &c.

Avec une Notice des motifs qui rendent ces Maisons recommandables.

Dedié & Presenté à MONSEIGNEUR LE DAUPHIN.

Prix. . . . 3 livres, broché, par Abonnement.

A PARIS,

Au Bureau d'indication & négociations générales, Cour du Commerce Saint-André-des-Arts, où l'on reçoit tous les abonnemens, avis, observations & changemens relatifs à cet Ouvrage.

Et chez tous les Libraires & Directeurs des Postes du Royaume.

M. DCC. LXXXIX.

Avec Approbation & Privilege du Roi.

APPROBATION.

J'AI lu par ordre de Monseigneur le Garde des Sceaux, un Ouvrage intitulé : *Tablettes Royales de Correspondance & d'Indication générale*, &c. Cet Ouvrage, utile aux Arts & au Commerce, doit être accueilli favorablement du Public, par les indications de tout genre qu'il renferme. A Paris ce 6 Janvier 1789.

MENTELLE.

PRIVILEGE DU ROI.

LOUIS, PAR LA GRACE DE DIEU, ROI DE FRANCE ET DE NAVARRE A nos amés et féaux Conseillers, les Gens tenans nos Cours de Parlement, Maîtres des Requêtes ordinaires de notre Hôtel, Grand-Conseil Prévôt de Paris, Baillifs, Sénéchaux, leurs Lieutenans-Civils, et autres nos Justiciers qu'il appartiendra : SALUT. Notre amé le Sieur ROZE DE CHANTOISEAU, Nous a fait exposer qu'il desireroit faire imprimer et donner au Public l'*Almanach Dauphin*, ou *Tablettes Royales de Renommée, du vrai mérite, d'adresses, d'indications & négociations générales des six Corps Marchands, Artistes célébres, & Fabricans d'un mérite distingué, avec une notice des motifs qui les rendent recommandables*, s'il Nous plaisoit lui accorder nos Lettres de Privilége pour ce nécessaires. A CES CAUSES, voulant favorablement traiter l'Exposant, Nous lui avons permis et permettons par ces Présentes, de faire imprimer ledit Ouvrage, autant de fois que bon lui semblera, de le vendre, faire vendre et débiter par tout notre Royaume, pendant le tems de dix années consécutives, à compter de la date des Présentes. FAISONS défenses à tous Imprimeurs, Libraires, et autres personnes de quelque qualité et condition qu'elles soient, d'en introduire d'impression étrangere dans aucun lieu de notre obéisance ; comme aussi d'imprimer ou faire imprimer, vendre, faire vendre, débiter ni contrefaire ledit Ouvrage, sous quelque prétexte que ce puisse être, sans la permission expresse et par écrit dudit Exposant, ses hoirs ou ayant causes, à peine de saisie et de confiscation des exemplaires contrefaits, de six mille livres d'amende, qui ne pourra être modérée, pour la premiere fois, de pareille amende et de déchéance d'état en cas de récidive, et de tous dépens, dommages et intérêts, conformément à l'Arrêt du Conseil du 30 août 1777, concernant les Contrefaçons. A LA CHARGE que ces Présentes seront enregistrées tout au long sur le Registre de la Communauté des Imprimeurs et Libraires de Paris dans trois mois de la date d'icelles ; que l'impression dudit Ouvrage sera faite dans notre Royaume et non ailleurs, en beau papier et beaux caracteres, conformément aux Réglemens de la Librairie, à peine de dechéance du présent Privilége ; qu'avant de l'exposer en vente, le manuscrit qui aura servi de copie à l'impression dudit Ouvrage, sera remis dans le même état où l'Approbation y aura été donnée, ès-mains de notre très-cher et féal Chevalier, Garde des Sceaux de France, le Sr HUE DE MIROMESNIL, Commandeur de nos Ordres ; qu'il en sera ensuite remis deux exemplaires dans notre bibliothèque publique, un dans celle de notre Château du Louvre, un dans celle de notre très-cher et féal Chevalier Chancelier de France, le Sr DE MAUPEOU, et un dans celle dud. Sr HUE DE MIROMESNIL. Le tout à peine de nullité des présentes; DU CONTENU desquelles VOUS MANDONS et enjoignons de faire jouir ledit Exposant et ses ayant causes, pleinement et paisiblement, sans souffrir qu'il leur soit fait aucun trouble ou empêchement. VOULONS que la copie des Présentes, qui sera imprimée tout au long au commencement ou à la fin dudit Ouvrage, soit tenue pour dûment signifiée, et qu'aux copies collationnées par l'un de nos amés et féaux Conseillers-Secrétaires, foi soit ajoutée comme à l'original. COMMANDONS au premier notre Huissier ou Sergent sur ce requis, de faire, pour l'exécution d'icelles, tous Actes requis et nécessaires, sans demander autre permission et nonobstant clameur de Haro, Charte Normande et Lettres à ce contraires. Car tel est notre plaisir. Donné à Versailles, le douzième jour du mois de Juillet, l'an l'an de grace mil sept cent quatre-vingt-six, et de notre Régne le quatorzième. PAR LE ROI, en son Conseil.

Signé LE BEGUE.

Registré sur le Registre XXIII, *de la Chambre Royale et Syndicale des Libraires et Imprimeurs de Paris*, N°. 753, Fol. 89, *conformément aux dispositions énoncées dans le présent Privilége ; et à la charge de remettre à ladite Chambre, les neuf exemplaires prescrits par l'Arrêt du Conseil du 16 Avril 1785. A Paris, le 8 Août 1786.* LECLERC, *Syndic.*

ÉPITRE
DÉDICATOIRE
A MONSEIGNEUR
LE DAUPHIN.

MONSEIGNEUR,

OSEROIS-JE espérer que vous voudrez bien aggréer l'hommage d'un nouvel essai, sur l'Ouvrage que le Roi, votre AUGUSTE PERE, m'a permis de décorer du Titre flatteur D'ALMANACH DAUPHIN.

C'EST de ce Titre si cher à tous les François que cet Ouvrage tirera tout son lustre: paroisssant sous les auspises de VOTRE ALTESSE ROYALE, les Négocians et

Artistes celebres, au mérite et à la réputation desquels cet Ouvrage est particuliérement consacré, s'empresseront de seconder mes efforts pour le rendre de plus en plus digne de vous en faire un nouvel hommage.

Je suis avec le plus profond respect,

MONSEIGNEUR,

DE VOTRE ALTESSE ROYALE,

Le très-humble & très-obéissant Serviteur, ROZE DE CHANTOISEAU.

JANVIER.

Le Verseau. ♒

Pr. Q. le 4. | D. Q. le 18.
Pl. L. le 11. | N. L. le 26.

Jours de la sem.	*Jours d. m.*	*Noms des Saints.*
Jeudi	1	*la Circoncis.*
Vendredi	2	S. [illegible]
Samedi	3	*Ste Genevieve*
Dim.	4	S. Tite Ev.
Lundi	5	S. Sim. Styl.
Mardi	6	*Les Rois.*
Mercredi	7	S. Theau.
Jeudi	8	S. Frédéric.
Vendredi	9	S. Lucien.
Samedi	10	S. Furcy, Ab.
1 *Dim.*	11	S. Paul, Her.
Lundi	12	S. Palemon.
Mardi	13	S. Hilaire, E.
Mercredi	14	S. Nom de J.
Jeudi	15	S. Maur, Ab.
Vendredi	16	S. Guillaume.
Samedi	17	S. Antoine.
2 *Dim.*	18	Ch. S. Pierre.
Lundi	19	S. Sulpice.
Mardi	20	S. Eutrope.
Mercredi	21	Ste Agnès.
Jeudi	22	S. Vincent.
Vendredi	23	S. Ildephonse.
Samedi	24	S. Thimothée.
3 *Dim.*	25	Conv. S. Paul.
Lundi	26	Ste Paule.
Mardi	27	S. Boniface.
Mercredi	28	S. Charlemag.
Jeudi	29	S. Franç. de S.
Vendredi	30	Ste Batilde.
Samedi	31	Ste Radegond.

FÉVRIER.

Les Poissons. ♓

Pr. Q. le 3. | D. Q. le 16.
Pl. L. le 10. | N. L. le 25.

Jours de la sem.	*Jours d. m.*	*Noms des Saints.*
4 *Dim.*	1	[illegible]gnace.
Lundi	2	*[illegible]rification.*
Mardi	3	S. Blaise.
Mercredi	4	Ste Agathe.
Jeudi	5	S. Romuald.
Vendredi	6	S. Vast, Ev.
Samedi	7	S. Jean de M.
Dim.	8	*Septuagesime.*
Lundi	9	S. Lezin.
Mardi	10	S. Gilbert.
Mercredi	11	S. Severin.
Jeudi	12	Ste Appoline.
Vendredi	13	Ste Scolastiqu.
Samedi	14	S. Siméon.
Dim.	15	*Sexagésime.*
Lundi	16	S. Silvain.
Mardi	17	S. Mélece.
Mercredi	18	S. Lezin, Ev.
Jeudi	19	S. Valentin.
Vendredi	20	S. Laumer.
Samedi	21	S. Onesime E.
Dim.	22	*Quinquagés.*
Lundi	23	Ste Isabelle.
Mardi	24	S. Matthias.
Mercredi	25	*les Cendres.*
Jeudi	26	S. Césaire.
Vendredi	27	S. Romain.
Samedi	28	Ste Honorine.

Epacte. 31.

MARS.

Le Bélier. ♈

Pr. Q. le 4. | D. Q. le 18.
Pl. L. le 11. | N. L. le 26.

Jours de la sem.	Jours d. m.	Noms des Saints.
1 Dim.	1	*Quadragés.*
Lundi	2	S. Laumer.
Mardi	3	Les 5 Plaies.
Mercredi	4	*4 Tems.*
Jeudi	5	S. Drausin.
Vendredi	6	Ste Colette.
Samedi	7	S. Thom. d'A.
2 Dim.	8	*Reminiscere.*
Lundi	9	S. Vigile, E.
Mardi	10	S. Grégoire.
Mercredi	11	S. Fulcran.
Jeudi	12	S. Doctrové
Vendredi	13	S. Longin.
Samedi	14	S. Eusebe.
3 Dim.	15	*Oculi.*
Lundi	16	S. Vulf.
Mardi	17	S. Léandre.
Mercredi	18	S. Nicepho.
Jeudi	19	S. Joseph
Vendredi	20	S. Amand, Ev.
Samedi	21	S. Benoît.
4 Dim.	22	*Lætare.*
Lundi	23	S. Gabriel.
Mardi	24	S. Eutique.
Mercredi	25	*Annonciation.*
Jeudi	26	S. Jean, Her.
Vendredi	27	Ste Balbine.
Samedi	28	S. Eustase.
5 Dim.	29	*Passion.*
Lundi	30	S. Rieul, Ev.
Mardi	31	S. Julien.

AVRIL.

Le Taureau. ♉

Pr. Q. le 3. | D. Q. le 17.
Pl. L. le 9. | N. L. le 25.

Jours de la sem.	Jours d. m.	Noms des Saints.
Mercredi	1	S. Hugues.
Jeudi	2	S. Ambroise.
Vendredi	3	S. Macaire.
Samedi	4	S. Vincent.
6 Dim.	5	*Les Rameaux.*
Lundi.	6	S. Paterne.
Mardi	7	S. Victorin.
Mercredi	8	S. Hégésipe.
Jeudi	9	S. Casimir.
Vendredi	10	*Vendr. Saint.*
Samedi	11	S. Procope.
Dim.	12	*PASQUES.*
Lundi	13	S. Jules, Pap.
Mardi	14	S. Fulbert.
Mercredi	15	S. Aventin.
Jeudi	16	S. Athanase.
Vendredi	17	S. Pamphile
Samedi	18	S. Gombert.
1 Dim.	19	*Quasimodo.*
Lundi	20	S. Eleuthere.
Mardi	21	S. Clet.
Mercredi	22	Ste. Opportu.
Jeudi	23	Ste Beuve.
Vendredi	24	S. Anien, Ev.
Samedi	25	S. Marc, *abst.*
2 Dim.	26	S. Clet.
Lundi	27	S. Anastase.
Mardi	28	S. Denis, E.
Mercredi	29	Ste. Marie Eg.
Jeudi	30	S. Eutrope.

Nombre d'or 4.

MAI.

Les Gemeaux. ♊

Pr. Q. le 2. | N. L. le 24.
Pl. L. le 9. | Pr. Q. le 31.
D. Q. le 17.

Jours de la sem.	*Jours d. m.*	*Noms des Saints.*
Vendredi	1	S. Jac. S. Ph.
Samedi	2	S. Athanase.
3 *Dim.*	3	Inv. Ste Croix.
Lundi	4	Ste Monique.
Mardi	5	C. de S. Aug.
Mercredi	6	*S. Jean P. Lat*
Jeudi	7	S. Stanislas.
Vendredi	8	App. S. Mic.
Samedi	9	Tr. de S. Nic.
4 *Dim.*	10	Ste Eulalie.
Lundi	11	S. Timon.
Mardi	12	S. Alexandre.
Mercred	13	S. Simplice P.
Jeudi	14	S. Guy, Abb.
Vendredi	15	S. Grégoire.
Samedi	16	S. Honoré.
5 *Dim.*	17	S. Servais, Ev.
Lundi	18	*Les Rogations.*
Mardi	19	S. Yves, Ab.
Mercredi	20	Ste Perpétue.
Jeudi	21	*Ascension.*
Vendredi	22	S. Patrice.
Samedi	23	S. Venant.
6 *Dim.*	24	S. Anselme.
Lundi	25	S. Antonin.
Mardi	26	S. Robert, A.
Mercredi	27	S. Jean Sile.
Jeudi	28	S. Germ. E. P.
Vendredi	29	S. Ponce, D.
Samedi	30	*Vigile-jeune.*
Dim.	31	PENTECOT.

JUIN.

L'Ecrevisse. ♋

Pl. L. le 7. | N. L. le 23.
D. Q. le 15. | Pr. Q. le 30.

Jours de la sem.	*Jours d. m.*	*Noms des Saints.*
Lundi	1	S. Potin, Ev.
Mardi	2	Ste Clotilde.
Mercredi	3	4 *Tems.*
Jeudi	4	S. Othon.
Vendredi	5	S. Claude.
Samedi	6	S. Isidore.
1 *Dim.*	7	*La Trinité.*
Lundi	8	S. Médard.
Mardi	9	S. Didier, Ev.
Mercredi	10	S. Landry.
Jeudi	11	*Fête-Dieu.*
Vendredi	12	S. Optat, Ev.
Samedi	13	S. Gordien.
2 *Dim.*	14	S. Ant. de P.
Lundi	15	S. Robert.
Mardi	16	S. Avit, Abb.
Mercredi	17	S. Fargeau.
Jeudi	18	*Oct. Fête Dieu.*
Vendredi	19	S. Gerv. S. Pr.
Samedi	20	S. Leufr.
3 *Dim.*	21	S. Crescent.
Lundi	22	S. Agoard.
Mardi	23	*Vigile-jeûne.*
Mercredi	24	*Nat. S. J. B.*
Jeudi	25	Ste Théod.
Vendredi	26	S. Gontran.
Samedi	27	*Vigile-jeûne.*
4 *Dim.*	28	S. Maximin.
Lundi	29	*S. Pierre S. P.*
Mardi	30	Comm. S. P.

Cycle Solaire 6.

JUILLET.

Le Lion. ♌

Pl. L. le 7. | N. L. le 22.
D. Q le 11 | Pr. Q. le 29.

Jours de la sem.	*Jours d. m.*	*Noms des Saints.*
Mercredi	1	S. Martial.
Jeudi	2	Visit. de N. D.
Vendredi	3	S. Anatole.
Samedi	4	Tr. S. Martin.
5 *Dim.*	5	S. Paul, Ev.
Lundi	6	S. Goard, Pr.
Mardi	7	S. Severe, Ev.
Mercredi	8	S. Quentin.
Jeudi	9	S. Eracle, Ev.
Vendredi	10	Ste Félicité
Samedi	11	Tr. de S. Ben.
6 *Dim.*	12	S. Prix.
Lundi	13	S. Menon.
Mardi	14	S. Bonavent.
Mercredi	15	Ste Rosalie.
Jeudi	16	N. D. M. C.
Vendredi	17	S. Sperat, M.
Samedi	18	S. Clair, P.
7 *Dim.*	19	S. Vinc. de P.
Lundi	20	Ste Marguer.
Mardi	21	S. Victor.
Mercredi	22	Ste M. Magdel.
Jeudi	23	S. Apollinaire.
Vendredi	24	Ste Ch. *J. Can.*
Samedi	25	S. Jac. S. Chr.
8 *Dim.*	26	Tr. S. Marcel.
Lundi	27	Ste Colombe.
Mardi	28	Ste Anne.
Mercredi	29	Ste Marthe, V.
Jeudi	30	S. Abdon, S.
Vendredi	31	S. Germ. Aux.

AOUT.

La Vierge. ♍

Pl. L. le 5. | N. L. le 20.
D. Q. le 14. | Pr. Q. le 27.

Jours de la sem.	*Jours d. m.*	*Noms des Saints.*
Samedi	1	S. Pierre ès-L.
9 *Dim.*	2	Suf. Ste Cour.
Lundi	3	S. Etienne P.
Mardi	4	S. Dominique
Mercredi	5	N. D. des N.
Jeudi	6	Transf. N. S.
Vendredi	7	S. Rom. M.
Samedi	8	S. Spire
10 *Dim.*	9	S. Victrice.
Lundi	10	S. Laurent.
Mardi	11	Ste Susane.
Mercredi	12	Ste Claire.
Jeudi	13	Susc. Ste. Cr.
Vendredi	14	*Vigile-jeûne.*
Samedi	15	ASSOMPT.
11 *Dim.*	16	S. Roch.
Lundi	17	S. Mammès.
Mardi	18	Ste Hélene.
Mercredi	19	S. Louis, Ev.
Jeudi	20	S. Bernard, A.
Vendredi	21	S. Priva, Ev.
Samedi	22	S. Symphorien
12 *Dim.*	23	S. Sidoine, E.
Lundi	24	S. Barthelemi.
Mardi	25	*S. Louis.*
Mercredi	26	S. Ouen. *F. l. O.*
Jeudi	27	S. Ebbon, Ev.
Vendredi	28	S. Augustin.
Samedi	29	Déc. S. Jean.
13 *Dim.*	30	S. Fiacre, Sol.
Lundi	31	S. Médéric.

SEPTEMBRE.

La Balance. ♎

Pl. L. le 4. | N. L. le 19.
D Q. le 12. | Pr. Q. le 26

Jours de la sem.	*Jours d. m.*	*Noms des Saints.*
Mardi	1	S. Leu S. Gil.
Mercredi	2	S. Lazare.
Jeudi	3	S. Ayoul, Ab.
Vendredi	4	Ste Rosalie.
Samedi	5	S. Antonin.
14 *Dim.*	6	Ste Reine.
Lundi	7	S. Cloud.
Mardi	8	*Nativ. N. D.*
Mercredi	9	S. Juste, Ev.
Jeudi	10	S. Nicolas T.
Vendredi	11	Ste Théod.
Samedi	12	S. Armand E.
15 *Dim.*	13	S. Amé, Ev.
Lundi	14	E. Ste Croix.
Mardi	15	S. Nicodême.
Mercredi	16	S. Jean Chrif.
Jeudi	17	S. Lamb.
Vendredi	18	Ste Euphémie.
Samedi	19	S. Janvier.
16 *Dim.*	20	Ste Lucie.
Lundi	21	S. Matthieu.
Mardi	22	S. Maurice M.
Mercredi	23	Ste Thec.
Jeudi	24	S. Andoche
Vendredi	25	Ste Justine.
Samedi	26	S. Florent.
17 *Dim.*	27	S. Côm. S. D.
Lundi	28	Ste Eustoche.
Mardi	29	S. Michel.
Mercredi	30	S. Jérôme.

Indiction Romaine 7.

OCTOBRE.

Le Scorpion ♏

Pl. L. le 4. | N. L. le 18
D. Q. le 1. | P. Q. le 25

Jours de la sem.	*Jours d. m.*	*Noms des Saints.*
Jeudi	1	S. Remi, Ev.
Vendredi	2	SS. Anges G.
Samedi	3	S. Leger.
18 *Dim.*	4	S. François
Lundi	5	Ste Aure, V.
Mardi	6	S. Bruno
Mercredi	7	Ste Julie.
Jeudi	8	Ste Brigitte.
Vendredi	9	*S. Denis.*
Samedi	10	S. Aldric.
19 *Dim.*	11	S. Nicaise.
Lundi	12	S. Wilfride.
Mardi	13	S. Geraud.
Mercredi	14	S. Caliste, P
Jeudi	15	Ste Thérèse.
Vendredi	16	S. Eliphe.
Samedi	17	S. Cerbonnet.
20 *Dim.*	18	S. Luc, Ev.
Lundi	19	S. Caprais.
Mardi	20	S. Aderald.
Mercredi	21	S. Ursule.
Jeudi	22	S. Mellon.
Vendredi	23	S. Romain.
Samedi	24	S. Magloire.
21 *Dim.*	25	S. Crép. S. C.
Lundi	26	S. Rogatien.
Mardi	27	S. Frumence.
Mercredi	28	S. Sim. S. Jud
Jeudi	29	S. Bon, [illegible]
Vendredi	30	S. Patr[illegible]e.
Samedi	31	*Vigile-jeûne.*

NOVEMBRE.

Le Sagitaire. ♐

Pl. L. le 3. | N. L. le 17.
D. Q. le 10 | Pr. Q. le 24.

Jours de la sem.	*Jours d. m.*	*Noms des Saints.*
22 Dim.	1	*Toussaints.*
Lundi	2	*Trépassés.*
Mardi	3	S. Marcel.
Mercredi	4	S. Charles.
Jeudi	5	S. Hubert.
Vendredi	6	S. Léonard.
Samedi	7	S. Achille.
23 Dim.	8	S. Godefroi
Lundi	9	S. Mathurin.
Mardi	10	S. Quintien.
Mercred	11	S. Martin.
Jeudi	12	S. René, Ev.
Vendred	13	S. Brice
Samedi	14	Ste Marie.
24 Dim.	15	S. Malo, Ev.
Lundi	16	S. Edme, Ev.
Mardi	17	S. Agnan, E.
Mercre	18	S. Grégoire
Jeudi	19	Ste Elisabeth.
Vendre	20	S. Mandé.
Samedi	21	Prés. N. D.
25 Dim.	22	Ste Cécile.
Lundi	23	S. Clément.
Mardi	24	S. Chrysog.
Mercred	25	Ste Catherine.
Jeudi	26	S. Basle, Sol.
Vendre	27	S. Maxime.
Samedi	28	S. Théodule.
1 Dim.	29	*Avent.*
Lundi	30	S. André.

Lettre Dominicale D.

DÉCEMBRE.

Le Capricorne. ♑

Pl. L. le 2. | N. L. le 16.
D. Q. le 9. | Pr. Q. le 24.

Jours de la sem.	*Jours d. m.*	*Noms des Saints.*
Mardi	1	S. Eloi.
Mercredi	2	S. Fulgence.
Jeudi	3	S. Franc. Xav.
Vendredi	4	Ste Barbe.
Samedi	5	S. Sabas.
2 Dim.	6	S. Nic. Evêq.
Lundi	7	Ste Eulalie.
Mardi	8	Conc. N. D.
Mercredi	9	Ste Gorg.
Jeudi	10	Ste Fare. V.
Vendredi	11	S. Damas.
Samedi	12	Ste Luce V.
3 Dim.	13	Ste Adélaïde.
Lundi	14	S. Memin.
Mardi	15	S. Timoléon.
Mercredi	16	*4 Tems.*
Jeudi	17	S. Hermop.
Vendredi	18	Ste Crisp.
Samedi	19	S. Philogone.
4 Dim.	20	S. Daniel.
Lundi	21	S. Thomas.
Mardi	22	S. Pellerin.
Mercredi	23	Ste Victoire.
Jeudi	24	*Vigile-jeûne.*
Vendredi	25	N O E L.
Samedi	26	*S. Etienne.*
Dim.	27	*S. Jean Ev.*
Lundi	28	SS. Innocens.
Mardi	29	S. Ursin.
Mercredi	30	Ste Colombe.
Jeudi	31	S. Silvestre P.

TABLETTES ROYALES DE CORRESPONDANCE, ET D'INDICATION GÉNÉRALE,

Des principales Fabriques, Manufactures et Maisons de Commerce

DE DRAPERIE, SOIERIE,

Toilerie, Bonneterie, Chapellerie, Pelleterie, Papeterie, Librairie de Paris, autres villes du Royaume & des Pays Etrangers.

LE but de l'Ouvrage que nous présentons chaque année sous le titre d'*Almanach Dauphin*, ou *Tablettes de Correspondance & d'indication générale*, &c. est d'ouvrir une correspondance universelle entre les Négocians & les Artistes de tous les pays, & le Public intéressé à les connoître. Nous avons joint à nos indications des notices sur tous les sujets les plus importans. On s'est contenté d'exposer simplement, & sans partialité, les motifs de considération que certains établissemens ont à la confiance publique.

Nous ne nous dissimulons pas combien il y a encore à faire pour atteindre au degré de perfection dont ce répertoire est susceptible. Chaque année nous y conduit. Infatigables dans nos recherches, animés par un succès que nous voyons toujours s'accroître, nous ne cessons d'inviter les Négocians, les Fabricans, & généralement toutes les personnes intéressées à l'exactitude de notre ouvrage, à vouloir bien le rectifier en ce qui les concerne ; elles peuvent être persuadées que nous recevrons toujours leurs avis avec reconnoissance, & qu'on y aura le plus grand égard pour l'édition prochaine.

DRAPERIE-SOIERIE.

DRAPERIE.

La Draperie, le premier des Six-Corps Marchands du Royaume, comprend tous ceux qui fabriquent, achetent & vendent toutes sortes d'étoffes, soit en laine pure ou mêlée de soie, poil, fil & coton.

Leurs premiers Statuts sont de 1188, sous Philippe Auguste; renouvellés par Charles IX, & augmentés par Louis XIV en 1646.

Quelques-uns disent que le Corps de la Draperie ne tient le premier rang que par la cession que lui fit la Pelleterie de son droit de préséance.

D'autres rapportent qu'à l'événement d'une entrée que fit une Reine de France en cette capitale, les Six-Corps des Marchands eurent ordre de s'assembler à la barriere du Trône, pour aller au-devant d'elle; & que le Corps des Marchands Pelletiers ne s'y étant point trouvé lorsqu'il fallut se mettre en marche, le Prevôt des Marchands commanda alors celui de la Draperie, qui, depuis cet événement, a toujours conservé le droit de préséance dont on ignore précisément l'époque.

Tous les Marchands des Six-Corps sont par leur état admis aux charges municipales & consulaires, & honorés de plusieurs prérogatives particulieres, comme de porter le dais, après les Echevins, sur la personne des Rois, Reines, Légats, &c. lorsqu'ils font leur entrée dans Paris, & de complimenter nos Rois dans les grands événemens.

Cet honneur leur fut déféré en 1643, lors de l'avénement de Louis XIV à la Couronne. Ils ont joui de cette distinction dans toutes les occasions marquées de son regne; & pour en constater le droit, ayant félicité Louis XV sur sa majorité, ils firent en mémoire frapper une médaille avec cette inscription: Les six-Corps des Marchands ont complimenté le Roi sur sa Majorité, étant présentés par M. le Duc de Gêvres, Gouverneur de Paris, le 15 Février 1723.

Il y a à la tête des Six Corps, des Gardes & Grands-Gardes, destinés à la conservation des privileges, & au maintien des Statuts & des Reglemens.

Les Armoiries du Corps de la Draperie, suivant la concession qui lui en a été faite par *Christophe Sanguin*, Prevôt des Marchands en 1629, sont un navire d'argent à banniere de France en champ d'azur, & un œil en chef avec cette légende: ut cæteras dirigat, pour donner à entendre la préséance que ce Corps a sur les autres.

DRAPERIE-SOIERIE.

PARIS, ville célebre dans tout l'univers & capitale du Royaume de France, reçoit par le concours des rivieres de l'*Yonne*, de la *Marne* & de l'*Oise*, qui se joignent à la *Seine*, toutes les productions des plus riches provinces de France. On ne peut cependant regarder cette ville, relativement aux objets qu'on y importe, & qu'elle tire du dehors, comme une ville commerçante; mais seulement comme une ville dont la consommation immense & les besoins, sans cesse renaissans, offrent aux Négocians de toutes les Nations, des spéculations sûres & avantageuses.

BANQUIERS POUR LES TRAITES ET REMISES DE PLACE EN PLACE.

MM.

Boyd, *Ker* & compagnie, rue de Grammont, n°. 9.
Busoni & compagnie.
Caccia, rue Saint-Martin, vis-à-vis la rue aux Ours, Correspond avec la Pologne, & fait la commission en bijouterie & fourbisserie.
Campi (Jacques), rue Thévenot, correspond avec l'Italie & la Pologne.
Cottin [Jean] fils & *Jauge*, Chaussée d'Antin.
Dangirard (freres), rue Neuve Saint-Augustin.
Deboislandry (veuve & fils), rue Comtesse d'Artois.
Delessert & compagnie, rue Coquéron, correspond avec l'Angleterre, fait la commission en gases, soieries, blondes.
Doerner & compagnie, rue Grange-Bateliere.
Doucet de Suriny, rue Françoise.
Dupont (Jean) fils, rue des Vieilles-Etuves.
Dupetirieux, rue Dauphine.
Duvernoy, rue Basse porte S. Denis.
Feline (Louis), rue Beaubourg, hôtel de Fer, correspond avec l'Angleterre, & fait la commission en gazes & soieries.
Forestier (Augustin), rue de Cléry.
Frin (Jean François) & Compagnie, rue du Carousel.
Gallet le jeune, rue des Petits-Carreaux.
Gastinel, rue Dauphine, hôtel de Genlis.
Grand (Ferdinand), rue des Capucines, correspond avec la Pologne, & fait la commission en bronzes & dorures pour la Russie & les Colonies.
Girardot, *Haller* & compagnie, rue Vivienne.
Guinot, rue S. Honoré, n°. 448.

DRAPERIE-SOIERIE.

MM.

Jaume & compagnie, rue Thérese, butte S. Roch.
Julien (Louis), rue Simon le Franc.
Julien (A. B.)., rue Thiborodé.
Lambert (P. C.), rue Grange Bateliere, n°. 23.
Lecouteulx & compagnie, rue Montorgueil, tient aussi maison de banque à Rouen & à Cadix.
Lefevre, rue Beaubourg,
Lemaître (Isaac) & compagnie, rue & vis-à-vis l'hôtel de Montmorency, fait la commission en tout genre.
Leroy (Pierre), rue de Grammont.
Lesecq (Jean Etienne), rue Feydeau.
Levacher de Perla, rue Mauconseil.
Mallet, pere & fils, rue Montorgeuil, près celle de la Jussienne.
Montessuy, rue des Jeûneurs.
Paché freres & compagnie, place Vendôme.
Paignon & compagnie, rue Notre Dame des Victoires, font la commission en Draperie de Sedan.
Perregaux, rue du Sentier, près celle des Jeûneurs.
Perroud, *Goussin* & compagnie, rue Vivienne, n°. 30.
Pourrat, Place des Victoires.
Pichault, rue Michel le Comte.
Rilliet & compagnie, rue Montmartre, vis-à-vis les rues Feydeau & S. Marc.
Rougemont, *Hottinger* & compagnie, rue Croix des Petits Champs, hôtel de Beaupréaux.
Rousseau & fils, rue Notre-Dame des Victoires, & fait la commission en Draperie de Sedan.
Sartorius & compagnie, rue de Bourbon-Villeneuve, près celle des Petits Carreaux.
Schorndorff & compagnie, rue S. Pierre Montmartre.
Sellonf & compagnie, rue d'Amboise.
Tassin (veuve & fils), rue Neuve des Petits-Champs, ancien hôtel de Reynel.
Tourton & Ravel, rue des Deux-Portes S. Sauveur, correspond avec la Russie & le Dannemarck.
Valette, passage des Petits-Peres.
Vallienne, rue de la Sourdiere.
Valliet, rue du Cocq S. Jean, près celle de la Verrerie.
Vanden-Yver freres & compagnie, rue Vivienne, correspond particulierement avec l'Allemagne.
Vaudé, rue Michel le Comte.

Manufacture

DRAPERIE.

MANUFACTURE ROYALE DE TAPISSERIES

De haute & basse lisse, connue sous le nom de Tapisserie des Gobelins, rue Mouffetard, près la Barriere.

Cette Manufacture est célebre, non-seulement dans l'Europe; mais jusqu'aux extrêmités de la terre. Les ouvrages qu'on y fait sont si merveilleux, qu'on n'a rien en France de plus précieux à offrir aux Princes étrangers.

La fraîcheur de ces tapisseries l'emporte sur la Peinture; & les sujets qui y sont representés y font plus d'effets que sur les tableaux des plus grands maîtres & des meilleurs coloristes.

Cette Manufacture est régie au compte du Roi: les ouvrages qui s'y font sont à Sa Majesté, & ne sont point un objet de commerce. Elle est sous la direction de l'Intendant des Bâtimens du Roi.

M. Lebel, Inspecteur.

MANUFACTURE ROYALE DE TAPIS DE PIEDS

Connue sous le nom de la Savonnerie, *à Chaillot, près Paris.*

Cette Manufacture, après celle des Gobelins, est le plus magnifique établissement qu'il y ait en France, & le plus digne de l'adoption de nos Rois.

On y fabrique ces riches & magnifiques Tapis de pieds, en soie & laine qui surpassent, pour la beauté des couleurs & la solidité du travail, les Tapis de Turquie & de Perse, & surtout par l'élégance & la correction du dessin.

M. Duvivier, Directeur.

DÉPOTS DE TAPISSERIES ET TAPIS DE PIEDS

Des Manufactures Royales d'Aubusson, de Feuilletin & Beauvais.

Quelques-uns des plus connus, sont tenus par

MM.

Menoue, rue Boucher.
Picon, rue de la Huchette, à l'Ange Gardien.
Rogier, rue *idem*.

MANUFACTURE ROYALE DE DRAPERIE DES GOBELINS,

Connue dans le Commerce sous le nom de Draps Ecarlates de Julienne, *portant le plomb doré.*

B

DRAPERIE-SOIERIE.

La beauté du Lainage de ces Draps, la finesse & la perfection de la teinture, l'éclat & la solidité des couleurs, particuliérement l'écarlate, les rendent très précieux & les font rechercher dans tous les Pays, & par les principales Cours étrangeres.

M. Demontulé, Entrepreneur, à la Manufacture, Fauxbourg S.t Marcel.

DRAPERIE.

MAGASINS EN GROS.

Quelques-uns des plus connus sont ceux de

M. M.

Baroche (Paul), Cloître S. Opportune, Draperie de toutes les fabriques & fait la commission.

Breant, rue du Plat d'Etain, la Draperie en gros, particuliérement les draps de billards, tient fabrique de molleton, de coton, & fait la commission.

Chretien & compagnie, rue des Mauvaises Paroles, près la rue Saint-Honoré.

Coutan, rue *idem*, particuliérement la draperie de la manufacture Royale de Sedan.

Curmer Neilson, Cloître Sainte-Opportune, particulierement la draperie de la manufacture royale de Sedan.

Folie (Pierre Adrien), rue des Mauvaises-Paroles, la draperie, dépôt des coutils d'Evreux, fait la banque & la commission.

Hebert & compagnie, rue *idem*, draperie, & les étoffes étrangeres.

Levasseur, Place du Chevalier du Guet, la draperie en général fait la banque & la commission.

Paignon, rue Notre-Dame des Victoires, dépôt des draps de [illegible] manufacture Royale de Sedan, fait la banque & la commission.

Rousseau, rue des Bourdonnois, dépôt des draps de sa manufacture Royale de Sedan,

Ta[illegible], rue des Lavandieres Ste Opportune, draperie, [illegible]ffes nouvelles & étrangeres, fait la banque & la commission.

DRAPERIE-SOIERIE.

DRAPERIE, SOIERIE, ÉTOFFES NOUVELLES ET ÉTRANGÈRES.

MAGASINS en gros & en détail, & Dépôts.

Quelques uns des Magasins & Dépôts les plus connus, sont ceux de MM.

Amelin & compagnie, rue Saint-Honoré, au coin de celle des Bourdonnois, draperie, soierie, étoffes nouvelles & étrangeres.

Barbier (Isaac), rue de Bétizy, près celle du Roule, magasin, *idem.*

Bisson, rue S. Denis, près l'Apport Paris, à la Barbe d'or, magasin bien assorti.

Boullanger, rue S. Denis, au Roi de France, près l'Apport Paris, Magasin *idem.*

Bourdon, rue S. Honoré, vis-à-vis celle de la Lingerie, à la Couronne d'or, magasin *idem.*

Butin, rue S. Denis, au Duc de Bourgogne, près l'Apport-Paris, Magasin *idem.*

Caron, rue S. Denis, à l'Empereur, magasin de draperie, soierie, &c.

Cavilliers freres, rue S. Honoré, près celle du Roule, magasin *idem.*

Clement, rue Saint-Honoré, vis-à-vis la Boucherie de Beauvais, la draperie particulierement les draps de billards, fournit les Troupes & Communautés.

Clerc le jeune & compagnie, rue Betizy, à la ville de Dreux, draperie, soierie & la broderie.

Collin, *Petit* & compagnie, rue Tirechappe, draperie, soierie, étoffes nouvelles & étrangeres.

Curmer l'aîné, rue S. Honoré, vis-à-vis la Boucherie de Beauvais, magasin *idem.*

D'Hardivillers, rue Lenoir, en face de la Halle aux draps, magasin *idem.*

Delhôtel, rue S. Denis, à l'image N. D., près l'Apport Paris, magasin *idem.*

Desmagny, rue S. Victor, près celle des Bernardins, magasin *idem*, particulierement les étoffes & serges pour les Communautés religieuses & les hospices, & toileries.

DRAPERIE-SOIERIE.

MM.

Dumouchel, rue S. Honoré, vis-à-vis la Boucherie de Beauvais.

Dumoulin, rue de la Monnoie, à l'épée herminée, magasin de draperie, les étoffes nouvelles & étrangeres, fournit les Troupes.

Dupont, rue Saint-Denis, près l'Apport-Paris, Magasin *idem*.

Faignan, rue Saint Denis, vis-à-vis Sainte Catherine, au Roi d'Espagne, la petite draperie, la soierie, toile de coton, & lainage.

Feucher & compagnie, rue S. Honoré, près les pilliers des Halles, à l'Empereur, la draperie, soierie, étoffes nouvelles & étrangeres.

Gilles, *Lemonnier* & compagnie, place du Chevalier du Guet, dépôt de soieries & toiles peintes, de France & des Pays étrangers.

Huré & compagnie, rue S. Denis, à la renommée, magasin de draperie, étoffes nouvelles & étrangeres.

Joiron freres, rue des Bourdonnois, au grand Turc, magasin de draperie, soieries, étoffes nouvelles & étrangeres, &c.

Lambron, *Cartier* & compagnie, rue de la Monnoie au château de Vincennes.

Lebel, rue du Roule, près celle Saint-Honoré, à la Tête noire.

Lefebure d'Abancourt, rue S. Denis, vis-à-vis celle aux Fers, aux trois maillets d'or, draperie, soierie, étoffes nouvelles & étrangeres.

Lefevre Desnouettes, ancien Grand-Garde de la Draperie & Mercerie, rue S. Honoré, n°. 686, au Prince de Conti, magasin de draperie, ancienne maison.

Legras, rue S. Honoré, au coin de celle des Prouvaires, magasin *idem*.

Leraste, rue Saint-Honoré, près celle des Prouvaires, à la Gibeciere d'or, magasin de draperie, soierie, étoffes nouvelles & étrangeres.

Lormant, rue du Roule, n°. 53.

Manuel & Compagnie, rue Betizy.

Marchand; rue Saint-Honoré, vis-à-vis celle de la Lingerie.

DRAPERIE-SOIERIE.

MM.

Moinnery, ancien Garde, rue S. Honoré, à la Toison d'or, magasin de draperie.

Mullier, rue Saint Honoré, vis-à-vis celle de la Lingerie, magasin *idem*.

Pascal, rue Saint Denis, près l'Apport-Paris, Draperie, soierie & dorure.

Sauvage, rue du Roule, à la Fleur de lys d'or, magasin de draperie, soierie, étoffes nouvelles, &c.

Sedillon & compagnie, rue de la Monnoie.

Therouenne, rue S. Antoine, vis-à-vis celle Geffroy-l'Asnier, magasin de draperie, soierie, &c.

Tissot, au Palais-Royal.

Tremeau, rue Saint Denis, près l'Apport-Paris, aux deux Moines.

ETOFFES POUR MEUBLES

EN SOIE, LAINE, FIL ET COTON, VELOURS D'UTRECHT, DAMAS D'ABBEVILLE, CAMELOTS, COUTILS, TOILES A CARREAUX, CRINS, LAINES, PLUMES, DUVETS, *&c. &c.*

Quelques-uns des Magasins les plus connus, sont ceux de

MM.

Aufry Dupart, rue Montmartre, tient magagasin de laine, plumes, duvet, édredon, velours d'Utrecht, serges, toiles à carreaux, &c.

Caffin, rue de Bussy, Fauxbourg Saint Germain, magasin bien assorti.

D'Hôtel, rue Saint Denis, au Chien rouge, magasin bien assorti.

Dupuy, rue Saint-Honoré, vis-à-vis celle de la Lingerie, magasin *idem*.

Fremin, rue Saint Honoré, vis-à-vis celle de l'Arbre-Sec, magasin *idem*.

Gueroult, rue du Four, Fauxbourg S. Germain, vis-à-vis celle de l'Egoût.

Lacour (de), rue S. Honoré, vis-à-vis celle des Boucheries, magasin *idem*.

DRAPERIE-SOIERIE.

MM.

Laurent, rue du Four, Fauxbourg Saint Germain, magasin bien assorti.

Leblanc, rue S. Honoré, entre celles du Roule & Tirechappe, à la Reine de France, magasin d'étoffes pour meubles & équipages, laine, plumes, duvets, édredon, coutils, toiles à careaux, &c.

Lejeune, rue du Four, Fauxbourg S. Germain, magasin bien assorti.

Leroy, rue Saint-Denis, vis-à-vis le sépulchre, magasin *idem*.

Menard, rue Saint-Denis, à l'Apport-Paris, magasin considérable, & bien assorti.

Paulmier, rue S. Denis, près l'Apport-Paris, au Pommier, magasin de plumes, laine, crins, duvets, édredon, étoffes pour meubles & équipages, coutils, toiles à carreaux,

Pequet, rue Saint-Antoine, au grand Saint Pierre, vis-à-vis le petit Saint Antoine, magasin bien assorti, de laines, plumes, édredon, velours d'Utrecht, étoffes pour meubles, &c.

Petit-Mondétour, au coin de la rue Galande, vis-à vis la Fontaine Saint Severin, tient magasin de couvertures de soie, de coton & de laine, les étoffes pour meubles & équipages, les velours d'Utrecht, les coutils, les toiles à carreaux, laine, plumes, crin, duvets, édredon, & fait des envois en Province & chez l'étranger.

Olivier, rue Comtesse-d'Artois, magasin *idem*, bien assorti.

Omont & compagnie, rue Comtesse-d'Artois, magasin bien assorti.

Onfroy, rue S. Martin, magasin *idem*.

Tardu, rue Saint-Antoine, magasin *idem*.

Thevenin, rue Saint-Honoré, près les grandes Ecuries.

Valentin (veuve), rue de Bussy, à la Tête noire.

COUVERTURES DE LAINES ET DE COTON. (*Manufac. de*)

On fabrique à Paris d'excellentes couvertures de laines de toutes qualités ; on en fait aussi en coton & en soie, qui sont fort estimées.

DRAPERIE-SOIERIE.

Quelques-unes des principales Manufactures sont celles de MM.

Bacot, rue Saint-Victor.
Cotiau (Mlle), rue d'Orléans, Fauxbourg Saint Marcel.
Durand (veuve), rue Saint Victor.
Grandin, carré de la Porte Saint Denis.
Pelicier, rue Saint Victor.

LAINES. (*Marchands de*)

Ce commerce consiste à tirer les laines des différentes Provinces de France, les faire teindre & ensuite les revendre aux fabricans de Paris, de la Province, & à l'étranger.

Quelques-uns des magasins les plus connus, sont ceux de MM.

Cailleux, rue des Lombards.
Gabriel, rue *idem*.
Lacouture, rue *idem*.

ETOFFES DE SOIE. (*Fabrique & Magasin de*)

Quelques-uns des plus connus sont ceux de MM.

Chambry, & compagnie, près l'Apport-Paris, au grand Turc.

Chantepinot & compagnie, de Lyon, rue Boucher, près celle Bétizy, n°. 35.

Charton (Louis), rue des Mauvaises Paroles, n°. 12, fabrique d'étoffes de soie, façon de Lyon, & magasin assorti de toutes sortes de broderies & dorures.

Cousin (Madame), rue Saint Denis, magasin d'étoffes angloises.

Drely, rue des Bourdonnois, fait la commission.

Duperron & *Palouis* (veuve) & compagnie, fauxbourg Saint Martin, à l'hôtel des Arts, fabrique & magasin d'étoffes de soie &c.

Gilles le Monnier & compagnie, place du Chevalier du Guet, entrepôt considérable de toutes sortes d'étoffes de soie, & autres, des fabriques de France & des Pays Etrangers.

Guillet, rue des Mauvaises Paroles, magasin en gros.

DRAPERIE-SOIERIE.

MM.

Hezette, rue S. Honoré, vis-à-vis celle de l'Echelle, au grand Turc, les étoffes nouvelles & étrangeres.

Lagrive, rue des Deux Boules.

Lenormand, rue S. Honoré, vis-à-vis celle de l'échelle, au grand Turc, magasin considérable de toutes sortes d'étoffes de soie, les plus à la mode.

Lequesne & compagnie, rue des Bourdonnois, à la bonne foi, magasin d'étoffes de soie, particulierement pour meubles.

Papion pere & fils, rue des Fossés S. Germain des Prés, ancien hôtel des Comédiens du Roi, tient le dépôt de sa Manufacture Royale de Tours, particulierement les damas, lampasses, & autres étoffes pour meubles.

Perault de Villeneuve, rue des Mauvaises Paroles.

Pigal & compagnie, rue des Bourdonnois.

Quinton, rue S. Denis, vis-à-vis celle des Lombards, soierie, broderie les plus à la mode.

Sallat, rue S. Denis, à l'Empereur.

Sanson & compagnie, rue S. Antoine, au lion d'or, magasin d'étoffes de soie des fabriques de France & étrangeres, particuliément pour l'habillement.

Tabart freres & compagnie, rue des Lavandieres Sainte Opportune.

OBJETS RELATIFS.

Taffetas enduits, impénétrables a l'eau, dont on fait des Redingottes.

M. *Pechux dit Muler*, au Palais-Royal, Gallerie des Bons-Enfans, n°. 76, fabrique les redingottes en taffetas enduits, & tout ce qu'on peut desirer dans ce genre.

Redingottes, Vits-de-Chourats, Bouffans pour les Dames, &c.

M. *Barnou*, rue des Bourdonnois, à la Capotte angloise, ci-devant Pont au Change, tient assortiment de Redingottes hoîtées pour homme & pour femme, les bouffans en crins & en soie, les vits-de-chourats, les picures, les broderies, les parasols à ressorts, & fait broder les uniformes. Il tient un grand assortiment de ces différens objets qui sont traités dans la derniere perfection; il fournit la Cour & fait des envois pour la Province & les Pays Etrangers.

Soierie,

DRAPERIE-SOIERIE.

SOIERIE, LAINE, FIL ET COTON ECRUS ET EN BOTTES. (*Mag. de*)

Quelques-uns des plus connus sont ceux de

MM.

Begue, rue Thévenot, n°. 32.

Bossut (Charles André), rue S. Denis, vis-à-vis l'Eglise de la Trinité, à la ville d'Alais, Magasin en gros de soie teinte & écrue.

Germain & Compagnie, rue Saint-Denis, au Cabat d'or, magasin *idem.*

Gosse & *Leleu*, rue Saint-Denis, à côté de la Croix d'or, magasin *idem.*

Nezel, rue Thevenot, n°. 31.

Regnier, rue S. Denis, vis à vis celle de la Féronnerie, au Cocq, la soie & rubannerie, les broderies & dorures.

Rouchas, rue S. Denis, vis-à-vis celle de la Féronnerie, à l'if d'or, soie en bottes, rubans à broder, chenille, cordonnet, fil d'or & d'argent, & fait la commission.

Thiébert, rue Saint-Denis, au bras d'or, vis-à-vis Sainte-Catherine, magasin de soie en botte.

LINGERIE. (*Mag. en gros de*)

TOILES, BATISTES, MOUSSELINES, DENTELLES, MOUCHOIRS DES INDES, *&c.*

Quelques-uns des plus connus sont ceux de

MM.

Boislandry, rue de la Chanverrerie.

Bernier & *Lefévre*, rue des Lavandieres Sainte Opportune.

Clairin Desloriers, rue Quincampoix, particulierement les mouchoirs des Indes.

Duhamel, *Jacques*, rue des Deux Boulles, les toiles de Flandres, cretonnes & toiles à doublures.

Dauthuille, rue des Deux Boulles, au tapis rouge, les toiles de France & étrangeres, particulierement les linons, le basin & la mousseline, & fait la commission.

Debé, rue des Cinq-Diamans, particulierement les toiles écrues.

C

DRAPERIE-SOIERIE.

MM.

Denayille, rue Quincampoix, la mousseline & les mouchoirs des Indes.

Coutauly & Mondesir, rue des Bourdonnois.

Dufourny Frenelle & comp., rue du Roule, les toiles, mousselines, dentelles & linge de table.

Garnier Dardier, rue Quincampoix.

Guenet, rue Quincampoix, à la tête d'or.

Grenier, rue *idem.*

Gruet, rue Quincampoix, les mousselines, les toiles & mouchoirs des Indes.

Houssemaine, rue des Lavandieres Sainte-Opportune, magasin *idem.*

Lefebure & compagnie, rue Quincampoix, magasin bien assorti.

Reuil, rue *idem.*

Thirion le jeune & compagnie, rue des Deux-Boules.

Toiles, Batistes, Mousselines et Dentelles. (*Maison de commerce de*)

Quelques-uns des Magasins les mieux assortis, sont ceux de

MM.

Angeard, rue de l'Arbre Sec.

Besançon, rue Saint-Jacques, vis-à-vis l'église neuve Sainte-Genevieve, magasin de toiles, mousselines & dentelles.

Bourgier, rue S. M[illegible], nº. 141.

Bourier, rue S. Denis, aux deux clefs, particulierement les toiles à bluteaux.

Capron (veuve), rue Aubry-le-Boucher.

Caron, rue Coquillere.

Douleuil (Madame), rue Bourg Labbé, nº. 3, magasin de toutes sortes de mousselines des Indes, toiles, basins, linons, dentelles, &c.

Dufresne (Mlle), rue Plâtriere, nº. 14, magasin de toiles, mousselines & dentelles, fait des envois.

Frimont, rue S. Honoré.

Guenier, rue Plâtriere, vis-à-vis l'hôtel de la Poste, particulierement les linons & batistes, les petites soieries pour modes, & fait la commission.

Guiot, rue des Bourdonnois.

Landrieu (Mlle), rue de Richelieu.

DRAPERIE-SOIERIE.

MM.

Langlois, rue Montmartre.

Larue, rue de la Monnoie, nº. 6, à la bonne-foi, magasin de toiles, mousselines & dentelles.

Locart, rue de Bussy.

Michel, rue & Marché Ste Marguerite.

Mirvault & Gerderet, rue des Bourdonnois, marchands de dentelles de la Reine, &c.

Navarre, sur le perron des Lions, petite place Dauphine, au Palais Marchand, toiles, mousselines, dentelles.

Oudot, rue S. Jacques, près celle S. Hyacinthe, toiles, linges de tables, mousselines & coutils.

Pecoule, rue des Foureurs, les toiles écrues.

Perrot [Mlle], rue S. Denis & de la cossonnerie.

Ravenot, rue Saint Honoré, vis-à-vis celle de la Sourdiere.

Revellon, *Desvaux* & compagnie, rue Saintonge, au Marais, nº. 7, magasin assorti de toile de Cretonne & autres mousselines, &c.

Rousseau (Joseph), rue S. Denis, vis-à-vis le Sépulchre.

Sovel, rue S. Honoré, vis-à-vis celle S. Florentin.

Vibert, passage des Petits-Peres.

TOILERIES.

TOILES PEINTES, INDIENNES, *&c.* (*Magasin de*)

Quelques-uns des Magasins les plus connus, sont ceux de MM.

A[illegible]ete, rue Saint-Denis, au coin de celle des Lombards, magasin bien assorti.

Bailly, rue du Marché Palu, au Saint-Esprit, magasin de mouchoirs, indiennes, toiles peintes, &c.

Barbier, porte S. Antoine.

Barré, rue Mouffetard, les toiles peintes & lainages.

Benard, rue de l'Arbre-Sec, à la pêche de la baleine, magasin en gros de baleines & toileries de toutes especes.

Benoît Bailly, à l'Abbaye S. Germain des Prés, les toiles peintes & mousselines.

B[illegible], rue Saint-Honoré, près Saint-Roch, magasin bien assorti.

Col[illegible]et, rue Saint-Antoine, les toiles peintes & les étoffes de Rouen.

[illegible], rue de la Marche, au Marais, les toiles de Rouen, les mousselines, les toiles peintes & la draperie soierie.

C ij

DRAPERIE-SOIERIE.

MM.

Dutefoy, rue Saint Denis, les toiles peintes & blanches.

Greiou, rue Saint-Honoré, près celle de l'échelle, les toiles peintes.

Grison, rue Saint-Honoré, près celle de l'Echelle, les toiles peintes.

Guiot, rue Aubry-le-Boucher, les toiles peintes.

Huzette, rue S. Denis, près celle des Lombards.

Jacmart, rue Saint Méry, hôtel de Jabac, les toiles de Jouy.

Larue, rue de la Monnoie, n°. 10, les toiles, mousselines & toiles peintes.

Perrault, rue de la Marche, au Marais, les toiles peintes & autres, les petites soieries & lainages.

Poignot, rue Saint-Denis, près l'Apport-Paris, toiles peintes & lainages de Rouen, Abbeville & Troyes.

Rousseau (Joseph), rue S. Denis, vis-à-vis le Sépulchre, les toiles peintes étrangeres, & mousselines en gros.

GAZES. [*Fabriques de*]

GAZES UNIES, RAYÉES, BROCHÉES, A FLEURS ET MOUCHETÉES, RUBANS, BLONDES, FILS ET DENTELLES DE SOIE, ET PETITE SOIERIE POUR LES MODES.

Les Gazes qui se fabriquent à Paris sont d'une beauté qui ne laisse rien à desirer; elles sont fort estimées, & l'usage qu'on en fait à présent les rend une forte branche de commerce.

Quelques-uns des Fabricans les plus connus sont:

MM.

Bardel (François) & comp., rue S. Denis, au coin de celle de la Cossonnerie, fabrique les gazes, & particulierement les rubans, à l'instar des rubans anglois, magasin en gros.

Baudin, rue S. Denis, les gazes.

Bézuchet, rue S. Denis, les gazes & rubans.

Beré, rue Saint-Denis, à la Bonne Foi, *idem*.

Brunot, rue S. Antoine, au Soleil d'or.

Burion, fauxbourg S. Denis, les gazes.

DRAPERIE-SOIERIE.

MM.

Chatain, carré de la Porte S. Denis, les gazes.
Colin, grande rue du Fauxbourg Saint Denis, les gazes.
Cornedecerf, fauxbourg Saint Denis, les petites soieries.

Dessenis, fauxbourg S. Denis, les blondes & dentelles.
Douay, rue aux Fers, les rubans & petites soieries pour meubles.

Douay (Augustin), rue S. Denis.
Dovillé & *Delacroix*, rue S. Denis, vis à-vis celle de la Chanverrerie, les gazes.
Dufay, rue Greneta, au point du jour & à la ville de Langre, magasin en gros de rubans de soie des fabriques de France & étrangeres.

Dumas Descombes, rue neuve S. Denis.

Giroux, fauxbourg S. Denis.
Guenuchot freres, rue du fauxbourg Saint Denis, les gazes de France.

Guy l'aîné, rue S. Denis, *idem*.
Lafossé Bouchard, rue Saint Denis, près celle des Prêcheurs les gazes de France & d'Italie, les blondes, dentelles, taffetas, &c.

Louard, rue S. Denis, les gazes & petites soieries.
Merdat, rue S. Denis, les gazes.
Paupe, rue aux Fers, au cordon bleu, rubans, taffetas & gazes.

Renouard, rue Ste Apoline.
Santerre, rue S. Denis, les gazes.
Scribe & *Bremart*, Successeur de *Pierre Bardel*, rue Saint Honoré, près Saint Roch, les gazes, les rubans & petite soierie, ont une maison à Lyon sous la même raison.
Usche, Fauxbourg S. Martin, les gazes & l'étamine à bluteau en soie & autres.

Venner, rue du F. S. D., n°. 9, vis-à-vis les écuries du Roi, les gazes & broderies

RUBANS. (*Fabrique de*)

La plûpart des Fabricans de gazes fabriquent les rubans. En général ceux qui tiennent magasins de l'un de ces objets, tiennent également l'autre ; néanmoins quoique nous ayons indiqué par les notices des Fabricans de gazes ceux qui font aussi les rubans, nous avons cru devoir former cet article pour les rubanniers, parce que plusieurs des fabricans de rubans ne font point de gaze.

Quelques-uns des Principaux Fabricans sont :

MM.

Blette (Pierre Jean Baptiste), rue S. Denis.
Cailleux (Michel François), rue *idem.*
Cailleux (Pierre François), rue *idem.*
Chambovet, rue de la Monnoie.
Cochu (Etienne), rue Bourbon-Villeneuve.
Ducler (Philippe Claude) rue Neuve S. Denis.
Fremont, rue aux Fers, à la barbe d'or, les rubans pour les Ordres.
Hélie (Ant. Edm.) rue S Denis.
Labbé (Alexis), Fauxbourg S. Denis.
Pulleu (François), rue S. Denis.

Fil, Rubans, Taffetas, Epingles, Aiguilles. [*Mag. en gros & détail.*)

Quelques-uns des plus connus, sont ceux de

MM.

Andry, rue S. Denis, vis-à-vis le marché des Innocens, au Pere de Famille, magasin en gros de fils, rubans, taffetas, &c. fait la commission.

Barriere, rue S. Denis, vis-à-vis la rue aux Fers.

Cochu, rue S. Denis, au Pellerin de S. Jacques, vis-à-vis la rue de la Féronnerie, magasin en gros de taffetas, gazes, satins, rubans, fils, tresses anglaises, épingles & aiguilles, & fait la commission.

Drouard, rue Dauphine, au Pere de Famille, magasin de fils de toutes especes à coudre & pour le tricot, la broderie, & dentelles, épingles & aiguilles.

Godefroi, rue Saint-Denis, vis-à-vis celle aux Fers, au croissant d'argent, magasin en gros & détail, de fil, rubans, blondes, dentelles & petites soieries.

Langlois, rue S. Denis, vis-à-vis celle de la Féronnerie, à la Croix d'or, magasin *idem.*

Ménard & compagnie, rue S. Denis, vis-à-vis Ste Opportune, magasin de fil à coudre, & autres.

DRAPERIE-SOIERIE.

MM.

Morliere, près celle de l'Echelle, à l'Ange Gardien, magasin de menue mercerie, & rubans pour les modes.

Perier, rue S. Denis, au Cheval d'or, magasin de fils, rubans, tafferas, menue mercerie, épingles & aiguilles en gros & en détail, & fait la commission.

BLONDES ET DENTELLES NOIRES. (*Fab. & Mag. de*)

On en fait considérablement à Paris, qui sont fort estimées & très-recherchées.

Quelques-uns des Fabricans & Négocians les plus connus, sont:

MM.

Cornedecerf, Fauxbourg S. Denis.
Joly, idem.
Lecomte, rue Salle au Comte.
Minette, rue S. Denis, particuliérement les blondes.

EFILÉS. (*Fabrique d'*)

Quelques-uns des principaux Fabricans sont:

MM.

Lamarre freres, rue S. Denis.
L'Homme, rue S. Denis.
Michau, rue & Fauxbourg S. Denis.

CHENILLE. (*Fabrique de*)

Quelques-uns des principaux Fabricans, sont:

MM.

Cailleux (Pierre François) rue S. Denis.
Cercelot (Antoine André), rue *idem*.
Cercelot (Pasquier Laurent), Fauxbourg S. Denis.
Vauvert (Jean Nicolas Philippe) rue S. Denis.

GALONS DE SOIE, ET AGRÉMENTS POUR MEUBLES ET EQUIPAGES.

On entend sous cette dénomination la Passementerie qui concerne le meuble & l'équipage.

DRAPERIE-SOIERIE.

Quelques-uns des Fabricans les plus connus sont

MM.

Banault, rue Aubry Boucher.
Baucheron, rue de la Vieille-Monnoie.
Bonnal (Pierre Bernard), rue S. Denis.
Cailleux (Pierre F.), rue S. Denis, fabrique de chenilles & autres agrémens.
Cercelot, (Ant.), rue S. Denis.
Cercelot-Paquier (Laurent), Fauxbourg S. Denis, les chenilles & autres agrémens.
Chateau, rue S. Denis.
Cheneau, rue de la Lune.
Chevalier, rue S. Denis, près l'Apport-Paris, fabrique de boutons, magasin de soie & de poil de chèvre.
Desvoyes [Jean-Bapt.], rue S. Denis.
Gueudet (Paul), rue Saint-Denis.
Guibout, rue aux Fers.
Gobert Bauger, rue Jean-Robert, magasin de poil de chèvre.
Hardi (Louis), rue aux Fers.
Rollet, rue *idem*.
Sannée, rue S. Denis, à l'Apport-Paris.
Vauvert, rue S. Denis, fabrique de chenille & autres agrémens.

Galons d'or, d'argent, Dragonnes et Epaulettes.
(*Fabriques de*)

Le galon de Paris est fort estimé, ceux qui les fabriquent font aussi les épaulettes & dragonnes pour les Officiers, les galons de soie, la Passementerie, &c.

Quelques-uns des plus connus faisant des envois, sont:

MM.

Blanchard, rue S. Denis, au coin de celle de la Chanverrerie, tient fabrique & magasin de tout ce qui concerne la dorure tant en fin qu'en faux, fournit l'Opéra & les Spectacles, fait des envois pour la Province & l'étranger.
Bouchet, rue de la Monnoie, particulierement les boutons dragonnes, & épaulettes.
Cellot, rue S. Denis, près le Sépulchre, à la couronne d'or, les

DRAPERIE-SOIERIE.

MM.

les galons, gazes, réseaux en fin & faux, fournit les Spectacles & les menus-plaisirs du Roi, fait des envois en province & chez l'étranger.

Colliot, rue de Richelieu, en face des Variétés, n°. 181, fabrique de galons d'or & d'argent, les galons de livrées, & pour meubles, les épaulettes & dragonnes.

Delaperriere, rue S. Honoré, près le Cloître, galonnier, passementier, tient fabrique de galons d'or & d'argent en fin, particuliérement les épaulettes & dragonnes, & tout ce qui concerne l'uniforme, fait les galons de livrées, &c.

Dumontier & compagnie, rue S. Honoré, près celle des Bourdonnois, tient fabrique, *idem* dans tous les genres.

Estellé, rue S. Honoré, près celle du Roule, tient fabrique & magasin de galons d'or & d'argent en fin, particulierement pour les uniformes, fournit la maison du Roi, de Monsieur & de Monseigneur Comte d'Artois; il tient les épaulettes, dragonnes, boutons, broderies & les galons de soie.

Gallo, vieille rue du Temple, au coin de celle Barbette, Marchand de dorure ordinaire de la Reine.

Gueudet (*Denis-Eloi*), rue S. Denis, à l'Isle Adam, n°. 332, fabrique & tient magasin de toutes sortes de galons en or, en argent & en soie, les dragonnes & épaulettes, fournit les troupes & fait des envois.

Guibout, rue aux Fers, à la chaise d'or, particulierement ce qui concerne le meuble & l'équipage.

Pascal, rue S. Denis, près l'apport-Paris, particuliérement les filets d'or & d'argent.

Vouriot-Dessain, rue du Roule, à la Toison d'or, fabrique de toutes sortes de galons en or & en argent, la broderie, les épaulettes & dragonnes.

BRODERIE EN OR ET EN ARGENT.

Cet art est porté dans cette Capitale au plus haut degré de perfection. Les broderies de Paris sont de la derniere élégance & de la plus grande richesse.

Quelques-uns des principaux Brodeurs sont:

MM.

Benoist, rue S. Martin.

Dallemange, rue S. Denis.

D

DRAPERIE, SOIERIE.

MM.

Jeansins, rue Saint-Denis.

Lefebure, rue des Fossés S. Germain l'Auxerrois.

Rocher, Brodeur du Roi & du Clergé, a brodé le superbe trône du Roi, chef-d'œuvre en ce genre, dont l'élégance & la richesse ne laissent rien à desirer.

Thollier, rue Thevenot.

ORNEMENS D'EGLISES, CHASUBLES, &c.

La plûpart des Chasubliers, font aussi la broderie, & entreprennent tous les ouvrages en ce genre.

Quelques-uns des plus connus sont :

MM.

Desmarais, rue de la Juiverie.

Lorthior, successeur du sieur *le Fevre*, Parvis Notre-Dame, fait les ornemens d'Eglise & la Broderie.

Watrin, au bas du pont Notre Dame, Chasublier, fournit la Chapelle du Roi ; il est inventeur des étoffes à deux & à quatre chemins, qu'il fait fabriquer dans sa fabrique à Lyon ; ces étoffes ont l'avantage précieux que la fleur principale se trouve toujours au milieu des orfrois, des chapes & des tuniques, sans être coupée, comme on étoit obligé de le faire ci-devant, ce qui en économisant l'étoffe, ajoute au brillant du dessin, & en conserve la régularité dans toutes les parties sans aucune altération.

MODES. (*Magasin de*)

On donne ce nom particulierement aux ouvrages destinés à la parure & à l'ajustement des Dames. Paris donne le ton pour cet objet de goût à toute l'Europe ; & toutes les nations qui mettent quelque prix à la parure, font beaucoup de cas des ouvrages de mode qui se fabriquent à Paris avec toute l'élégance imaginable.

Quelques-uns des magasins les plus considérables qui fournissent la Province & les Cours étrangeres, sont :

MESDEMOISELLES

Alexandre, rue de la Monnoie, Marchande de Modes de la Cour, & des Cours Etrangeres.

Allard, rue de Richelieu.

DRAPERIE-SOIERIE.

MESDEMOISELLES

Beaulard, Marchande de Modes de la Cour, tient magasin en gros de gases à l'angloise.

Berthelot, rue S. Honoré.

Bertin, rue de Richelieu, Marchande de Modes de la Reine.

Bezault, rue S. Martin, près celle de Venise, au Chapeau anglois.

Binet, rue S. Nicaise.

Defrance, rue de Grenelle, fauxbourg Saint Germain.

Josset, rue de la Comédie Françoise.

Guertin, rue des Bons-Enfans.

Lacoste (Madame), rue Croix-des-Petits-Champs.

Legros, rue S. Antoine.

Libour, rue S. Honoré, vis-à-vis celle du Four.

Monet, rue Neuve des Petits Champs.

Peloux, rue Saint-Honoré, au coin de celle des Bons Enfans.

Picot, rue S. Honoré, hôtel d'Aligre, à la Corbeille galante.

Reynault (Madame), rue de l'échelle, Marchande de Modes de Mesdames de France.

Sijasse, rue Neuve des Petits Champs, près celle de Richelieu.

OBJETS RELATIFS.

Madame Deschamps, rue Thibotodé, n°. 8, blanchit & remet à neuf les gazes, linons, blondes crêpes; elle teint ces différents objets de toutes couleurs, bon teint, nettoie & teint aussi les rubans.

PLUMES ET FLEURS ARTIFICIELLES. (*Fab. & Mag. de*)

Cet objet de goût, particuliérement les fleurs, sont traitées à Paris avec un soin & un art qui ne laisse rien à desirer; elles jouent au parfait les fleurs naturelles, & il s'en fait des envois considérables chez l'étranger.

Quelques-uns des principaux Fabricans sont :

MM.

Aubertin, freres, rue S. Denis, n°. 175, aux délices du Printems, fabrique & magasin de plumes & fleurs, particuliére-

MM.

ment dans le beau pour la toilette & les décorations & desserts, font des envois & la commission.

Denevers l'aîné, rue S. Denis, fabrique & magasin des mêmes objets aussi dans le fin, & fait la commission.

Denevers freres, rue *idem*, fabrique & magasin des mêmes objets.

Guenau, rue S. Denis, à côté de S. Jacques l'Hôpital, n°. 415, fabrique & magasin de plumes & de fleurs pour la toilette, la décoration & les desserts.

Jourdan, rue Quincampoix, à l'hôtel de Beaufort, fabrique & magasin *idem*.

Liégeois, rue S. Honoré, près la Croix du Trahoir, particuliérement les plumes pour ajustement, &c.

Lourdet, rue Dauphine, à la Duchesse de Berry, particuliérement les plumes pour ajustement, fournit l'Opéra & les Spectacles.

Roussel (veuve), rue Saint Denis, près Saint Chaumont, fabrique & magasin de plumes & de fleurs, particuliérement dans le fin.

Vincent, rue S. Denis, n°. 426, les plumes & les fleurs pour ajustement.

BONNETERIE.

LA Bonneterie, le cinquieme des Six-Corps Marchands, leurs Statuts sont de 1390.

La premiere Manufacture de bas au métier fut établie en 1646, au Château de *Madrid*, dans le bois de Boulogne, près Paris; & son succès donna lieu à l'érection d'une Communauté à laquelle on donna des statuts & réglemens; elle fut autorisée à mettre un plomb à ses ouvrages par lequel on pût reconnoître les objets de sa fabrique.

Le métier dont se servent les Bonnetiers est singuliérement ingénieux; les anglois ont été les premiers à en faire usage; mais l'invention est une création du génie françois: l'inventeur n'ayant pas trouvé dans la protection du Gouvernement les ressources nécessaires pour l'exécution de son objet, passa en

Angleterre, où, à la vérité, il fut traité avec tous les égards que mérite une découverte aussi intéressante.

Ce métier a été considérablement perfectionné, & la Bonneterie de Paris jouit, dans le commerce, d'une réputation justement acquise.

Les Armoiries du Corps de la Bonneterie sont d'azur à la Toison d'argent, surmonté de cinq navires aussi d'argent, dont trois en chef & deux en pointe.

Quelques-uns des principaux Fabricans sont :

MM.

Bazin, rue Saint Honoré, sur l'emplacement de l'ancien Opéra.

Boissau l'aîné, rue S. Magloire.

Boullanger pere & fils, petit Marché Saint-Germain.

Breant, rue Saint-Honoré, vis-à-vis celle des Frondeurs.

Cheval & compagnie, rue S. Denis, vis-à-vis l'Eglise Saint-Martin.

Devaux, rue Saint-Sauveur, particulierement les bas de soie.

Dupuis, descente du Palais-Royal, vis-à-vis la rue Vivienne.

Duré, rue & Porte S. Denis.

Etienne, rue Mouffetard.

François, rue de l'Arbre-Sec, au Duc de Bourgogne, les bas de soie & autres de bonne qualité.

Girault, rue S. Honoré, près celle de la Lingerie.

Germain, rue de la Grande Friperie, est inventeur d'un métier aussi ingénieux qu'utile pour faire fabriquer des tricots dont les mailles acouplées les unes aux autres, sont arrêtées de maniere qu'elles ne coulent point lorsque le fil est rompu.

Housseau, place Baudoyer.

Lievre, rue du Verbois, particulierement les bas de fil.

Pingare, rue S. Denis, au coin de celle des Lombards.

Praron Dupré, Pont Saint-Michel, bonneterie de Paris & étrangere.

Rignaud, rue S. Denis, vis-à-vis S. Chaumond, bas de soie, &c.

Senarts, rue Quincampoix, particulierement les bas de laines.

Vimont, rue Mouffetard, vis à vis celle Contrescarpe, au Roi d'Angleterre.

DRAPERIE-SOIERIE.

CHAPELLERIE.

FABRIQUE & Magasin de Chapeaux en gros & détail, dont il se fait des envois considérables pour la Province & les pays étrangers.

Quelques-uns des plus connus sont :

MM.

Amblart, rue Grenéta, fabrique & magasin.

Beaujolin, rue Beaubourg, fabrique.

Bon, rue S. Denis, au Soleil d'or, fabrique des chapeaux en laine de toutes couleurs, imitant ceux de cuir ; ils sont enduit d'un vernis impénétrable à l'eau.

Chardon, rue de la Monnoie.

Charpentier, rue de la Bucherie.

Choll, rue du Cimetiere Saint-Nicolas des Champs, fabrique de chapeaux, tient le poil de castor, de lapin & autres en gros.

Coquelin, rue du Regard S. Merry, fabrique.

Danloux Dumesnil, rue S. Denis fabrique.

Duverger, rue des Arcis, *idem*.

Godard, rue du Bacq, *idem*.

Guy, rue S. Honoré.

Jobey, rue grenier S. Lazare, fabrique.

Letellier, rue S. Martin, n°. 232.

Levasseur, Place Maubert, fabrique.

Martin, rue des Francs Bourgeois, fabrique.

Morel, rue Thévenot, *idem*.

Troussier, rue Planche Mibray, au coin de celle S. Jacques de la Boucherie, tient fabrique de chapeaux de castor & de poil de loutre infiniment plus souples, plus durables & plus légers que ceux de castor, & qui réunissent à ces avantages celui de ne se point graisser. Il est auteur d'un bain de foule, dans lequel il n'entre point de lie de vin. Ce bain est approuvé par l'Académie Royale des Sciences ; non-seulement il ne donne point d'odeur, mais les chapeaux qui s'y foulent sont plus souples, plus forts, & se fabriquent plus promptement que ceux qui se foulent dans le bain d'usage.

Trubert, rue des Barrés, fabrique.

DRAPERIE-SOIERIE.

PELLETERIE. (*Magasin en gros de*)

Quelques-uns des Négocians les plus connus sont :

MM.

Choll, rue du Cimetiere S. Nicolas, tient la pelleterie relative à la Chapellerie, & fait la banque.

Delumeau, rue S. Martin, près celle Maubuée.
Guyot & Cavillon, échevin, Place du Chevalier du Guet, tiennent magasin de Pelleterie & fourrures.

Richard l'aîné, rue neuve S. Denis, pelleterie, fourure, poil, & ce qui concerne la Chapellerie.

Richard cadet, rue Saint Martin, vis à vis celle Aubry le Boucher, *idem*.

PELLETERIE, FOURRURES ET MANCHONS. (*Maisons de Commerce de*)

Quelques uns des plus connus sont :

MM.

Arnoult, rue du Petit Pont.
Aubineau, rue S. Honoré, au coin de celle Jean Saint Denis.

Arson (Louis), rue Saint Honoré, au coin de celle Jean Saint Denis.

Arson (fils), rue Saint Hyacinthe.
Brignon, rue S. Honoré, près le cloître.
Brunet, rue des Foureurs.
Buffet, rue *idem*.

Chabault, rue Croix des Petits Champs, vend, achete & échange tout ce qui concerne la Pelleterie au meilleur compte, & fait la commission.

Chapelet, rue S. Honoré, près l'Oratoire, Foureur du Roi & de la Cour.

Coponet, rue S. Honoré, près le cloître.
Courcelle, rue S. Honoré, à la Providence & à la Vierge, en face du petit hôtel de Noailles, n°. 321.

Cousin, successeur du sieur *Godan*, rue S. Honoré, vis à vis l'Oratoire.

Jauzon, rue S. Honoré, vis à vis celle du Four.

DRAPERIE-SOIERIE.

MM.

Lamy, rue S. Honoré, vis à vis celle d'Orléans, à la renommée de l'Empereur.

Lherbette, rue des Foureurs.

Morlet, rue des Foureurs, Marchand Pelletier de la Reine.

Parizot, rue des Fossés S. Germain des Prés.

Rousse, rue des Déchargeurs, au coin de celle de la Limace.

Toulet, rue Sainte Marguerite.

PEAUSSERIE.

Quelques uns des commerçans les plus connus sont :

MM.

Bergeron, rue de la Vieille Monnoie, magasin de Peaux.

Cossan, rue des Fossés S. Germain des Prés.

Caumot, rue du Petit Lion, commissionnaire en Peausserie, &c.

Duhamel, rue des Arcis.

Guillaume, rue des Foureurs.

Levaigneur, rue Comtesse d'Artois, Peausseries, & les étoffes pour souliers.

Levaigneur, rue des Lombards, *idem*.

Levaigneur, rue du Petit Pont, *idem*.

Maruin, rue S. Denis, près Sainte Catherine, Peausserie & les étoffes pour souliers.

Mein, rue S. Sauveur, au coin de celle Pavée, commissionnaire pour les Peaux.

Milan, rue Françoise, n°. 16, commissionnaire pour les Peaux.

Milorel, rue des Arcis, au Roi Artus, Commissionnaire pour les Peaux.

Plante Roze, rue S. Denis, près l'Apport Paris, la Peausserie & les étoffes pour souliers.

Raoul pere, rue de la Coutellerie.

Raoul fils, rue S. Denis, la Peausserie & les étoffes pour souliers.

Rubis, rue de Bussy, les Peaux & les étoffes pour souliers.

BUFFETERIE.

PELLETERIE.

BUFFETERIE CEINTURERIE,

POUR LES TROUPES ET SUISSES D'ÉGLISES.

Quelques-uns des Fabricans les plus connus sont :

MM.

Labbé, rue des Fossés S. Germain l'Auxerrois, les ceinturons, gibernes, &c. pour les Troupes.

Mouisset, rue du Roule, fabrique & magasin en gros.
Rollet, rue Saint Honoré, près la barriere des Sergens.
Forbet, Pont S. Michel.

GANTERIE. (*Fabrique & Magasin de*)

Quelques-uns des Principaux Fabricans sont :

MM.

Allou fils, rue S. Denis, à la Vérité, tient fabrique & magazin en gros de ganterie de toutes especes, & de premiere qualité.

Buttard (veuve), rue S. Denis, au coin de celle de la Cossonnerie, fabrique & magasin, *idem.*

Joly, rue Saint Denis, *idem.*
Flandin, rue Bourg-Labbé, n°. 61, ganterie en gros, & fait la commission.

TANNERIE.

Quelques-unes des Tanneries les plus considérables sont celles de

MM.

Boullerot de S. Ange, rue Fer à Moulin.

Giret, rue Censier.
Gonthier, rue Mouffetard.

Huguet, rue Planche-Mibray.
Huguet (Edme), rue Censier.
Huguet (Roland), rue *idem.*

Jorre, Commissionnaire, à la Halle.
Renusson (de), rue Fer à Moulin.

PELLETERIE.

Rubigny de Bertheval (de), rue Censier, a trouvé l'art de rendre le cuir impénétrable à l'eau, & fourni sur la Tannerie plusieurs articles intéressans insérés dans le Dictionnaire Encyclopédique, qui annoncent des connoissances profondes sur son état.

CORROYERIE.

Quelques-uns des Fabricans les plus connus, sont

MM.

Cellier (Jean-Bapt.), rue Frepillon.
Courtois, grande rue du Fauxbourg S. Antoine.
Devay, rue S. Sauveur.
Houette l'aîné, rue de la Haumerie.
Houette le jeune, rue de la Monnoie.
Lecomte, rue Trousse-Vache.
Meunier, grande rue du fauxbourg S. Antoine.
Salleron, rue de la Vannerie.
Salleron, rue Galande.
Salleron, rue Aumaire.

PARCHEMINERIE.

Quelques-unes des Fabriques les plus connues, sont :

MM.

Cruchot, rue S. Jean de Beauvais.
Fortier, rue de la Tannerie.
Grandouant, rue de la Tisseranderie.
Hebert, rue de la Parcheminerie.
Meunier, rue S. Germain l'Auxerrois.

CORRESPONDANCE GÉNÉRALE

DES PRINCIPALES FABRIQUES, MANUFACTURES ET MAISONS DE COMMERCE DE DRAPERIE, BONNETERIE, SOIERIES, TOILERIES ET LAINAGES,

Et autres Etoffes tissues, tricotées ou brodées, du Royaume & des Pays Etrangers.

ABBEVILLE, Ville de France, Capitale du Ponthieu en Picardie, sur *la Somme*, à 38 lieues de Paris.

Cette Ville est très-florissante par l'établissement de ses Manufactures, & notamment par celles de draps superfins, connus avantageusement dans toute l'Europe, depuis plus d'un siecle, sous le nom de Drap Royal de *Van-Robais*. Ces draps tissus de 3300 fils, peuvent être comparés, par la finesse du lainage, la solidité des couleurs, & la perfection du travail, aux plus beaux Draps & aux plus belles Ratines d'Hollande & d'Angleterre.

MANUFACTURE ROYALE ET PRIVILÉGIÉE *de Draps superfins.* MM.

VAN-ROBAIS & Neveu, *Entrepreneurs.*

Cette ancienne & illustre Maison s'est méritée des Lettres de Noblesse par ses talens, ses services & son intégrité.

A

DRAPERIE-SOIERIE.

Manufacture Particulière

Non privilégiée, dont les Etoffes de même genre, également soignées, ne le cedent en beauté ni en qualité à celles qui sortent de la Manufacture Royale.

Aliamet & Martel Michault, & Devos, *Entrepreneurs.*
Homassel, (Ve.) & fils, *idem.*

Commerce de Draperie. MM.

Broquevieille pere, Neg. *Broquevieille* fils. *Traulé* (Mad. Ve).

Manufacture Royale

De Moquettes à fleurs gauffrées, & Velours façon d'Utrecht pour meubles, doublures de voiture, & tapis de pied, qui, par l'élégance des dessins & la variété des couleurs, offrent une imitation très-rapprochée des superbes tapis des Gobelins, & de la Manufacture Royale de la Savonnerie, sous la direction de MM.

Hecquet, (Jacques) & fils, *Entrepreneurs.*

Manufacture Particuliere,

Et non privilégiée, des mêmes Etoffes & Damas sur fil & Coton, dits Damas d'Abbeville, pour meuble, sous la direction de MM.

Homassel, Maressier, *Entrepreneurs.*

Manufactures *considérables de Bouracans larges & étroits, fins, superfins & communs, Serges de Rome & de Minorque, Satins Turcs, Turquoise, Prunelles, Eternelles, à grande & petite raie, Silverais & Chinées, Etoffes nouvelles.*

Quelques-uns des Négocians, Fabricans Expéditionnaires, les plus connus, tenant Fabrique & Magasins, sont MM.

Aliamet & Martel, Michault & Devos, *les Bouracans étroits, en laine & soie, & la Sergeterie.*

Bailleul, (Veuve) *idem.*
Beaucousin l'aîné, Neg. exped
Bouvain, (Emmanuel) les Silverais, Eternelles, & Chinées.
Brés, (François) les Draps de coton, & la Sergeterie.
Cordier, l'aîné, Négociant, Expéditionnaire.
Dauzel, (Jacques) Négociant Expéditionnaire.
Delatre de la Morliere, a Sergeterie.
Delimeux, Négociant, expéditionnaire.
Denizot, les Draps de coton, &c.
Duquel, *Auvillers*, & *Duferiel*, la Sergeterie.

BONNETERIE-DRAPERIE-LAINAGE.

Garbe, pere & fils, les Serges de Rome, &c.
Hecquet [Alex.] & *Duvaftel*, Nég. Expédition.
Homaffel, veuve & fils, les Bouracans étroits, en laine & foie, & la Sergeterie.
Homaffel, (Charles) la Sergeterie.
Laudes, (François) la Sergeterie.
Mellier de Ribeaucourt, la Sergeterie.
Piget, Negociant, Expéditionnaire.
Rochard, les Bouracans étroits, & la Sergeterie.
Rouffel & Compag. Expedition.
Ternois (Joffe), les Bouracans étroits, Silverais, éternelles & Chinés.
Traulé & Bellard, les Draps de coton.
Tronnet, la Sergeterie.
Verdun, freres, la Sergeterie.

FABRIQUE *de Toiles communes, de lin & de chanvre, vulgairement connues sous le nom de ferpillere, toile d'emballage, toile à facs, à paillaffes, &c. toiles à matelas bon teint, & petit teint, Linets pour la teinture & pour doublure, toiles de ménage, coutils fur fils & coton, de toutes couleu s, & toile à voile pour la marine.*

Quelques-uns des Négocians, les plus connus pour ces divers articles, font MM.

Cordier de Ribeaucourt.
Dauz l, pere & fils.
Delatre, pere.
Delatre, freres.
Duval, freres.
Foiffard. (Antoine)
Michault. (François)
Morel de Campenal.
Rouffel de Moreaucourt.
Soubret. (Adrien)
Soubret. (Noel)
Thomas pere & fils.

FABRIQUES *de Galons & Agrémens pour robes.*

Bollonet, (Nicolas) *Entrepreneur.*

FABRIQUE *de Gaze*, &c.

Videcoq, *Entrepreneur.*

FABRIQUES *de Bas de fil & coton.*

Bailly, fils, tient Fabrique & Magafin.
Mouffiere & Petit, *idem.*

FABRIQUES *de Coton filé en trois & quatre fils, pour toute fortes d'ouvrages.*

Deguevauvilles Cordier.
Delegorgue. (Alexandre)
Herbet.
Maurice Renault.
Moran.
Mullot.

A ij

DRAPERIE-SOIRIE.

BLANCHISSERIE.

Alexandre Thomas pere & fils, Entrepreneurs.

AGENS DE CHANGE *autorisés.* MM.

Masse. — *Gavois.*

AGEN, Ville de France dans la Guyenne, à 145 l. de Paris.

FABRIQUE & COMMERCE considérable, de Draperies, Serges & Raz, *connu sous le nom de* Raz d'Agen : MM.

Barsalon, Fabric.
Carriere & Marseille.
Daribau & Fournet.
Dumont & Cochelin.
Lamouroux & Marçot.
Mauron.
Pelissier & fils.
Pelissier jeune, & Comp.

MANUFACTURE de Moletons & Couverture de coton.

DARIBEAU & FOURNET, *Entrepreneurs*, *Banquiers*, *&c.*

MANUFACTURE D'INDIENNE

Recommandable par le degré de perfection que l'on donne à tous les ouvrages que l'on y fabrique.

Guittard, (Veuve) Entrep.
Lamouroux & Marcot.
Lausun.

MANUFACTURE de Toiles à voiles, & très-estimées, & dont il se fait un commerce considérable pour la Marine Royale, &c.

GOUNON, *Entrepreneur.*

MANUFACTURE de Teinture, renommée particuliérement pour le beau rouge ; le Coton qu'on y teint ne le cede en rien à celui d'Andrinople.

LAUSUN, *Entrepreneur.*

BANQUIERS.

Lamouroux. (George)
Daribeau & Fournet.

AIRE, Ville de France en Artois, à 55 lieues de Paris.

FABRIQUE d'Etoffes de laine & de fil.

MONTHOIS, *Fabricant.*

AIX, Ville de France en Provence, à 186 lieues de Paris.

FABRIQUE de Velours de soie noire.

Barlatier fils, Fabric.
Mathieu, Abrard & Comp.
Tourniaire.
Vial.

BONNETERIE-TOILERIE-LAINAGE.

FABRIQUE d'Indienne.

Batailler, Fabr.
Belliard freres,
Turcas freres, idem.

FABRIQUE de Gazes.

Blanc, Fabricant.

FABRIQUE de Mouchoirs de Cambresine.

Coucourdan, Fabricant.
David, (Joseph) *idem*.

MANUFACTURE de Coton teint en rouge.

Simon l'aîné, Entrepreneur.

COMMERCE de Draperie, Soierie & Toileries.

MM.

Feran, (Augustin) les Toiles.
Ginezi freres, & Comp. la Drap. & Toiler.
Gregoire, pere & fils, la Drap. Soierie, & font la Banque.
Martin & Rey, *idem*. & font la Banque.
Martin freres, la Drap. & Toil.
Meyer & Perein, la Draperie, Soierie, & font la Banque.
Montagne & Emeric, idem. & font la Banque.
Parin freres, *idem*. & font la Banque.
Pin & Compagnie, *idem*. & font la Banque.
Reynaud freres, *Achias & Ravanas*, id. & font la Banque.
Simeonis, (Veuve), la Toiler.
Turrel & Paul, la Drap. & Soier.

AIX-LA-CHAPELLE, Ville libre & Impériale d'Allemagne, dans le Duché de Juliers, à 82 lieues de Paris.

Mesure en étendue, l'aune est de 24 pouces & demi de France.

MANUFACTURE considérable de Draperies, que l'on peut distinguer en Draps fins et Draps communs, ou de qualité inférieure, par les differentes laines dont ils sont tissus, ces draps sont tous teins en pieces.

Quelques-uns des principaux Fabricans, faisant commerce, sont, MM.

Baume-Hauer, (Ve.) *Jacque René*, & fils.
Baum-Hauer, fils de Jean.
Bettendorff. (François-Joseph) *Cappel*.
Claus. (Chrétien Frédéric)
Conrard, *Gottard*.
Graaff. (Jean de)
Gracht, (Pierre-Joseph) *Vander*.

DRAPERIE-SOIERIE.

Heberle. (Jean-George).
Henry-Vanhoutem.
Hoffradt , (Jean Adolphe) & *Scheibler.*
Holtz. (Nicolas)
Ignace-Vanhoutem.
Imhaus & Knops.
Kahr , (Paul) & *Fils.*
Keller. (Louis)
Kesseler. (François-Henri)
Klermond , (Veuve *Esai*) & Comp. , fait aussi la Banque & Commission.
Kolb & Stehelin.
Kuhnen , (Simon) fait aussi la la Banque & la Commission.
Leers. (Nicolas)
Ludwigs , (Veuve) d'*André.*
Nelessen. (François-Charles)
Pastor. (Daniel)
Pastor. (Jean)
Peipers. (Henri)
Prim Guillaume.
Schlosser , (Mathieu Bernard) fait aussi la Banque & Com.
Schorn , (Veuve) *Gilles* & Com.
Van-Adam Wildenstein.

FABRIQUE DE BRODERIES.

Quelques - uns des principaux Négocians faisant Fabriques, sont, MM.

Crom. (Nicolas)
Meyster. (Jean)
Perger. (Aloys).

COMMERCE de Laine d'Espagne.

Geyr, (Jacques) & fils , & *Portugaise.*
Klermond (Esaie) & Comp.
Ludwigs , (Jh.) fils d'André.
Startz. (Steffen)

TEINTURERIE.

Brand. (Pierre)
Heusch. (Gerhard , J. H.
Reumont. (Rich. Ant.)
Swecling. (Joseph)
Theissen. [Veuve]
Turbet & fils.

Négocians , Banquiers , Expéditionnaires , &c.

Klermond [Veuve esaie] , & Comp.
Kuhnen , & Compagnie.
Scholser [Math. Bernard.

ALAIS , Ville de France dans le Bas Languedoc , sur le *Gardon* , à 173 lieues de Paris.

Il se fait en cette Ville un commerce considérable de *Soies* , *Grezes & Ouvrées* au *Moulin* , en poil ou trame. Les différentes qualités de ces soies sont divisées & connues dans le commerce sous les titres de *premiere sorte* , *seconde avantagée* , *seconde bonne & troisieme.* Les plus communes s'appellent *chique* , & servent pour fabriquer les soies à coudre.

Il y a outre cela d'autres articles que les cocons convertisen soie, laissent encore après la filature , tels que les côtes dont on fait la

Fantaisie & le *Bassinats*, qui donne la *Filoselle*, le *Fleuret* & les *Estras*, dont on fabrique les Étoffes pour meuble.

Enfin il y a encore des cotons de graine que l'on file également & que les Marchands de Nîmes, &c. viennent acheter à Alais pendant le tems des foires pour la fabrique des *Burats*.

Toutes les soieries que le Vivarais & les Cevenes produisent, ne sont connues que sous le nom d'*Alais*; & l'achat de cette riche production, qui forme un objet de plus de 1000 à 1200 quintaux, petit poids, s'y fait tous les ans pendant les Foires d'Août & du 17 Janvier.

Quelques-uns des Négocians les plus connus sont, MM.

Delpuech & *Soleirol*.
Fabre. [Jean]
Plantier. [Pierre]
Rocheblave.
Silvain. [Xavier].

FABRIQUE & commerce considérable de Rubans, Ceintures de Prêtre, Bas de soie, & Soie à coudre.

Durand George, Bas de soie seulement.
Saget, Bas de soie, *idem*.
Gibert, tient Fab. & Mag. de Ceintures de Prêtres, Soie à coudre & Bas de soie.
Henri Beniqué, idem.
Pages, les Rubans, Ceintures de Prêtre, Soie à coudre, &c.
Pelet, idem.
Puechegud, les Bas de soie seulement.

ALBI, Capitale de l'Albigeois, dans le haut Languedoc, sur le *Tarn*, à 136 lieues de Paris.

FABRIQUE de Tricot pour les Troupes & de Ratines de toutes couleurs, connues sous le nom de Royales, Cordelats, Bayettes, Burats, Pinchinats, Raz & autres étoffes dont la majeure partie se consomme dans le Limosin & l'Auvergne.

Chipoulet, Négociant, faisant Fabrique.
Rahoux Lanié, Négociant, Expéditionnaire.

FABRIQUE de Toiles rousses & grises, & Futaines de toutes couleurs, dont la chaîne est de fil, & la trame de coton, filé au Rouet : MM.

Crozes & Compagnie, Négocians, Expéditionnaires, faisant fabriquer.

DRAPERIE-SOIERIE.

ALENÇON, Ville de France en Normandie, sur la *Sarte*, à 40 lieues de Paris.

FABRIQUE considérable de Toiles, connues avantageusement sous le nom de Toiles d'Alençon, *qui se vendent en blanc ou écrues.*

Négocians-Expéditionnaires, faisant fabriquer, MM.

Boiville.	*Levasseur.*

FABRIQUE considérable de Dentelles de la plus grande beauté, & connues très-avantageusement sous le nom de Point d'Alençon; *il s'en fait une consommation prodigieuse tant à Paris que dans les différentes provinces du Royaume & cours de l'Europe.*

Négocians-Expéditionnaires, faisant fabriquer.

Deschalleries.	*Valframbert.*
Rouillon de Boiville.	

AMBERT, petite Ville de France, dans la Basse-Auvergne, sur la riviere *d'Ore*, à 104 lieues de Paris.

FABRIQUE de Camelots, Burats unis & gauffrés, de Fort en Diable, Turquoises, Padoux, Lacets ronds & plats, Jarretieres, Rubans unis & sergés, Galons & Cordonnets en laines, façon de Poil de chevre de toutes couleurs, Blutaux depuis 5 jusqu'à 22 pouces, pour tamiser les farines, couler le lait, & passer le bouillon.

Négocians-Expéditionnaires, faisant fabriquer.

Brugeron.	*Micolon.*
Dubuissons.	*Vimal.*

AMBOISE, Ville de France en Touraine, au confluent de la *Loire*, & de la *Masse*, à 58 lieues de Paris.

FABRIQUE de petits Draps, Pinchinats & Londes, en laines sur étain; c'est-à-dire dont les laines employées pour la chaîne sont peignées & filées à la quenouille, & sont cardées & filées au rouet par la trame.

Quelques-uns des Fabricans les plus connus, sont MM.

Chadetres, Fab. Exp.	*Gidoin*, idem.
Chembellan, oncle & neveu.	*Gillet*, freres, *idem.*

AMIENS

DRAPERIE-SOIERIE.

AMIENS, Ville Capitale de la Picardie, sur la *Somme*, à 29 lieues de Paris.

Cette Ville, florissante par ses fabriques & manufactures, sert à l'instar de Rouen, d'entrepôt pour toutes les marchandises qu'offrent au commerce les ports de Marseilles, de Bordeaux, de la Rochelle, de Nantes, & du Havre, & pour les autres objets que fournissent les différentes provinces du royaume & de l'étranger.

Quelques-uns des principaux Négocians sont : MM.

Daire l'aîné.
Daire Boucher.
Delaroche l'aîné.
Delaroche Demailly.
Durand Caron.
Joly (Etienne).
Jourdain Deleloge.
Jourdain Dumont
Leleu (Nicolas), l'aîné.
Morgan pere & fils.
Moran Boucher.
Poujol (veuve.) & fils.

FABRIQUE considérable d'étoffes de laine à l'instar de celles qui se font en Angleterre, telles que des pannes cizelées, des pluches poil uni gauffrées, cilindrées ou imprimées, des camelots poil & soie & en laine, unis, rayés & mélangés; velours façon d'Utrecht, gauffrés & imprimés; piqués de coton; serges de toute espece; étamines, alençons, castinettes, tamises, anacostes, turquoises, pluches en soie & en laine, bouracans, &c. MM.

Beaucousin.
Cannet (Ve Alexandre) & comp.
Clément l'aîné & comp.
Cordier & Dufraix.
Cornet (Charles).
Damiens (J. Bapt.) & *Gorlier.*
Debray (François).
Degand l'aîné.
Delahaie (Pierre).
Desjardin (Augustin).
Dottin (veuve) & fils.
Dottin fils aîné.
Durieux (Jean Baptiste), le jeune.
Florimond Leroux fils.
Galand pere & fils.
Geusse Duminy.
Grenier pere & fils.
Guerard.
Jerôme freres.
Joiron (Laurent).
Laurent (Alex.), pere & fils.
Laurent (Joseph).
Laurent (Augustin).
Laurent (J. Bapt.), pere & fils.
Lefebure Langlet.
Mallet freres & *Mille.*
Morgan & comp.
Pollet & Mollier.
Poujol (Ve) & fils.
Roux (J. Bapt.).
Somont (François).

DRAPERIE-BONNETERIE,

MANUFACTURE de velours de coton & autres étoffes unies, & imprimées.

Delahaye (Jul. fils).
Guid. & *Mercier.*
Margan pere & fils.
Tranel (Antoine).

FABRIQUE de toiles communes, toiles de ménage, toiles à sacs, paillasse & d'emballages; coutil rayé & façonné, & assortiment de toiles d'Hollande & de Flandre, &c. MM.

Acloque, pere & fils.
Acloque, fils aîné.
Alexandre.
Devailly Delatre.
Gamard (veuve), & fils.
Gamard (Felix).
Houreet.
Langevin.
Lefebure.
Lescot.
Minerel (Remy).
Vast.

FABRIQUE & commerce de Bonneterie.

Daire (Jacques).
Damiens (J. B.) & *Gorlies.*
Dandin (Augustin) & *Devisme.*
Delarue.
Josse l'aîné.
Josse (Hyacinthe).
Florimont Josse, & généralement tout ceux qui font le commerce des étoffes.

AMSTERDAM, Ville Capitale des Pays-Bas, une des plus commerçantes de l'Europe, avec un très-bon port, à 109 lieues de Paris.

FABRIQUE, & Magasin d'Etoffes, &c. MM.

Aron Samuel & fils, à S. Antoine. *Brestrat*, les toiles des Indes.
Bruynvis & *Barnevelle*, tiennent magasin de toiles de coton.
Cramer (Adam), magasin de toiles.
Dacosta (M. & J. Telles) laines d'Espagne, &c.
Damelt (Moïse) toilerie.
Eys (J. Van) & fils, laines d'Espagne, &c.
Klupel (veuve & fils), fait commerce de poil de chèvre.
Loos & *Brietenveld*, magasin d'étoffes.
Marteus & fils, laines d'Espagne.
Nieulan, Toiles de coton.
Oudeskerk (Mathieu), magasin de toiles.
Pool (J.B. Amb.) & comp., laines & soieries.
Reesen (G. & Guillaume) fabrique d'étoffes de soie.
Rigal & *Collignon*, vis-à-vis le Barmotel, magasin de toiles des Indes & d'Hollande.
Rœten, *Nieter* & *Meyer*, fabricans d'étoffes de soie.
Roussellet & fils, commerçans en toile.
Torboche & fils, *idem.*
Vianne, vis-à-vis la bourse, magasin de toiles, & de toutes sortes d'étoffes de soie pour vêtemens & ameublemens.

BANQUIERS.

Alex. & Eleaz. Van Embdein, & fils.
Danielo junior.
Emmerick.
Gerting.
Gombestz & fils.
Joel.
Machiel.

Commissionnaire français.

Gargiss, sur le Kersestall.

ANDELY (les), Ville de France en Normandie.

Manufacture de ratines superfines façon d'Hollande, de draps fins, à l'instar de ceux d'Abbeville, de demi-draps façon d'Angleterre, & d'espagnolettes.

Fravigny (Louis) entrepreneur.

ANGERS, Ville de France, Capitale de l'Anjou, à 66 lieues de Paris.

Manufacture royale de toiles à voiles.

Bosmaire, entrepreneur.
Joubert & Bouin.
Morni & comp.
Sitolleux & comp.

Manufacture d'indienne pour mouchoirs, robbes, & ameublement.

Le Mazurier.
Bayon & comp.

FABRIQUE d'étamine.

Couillon de la Douve freres, entrepreneurs.

MANUFACTURE de mouchoirs sur fil & coton, façon des Indes.

Sitolleux & comp., entrepreneurs.

FABRIQUE & commerce de mouchoirs de toile de Cholet.

Le Coeq, négociant expéditionnaire.
Reveilleres, idem.

FABRIQUE de bas de fil de toute qualité, dont la majeure partie passe en Espagne, & dans les isles.

MM. *Les Administrateurs de l'Hôpital-Général.*

FABRIQUES particulieres. MM.

Cesbron, freres.
Touillon de la Douve freres.
Cetu.

BANQUIERS. MM.

Cherbonnier.
Guerin.

DRAPERIE-BONNETERIE.

ANGOULÊME, Ville Capitale de l'Augoumois, sur la Charente, à 127 lieues de Paris.

FABRIQUE de draperie, serges & étamines.

Négocians expéditionnaires faisant fabriquer : MM.

Lefevre.
Jendreau.
Joubert.

Négocians commissionnaires en tous genres : MM.

Glace, pere & fils.
Marchais, freres.
Marchais de la Berge, & fils aîné.
Noel.

ANNONAY, petite Ville du haut Vivarais sur la Deume, à 115 lieues de Paris.

FABRIQUE de draperie commune.

Quelques-uns des principaux négocians sont : MM.

Aleon & Joubert.
Bechetolle (Ve) & fils.
Chomel.
Journal, File & Giraud.
Granger, freres.
Mignot, freres.
Peyron, freres & fils.
Seguin.

FABRIQUE de frises ou ratines.

MM.

Court & Pouret, entrepreneurs.

FABRIQUE de ruban.

M. *Pichat*, fabricant.

MOULINAGE DE LA SOIE.

Entrepreneurs, MM.

Giscart.
Veirein.

FABRIQUE de bas & bonnets de laine. MM.

Les Administrateurs de l'Hôpital-Général.
Félix.
Rignol.
Thevenet, pere & fils.
Tholon Cadet.

Négocians Commissionnaires. MM.

Blachier.
Duret & Chomel.
Lioud (veuve) & *Desgrands.*
Malgontier (André) & Comp.
Paret freres.

SOIERIE-TOILERIE-LAINAGE.

ANVERS, Ville des Pays-Bas sur l'Escaut, avec un bon port, à 74 lieues de Paris.

FABRIQUE & commerce d'étoffe de soie.

Bechmans freres, négocians commissionnaires, font fabriquer des étoffes de soie.

FABRIQUE & commerce de dentelle de Maline, & de point.

Négocians Commissionnaires. MM.

Allard.
Berrembrouk.
Georgerie (Augustin).
Guillamard.
Le Baron de Frouly.
Pick (Ignace).
Van Halle.
Van Leydem (J. P.).

ARC en Barrois ville de France en Bourgogne, pres de Château-Villain, où s'adressent les lettres, à 60 lieues de Paris.

FABRIQUE de Bonneterie à l'eguille en bas fins & communs, unis & à côte, chaussons & bonnets de coton.

Madame *Mortet* (V[e]), fait fabriquer & fait des envois.

ARCIS-SUR-AUBE, ville de France en Champagne à 36 lieues de Paris.

FABRIQUE de Bonneterie.

Fabricans Expéditionnaires, MM.

Colas. Guillaume, pere & fils. *Simon.*

ARDRES, petite ville de Picardie, à 64 lieues de Paris.

FILATURE *de coton &* FABRIQUE *de bas au métier à l'Hôpital.*

Lefebure, Negociant Commissionnaire.

ARGENTAN, ville de France en Normandie, sur la riviere d'*Orne*, à 40 lieues de Paris.

FABRIQUE & commerce considérable de dentelles, connues avantageusement sous le nom de point de France *ou d'*Argentan.

Coutures Janet (Mad.), fait fabriquer. *Feraffe* (Mad.).
Maurice (Paul), fabricant de dentelles, tient magasin de draperie, & fait la commission.

ARMENTIERES, ville de la Flandre françoise, à 56 lieues de Paris.

FABRIQUE de toile & de linge de table, siamoise, cotonnette & toiles à carreaux de toutes couleurs.

Négocians faisant fabriquer, MM.

Albert, Vanoye & Planckaer.
Delacroix.
Delacroix le jeune.
Parent.

DRAPERIE-BONNETERIE,

ARPAJON, petite ville de France à 8 lieues de Paris.

MANUFACTURE royale, à l'instar des manufactures angloises pour la filature des cotons & fabrique de mousselines, & différentes étoffes de coton. M M.

Martin, Flessel & Lamé, Entrepreneurs.

ARRAS, ville de France, capitale de l'Artois, à 42 lieues de Paris.

FABRIQUE considérable de baptistes & basins façon d'Hollande, & de filets en musquinerie.

Crepin, le filet, négociant expéditionnaire.
Dupuich (Boniface), les basins, &c.
Dupuich (Alexis), les basins, &c.
Gouve, baptistes & basins
Lollart Delbuquiere, idem.

FABRIQUE & commerce considerable de dentelles.

Alexandre, négociant expéditionnaire.
Dorchies, idem.
Duquenoy, idem.
Gouve, idem.
Leriche (Madame).
Pieron le jeune, *idem.*

ATH, ville des Pays-Bas Autrichiens, dans le comté de Hainaut, à 60 lieues de Paris.

FABRIQUE de linge de table et blanchisserie.

Delpestre, négociant expéditionnaire.
Deltombe, idem.
Ducoron, idem.
Lesmayers freres, *idem.*
Petit, idem.
Teintenier, idem.

AUBENAS, ville de France en Languedoc, sur la riviece d'Ardeche, à 150 lieues de Paris.

Manufacture de draps londrins, ratines, serges, burats, cadis, & autres étoffes qui se fabriquent en laine du pays, &c.

Verny, entrepreneur.

Manufacture royale de mouchoirs, façon des Indes.

Ruelle, entrepreneur.

Manufacture particulieres, MM.

Boneville & Blachere, entrepreneurs.

FABRIQUE pour ouvrer & devider les soies ; celles qui en sortent sont si estimées, qu'elles se vendent à Lyon un écu par livre au-dessus du plus haut prix des autres.

Madame veuve *Deidier*, propriétaire.

AUBIGNY, petite ville de France en Berry, à 54 lieues de Paris.

FABRIQUE de draps, de serges & autres petites étoffes sur fil, & commerce de toiles, laines & fils, &c. MM.

Quelques-uns des négocians les plus connus faisant fabriquer & commerce de draperie & autres petites étoffes, &c. sont MM.

Berthon (Joseph & Ant.).
Bourgeret.
Etienne (H. L.).
Fouquet (Joseph).
Jourdain (Denis).
Musard (Louis-François).

AUBUSSON, ville de France dans la Haute-Marche, à 104 lieues de Paris.

Manufactures considérables de tapisseries en soie & laine, basse-lisses à personnages & à verdure, & tapis de pied veloutés en haute-lisse façon de Turquie, meubles de toutes especes, &c.

Ces tapisseries en soie & laine de différente hauteur se vendent l'aune quarrée ; elles sont très-estimées & connues avantageusement dans toute l'Europe : on y fabrique aussi des fauteuils, des chaises, des canapés, des écrains, des caparaçons, &c.

Quelques-uns des fabricans les plus connus pour les tapisseries & autres ouvrages de basse-lisse, sont MM.

Debel.
Fourrié.
Grellet de Moutaut.
Grellet (Elie)
Goubert.
Picon.
Roby le jeune.
Roby fils.

Négocians Commissionnaires, MM.

Corneille,
Gaillat.
Prugnier.

FABRIQUE de tapis de pied en haute-lisse, façon de Turquie.

Assolant.
Barrabaut.
Blanchois.
Charles.
Debel.

Nota. Chacune de ces maisons a son magasin de dépôt à Paris. *Voyez l'article de* PARIS.

DRAPERIE-BONNETERIE.

AUCH, ville de France en Gascogne, capitale de l'Armagnac, à 150 lieues de Paris.

FABRIQUE *de razes plenieres, de cadis, de burats & de crepons, dont le plus grand débit se fait à Toulouse.*

Quelques-uns des négocians faisant fabriquer, les plus connus sont MM.

Bourdeux & Fontaine, Negoc. *Raour*, idem.

AVIGNON, ville capitale du comté de même nom, sur le *Rhône*, à 147 lieues de Paris.

Mesure en étendue, six *cannes* font 10 aunes de Paris.

MANUFACTURE *d'étoffes de soie, en double & demi florence, qui sont portées au plus haut degré de perfection, armoisins, gros de Tours d'Angleterre, serges en soie, ou croisés, serges en filoselle, papelines, satinades, imberlines, gazes & étoffes pour meubles, connues sous le nom de* Brocateles.

Quelques-uns des principaux Négocians, Banquiers les plus connus faisant fabriquer, & joignant au commerce des étoffes celui de soies, sont MM.

Allard, négociant, banquier, expéditionnaire.
Aubary & Mainville, idem.
Cairanne (A.) & *Aulagnier*, freres.
Cappeau, *Bovis* & compagnie.
Clauseau & Gudin.
Delpuch & Sauvan.
Generat.
Gudin, *Cluseau & Cousin.*
Jausseume.
Jullian pere & fils.
Meyssonnier & comp.
Queyreau.
Richard (François) *Audiffret*, & comp.
Rogier.
Soulier & Millie.

Commerce d'étoffes pour meubles.

Neyrand. *Rey*, pere & fils. *Roland.*

commerce de soies ouvrées.

Berard, freres, Négocians.
Firmin.
Gerard & Ritay.
Gottier.
Peyrard.
Philippe cadet.
Ytier.

Négocians Commissionnaires.

Pour tout ce qui est relatif aux productions, fabriques & commerce d'AUVERGNE, MM.

Boucher l'aîné.
Boucher (veuve Louis) & Compagnie.
Teissonnie l'aîné & Compagnie.

Commerce

SOIERIE-TOILERIE-LAINAGE.

Commerce d'étoffes de laines.

Bourcier, négociant.
Desaiffre.
Gaucher.
Rousset, cadet.

Negocians Commissionnaires pour tout ce qui est relatif aux productions fabriques & commerce d'Avignon. MM.

Boucher, l'aîné.
Boucher (Veuve Louis), & Compagnie.
Teissonniere l'aîné & Compagnie.

AUMALE, ville de France en Normandie, dans le pays de Caux, sur la Bresle, à 28 lieues de Paris.

FABRIQUE *de serges drapées façon de Londres, & demi-Londres connues sous le nom de* Galmaces, *serges moyennes, communes & imprimées, pour habits, doublures & ameublemens.*

Quelques-uns des négocians expéditionnaires les plus connus sont MM.

Bouffler.
Ledoux.
Le Gendre.
Pepin.
Quatresols.
Yvart.

FABRIQUE *de Bonneterie.* MM.

Dufour, neg. expédit.
Merlier l'aîné.
Merlier le jeune.

Teinturerie pour la majeure partie des laines qui s'emploient dans les fabriques de siamoises brochées de Rouen & d'Yvetot.

Le Roy (Madame veuve). *Quatresols*, idem.

AURIOL, Paroisse de France en Provence, près d'Aubagne où s'adressent les lettres, à 203 lieues de Paris.

MANUFACTURE *de Coton rouge.*

MM. *Guerinet* & compagnie, entrepreneurs.

AUTUN, ville de France en Bourgogne, capitale de l'Autunois, à 88 lieues de Paris.

FABRIQUE *considérable de Serge & de Bonneterie, sous la direction de MM. les Administrateurs de l'Hôpital-Général.*

FABRIQUES *particulieres du même genre.* MM.

Chauveau.
Duchazeau.
Graillot.

DRAPERIE-BONNETERIE,

AUCH, ville de France en Gascogne, capitale de l'Armagnac, à 150 lieues de Paris.

FABRIQUE *de razes plenieres, de cadis, de burats & de crepons, dont le plus grand débit se fait à Toulouse.*

Quelques-uns des négocians faisant fabriquer, les plus connus sont MM.

Bourdeux & *Fontaine*, Negoc. *Raour*, idem.

AVIGNON, ville capitale du comté de même nom, sur le *Rhône*, à 147 lieues de Paris.

Mesure en étendue, six *cannes* font 10 aunes de Paris.

MANUFACTURE *d'étoffes de soie, en double & demi florence, qui sont portées au plus haut degré de perfection, armoisins, gros de Tours d'Angleterre, serges en soie, ou croisés, serges en filoselle, papelines, satinades, imberlines, gazes & étoffes pour meubles, connues sous le nom de* Brocateles.

Quelques-uns des principaux Négocians, Banquiers les plus connus faisant fabriquer, & joignant au commerce des étoffes celui de soies, sont MM.

Allard, négociant, banquier, expéditionnaire.
Aubary & *Mainville*, idem.
Cairanne (A.) & *Aulagnier*, freres.
Cappeau, *Bovis* & compagnie.
Clauseau & *Gudin*.
Delpuch & *Sauvan*.
Generat.
Gudin, *Cluseau* & *Consin*.
Jausseume.
Jullian pere & fils.
Meyssonnier & comp.
Queyreau.
Richard (François) *Audiffret*, & comp.
Rogier.
Soulier & *Millie*.

Commerce d'étoffes pour meubles.

Neyrand. *Rey*, pere & fils. *Roland*.

commerce de soies ouvrées.

Berard, freres, Négocians.
Firmin.
Gerard & *Ritay*.
Gottier.
Peyrard.
Philippe cadet.
Ytier.

Négocians Commissionnaires.

Pour tout ce qui est relatif aux productions, fabriques & commerce d'AUVERGNE, MM.

Boucher l'aîné.
Boucher (veuve Louis) & Compagnie.
Teissonnie l'aîné & Compagnie.

Commerce

SOIERIE-TOILERIE-LAINAGE.

Commerce d'étoffes de laines.

Bourcier, négociant.
Desuiffre.
Gaucher.
Rouffet, cadet.

Negocians Commissionnaires pour tout ce qui est relatif aux productions fabriques & commerce d'Avignon. MM.

Boucher, l'aîné.
Boucher (Veuve Louis), & Compagnie.
Teissonniere l'aîné & Compagnie.

AUMALE, ville de France en Normandie, dans le pays de Caux, sur la Bresle, à 28 lieues de Paris.

FABRIQUE *de serges drapées façon de Londres, & demi-Londres connues sous le nom de* Galmaces, *serges moyennes, communes & imprimées, pour habits, doublures & ameublemens.*

Quelques-uns des négocians expéditionnaires les plus connus sont MM.

Bouffler.
Ledoux.
Le Gendre.
Pepin.
Quatresols.
Yvart.

FABRIQUE *de Bonneterie*. MM.

Dufour, neg, expédit.
Merlier l'aîné.
Merlier le jeune.

Teinturerie pour la majeure partie des laines qui s'emploient dans les fabriques de siamoises brochées de Rouen & d'Yvetot.

Le Roy (Madame veuve). *Quatresols*, idem.

AURIOL, Paroisse de France en Provence, près d'Aubagne où s'adressent les lettres, à 203 lieues de Paris.

MANUFACTURE *de Coton rouge*.

MM. Guerinet & compagnie, entrepreneurs.

AUTUN, ville de France en Bourgogne, capitale de l'Autunois, à 88 lieues de Paris.

FABRIQUE *considérable de Serge & de Bonneterie, sous la direction de MM. les Administrateurs de l'Hôpital-Général.*

FABRIQUES *particulieres du même genre*. MM.

Chauveau.
Duchazeau.
Graillot.

DRAPERIE-BONNETERIE.

Fabrique de Toiles. MM.

Legros.
Maître.
Normand.

Fabrique de tapisseries, connues sous le nom de tapisseries de Marchaux.

Ces tapisseries, propres à faire des tapis de pieds pour les églises & les appartemens, sont faites de bourres de bêtes à cornes & de fils de différentes couleurs. Un des plus grands avantages de ces tapisseries, est de réunir la solidité à l'économie, & d'être incombustibles.

Quelques-uns des principaux fabricans expéditionnaires, sont : MM.

Lucotte.
Pilien.
Vaucou.

AUXERRE, ville de France en Bourgogne, capitale de l'Auxerrois sur *Lyonne*, à 41 lieues de Paris.

Commerce de Draperies, Toiles, Chanvres, Laines, & Lainages.

Durand, les chanvres.
Gremerel, la draperie, toiles, & lainages.
Lessèré (Henri) les cotons, laines, toiles & lainages.
Padelinetti la draperie, toiles & lainages.
Petit, la draperie, toiles & lainages.

BACCARAT, Bourg de France en Lorraine, près de *Raon, l'Etape* où s'adressent les lettres.

Boulanger, négociant commissionnaire.

BAGNERES, ville de France en Bigone, à 190 lieues de Paris.

Fabriques *& commerce considérable de cadis, reverses, crêpes de laines, étamines ou burats à gros grains, & razes, à l'instar de celles d'Agen.*

M. Barreau, teinturier, renommé pour le beau rouge de Garence, & fait la commission, &c.

BAGNOLS, petite ville de France en Languedoc, à 166 lieues de Paris.

Fabriques de fantaisies, de fleurets, de serges de cardage & de filoselle.

Gensoul. (A) négociant.
Marsial (Franç.).
Rigaud (J. B.).

SOIERIE-TOILERIE-LAINAGE.

BAILLEUL, petite ville de France, dans la Flandre Flamingante, à 54 lieues de Paris.

MANUFACTURE *de petites Draperies, ratines, perpetuanes, baigue, & serges doubles & simples pour doublures & chemises de Religieuses.*

Houcke, (Dominiq.) Directeur.

FABRIQUE *de toiles pour chemise & linge de table.* MM.

Caboche (Etienne).
Gounin (François).

FABRIQUE *& commerce considérable de Dentelles, connus sous le nom de* Valenciennes.

Borrepeyre, négociant, expéditionnaire.
Figuay (Mlle), *idem.*
Flahaut (H.) *idem.*
Flahaut (Mesdemoiselles), sœurs.
Joye (Mlles), *idem.*
Lacroix (de) fils.
Neuville, idem.
Striepaert (Mlle) *idem.*
Top (Mlle), *idem.*

FABRIQUE *de Rubans, de Fil blanc & de couleur.* MM.

Coulon (Eugene), Fabricant.
Frino (Michel), Fabricant.

FABRIQUES *de Fils.*

Crendaele fils.
Dehaene (J.), pere.
Dehaene (A.) fils.
Deroo, pere.
Durier,
Flahaut (Phil).
Flahaut (Olive).
Vandermeersch.
Vanbel.
Van Metris.
Vertomme.

BALLON, ville de France dans le Maine.

FABRIQUE *d'Etamine.*

M. *Belot*, Fab.

BAPAUME, vile de France en Artois, à 36 lieues de Paris.

FABRIQUES *considérables de Toiles & de Fils. Les Toiles sont connues sous le nom de* Batistes, *& de* linon.

Quelques-uns des négocians expéditionnaires les plus connus sont: MM.

Coquel (Antoine).
Heancre (Louis).
Jacques Boniface.
Noel Delphin Haudouart.
Parmentier (Louis), *Houdouart* (Nic. Joseph.)

C ij

FABRIQUES *considérables de fils qui servent à alimenter les Fabriques de Toiles, Batistes & Linons, & dont il se fait une très-grande consommation dans le Royaume.*

Négocians Expéditionnaires. MM.

Bedu (Louis).
Berly (Pierre).
Cattin (J. Bap.).
Deguersonniere (Michel).
Duquesne (Dominique).
Izambart Thuilliez.
Lefebure (Joachim).
Lemaire (Louis).

BARBEZIEUX, ville de France en Saintonge, à 138 l. de Paris.

FABRIQUE *de Toiles.*

Lecourt, Négociant, Commissionnaire.

BARCELONE, ville d'Espagne, Capitale de la Catalogne, à 256 lieues de Paris.

Mesures en étendue. La mesure se nomme *vara*, & se divise en quatre parties qu'on appelle *palines.* Un vara & demi, équivaut l'aune de Paris.

FABRIQUE *de bas de soie, d'indiennes, de draps grossiers; de couvertures, de serges de laines, & de mouchoirs de soie.*

Quelques-uns des Négocians-Commissionnaires les plus connus, sont : MM.

Arabet, *Gautier*, & *Manneig.*
Armengol Janer.
Bezard & Sargellet.
Creus (Martin).
Durand & Lansa.
Larrad & Compagnie.
Pommier & Lugat.
Pontet & Villavechia.
Prats, *Marti*, *Baldrieg*, & *Fuster.*
Resetson & Tupper.
Riera, *Valentin.*
Roca Jochim.
Timmermans (Guillaume).

BARLEDUC, ville capitale du Duché de Bar, à 60 lieues de Paris.

MANUFACTURE *de toiles dites de Paris, à mouches & à bouquets sur fil & coton, siamoises unies, rayées & à carreaux; mouchoirs façon de Rouen, le tout en bon teint & vrai rouge de Turquie, bas & bonnets à trois fils, & pieces de tricot de toutes de couleurs; filature de coton & fabrique de dentelles en fil de Flandres, & de blondes blanches & noires sur échantillon, sous la direction de MM. les Administrateurs de la Manufacture des pauvres.*

Nota. Comme ce nouvel établissement n'a d'autre objet que le bien public, MM. les Directeurs se font une loi de faire aux Marchands les meilleures conditions possibles, & de donner des facilités aux personnes connues.

SOIERIE-TOILERIE-LAINAGE.

MANUFACTURE *particuliere de Toiles peintes*, MM.

Robert freres, *Fevez* & Compagnie, entrepreneurs, font la commission.

COMMERCE DE CHANVRE.

Didiot, Négociant-Commissionnaire.

BARMEN, ville d'Allemagne, en Westphalie, dans le Duché de Berg, près d'Efberfed.

Négocians expéditionnaires faisant fabriquer les fils & les rubans.

Beckman (P.) & fils.
Boitelberg (Henri).
Bredtinder (Bw. f.)
Dickmann, freres.
Eversen, freres.
Feldhausen.
Hollchen & Derman.
Keuchen (J. B.)
Siepermann.

FABRIQUES *de Siamoises.*

Haardhaus (Engel).
Mulinghaus.
Rubel & Comp.
Schuelcard freres.

FABRIQUES *de Toiles à lits de plume & Rubans.*

Blanckenagel (Melch.)
Bredt Wichelgausen (Franç).
Bredt (J. J.).
Brogelman.
Huninghausen.
Braus (J. P.) Commission.

FABRIQUES DE RUBANS.

Braus (J. G.
Haan (J. H.).
Hasterey (G.).
Keuchen (J.).
Wolff.

FABRIQUES DE FILS.

Beckmann, *fabric.*
Betckman freres.
Bouger (N.).
Brommersfeld (Pierre).
Dopper (P. G.)
Engels (G.).
Enneckes (veuve).
Honsberg, (P. G.)
Honsberg (J. G.).
Krebs freres.
Lutringhaus.
Von, Lineren, & Wolff.
Voswinckel.
Von Carnap (veuve).

BAR-SUR-AUBE, ville de France en Champagne à 49 l. de Paris.

Geoffroy freres, Négocians Commissionnaires en tous genres.

BASLE, ville de Suisse, capitale du canton du même nom, sur le Rhin, qui le partage en deux, à 100 lieues de Paris.

DRAPERIE-BONNETERIE,

Cette Ville floriſſante doit l'étendue de ſon commerce au génie & à l'activité de ſes habitans qui ont ſu tirer avantage de ſon heureuſe poſition.

FABRIQUE *de Rubans de ſoie & de Fleurets.*

Quelques-uns des principaux Fabricans-Expéditionnaires ſont, MM.

Bachofen, (J. Jacques).
Biſchoff (J. Jacques), cadet & fils.
Bourcard (Gedeon).
Bourcard freres.
Debary (Jean) Biſchoff.
Debarry (Jean Jac.).
Dejean (P.), *Balthaſard*, & *Bourcard* pere & fils.
Frey & Merian.
Frey, Tourneyſen & Chriſt.
Hoffman (Emmanuel).
Lindenmeyer, Iſelin & le Grand.
Paſſavant & Tourneyſen.
Sarraſin (Jean-François).
Weiſſ (Marc), & fils.

MANUFACTURE *d'étoffes de ſoie.*

Forcart & Doblet, entrep.
Meville & Schorndorff. idem.
Stickelberger, idem.

MANUFACTURES *de Toiles & de Mouchoirs, façon des Indes.*

Entrepreneurs. MM.

Bourcard (Chriſtophe), & fils.
Mieg & comp.
Ryhiner (Jean & Samuel).
Ryhiner (Emmanuel), pere & fils.

FABRIQUE *de toutes ſortes de Toiles.*

Battier (Felix) fabr.
Biſchoff.
Hagenbach (Iſaac), & comp.
Hagenbach (Jean Samuel) fait auſſi la partie de la Draperie.
Harſcher (Nicolas), & fils, fait auſſi la partie de la draperie.
Heuſler (Samuel).
Merian (Emanuel) & comp.
Sarraſin (Jean) & fils.

COMMERCE DE DRAPERIE.

Biſchoff (Jean-Jacq. l'aîné, Négociant.
Biſchoff (Benoît) id.
Bourcard (André) fils, & *Ryhiner.*
Frey (Jean-Jacq.).
Furſtemberger (Jean) & fils, fait auſſi la partie des laines.
Fuſtemberger (J. George), fait auſſi la partie de Laines.
Iſelin, freres.
Iſelin (Abraham).
Merian (Benoît).
Mitz (Benoît).
Paſſavant (Jean-Rodolphe).
Preiſwerck (J. Jacques).

SOIERIE-TOILERIE-LAINAGE.

COMMERCE DE SOIERIE.

Iselin (Emmanuel) Nég. *Vonder Muhl* & fils.

FABRIQUE *de bas de laines.*

Negocians expéditionnaires faisant fabriquer.

Brener (Jean) l'aîné.
Preiswerck (Rodolphe).
Preiswerch (J.), & fils.
Ritter Rodolphe.
Schœnaver (Daniel).
Steiger (Elie).
Zeslin (Daniel).

Commissionnaires en tous genres.

Kolb (J. Chrestien). *Preswerck* (Luc).

BAYEUX, ville de France dans la Basse-Normandie, à 64 lieues de Paris.

FABRIQUES *de velours & draps de coton, serges, tiretaines, toiles, bas de laine & gants de poil d'Angola.*

Négocians Expéditionnaires faisant fabriquer. MM.

Delamare (Jean-Louis & Jean)
Picot de la Mare.
Tardif, fils aîné.

FABRIQUES *de dentelles, de soie noire & blanche, & de dentelles, de fil en tous genres, & particulierement pour l'entoilage & la mignonette.*

Duruet, fabric. *Richard de la Mare.* idem. *Tardif.*

BANQUIER.

M. CAHIER.

BAYONNE, ville de France dans le Bas Languedoc, à 216 lieues de Paris.

NÉGOCIANS ARMATEURS.

Ballangue.
Bourdeux.
Fuyet.
Fourcadet freres.
Labat (Dominique fils)
Meillan.

Négocians faisant la Banque.

Batbedat (J. Franç).
Bretous (Antoine).
Fonscia & comp.
Haudodine (P.) & fils aîné.
Lasserie (Leon).
Laxague freres.
Lichy Garey (S).
Miramon & comp.
Nogué (Pierre).
Robles fils & *Alexis.*

DRAPERIE-BONNETERIE,

Négocians Commissionnaires.

Behic.
Caunegre,
Cazenave jeune.
Lamaignere.
Lartigue.
Lhopital.
Paletton.
Rigal cadet.

Nota. Les échanges des effets n'ont que 10 jours de grace, soit qu'ils soient causés valeur reçue comptant, ou en marchandises.

BEAUCAIRE, ville de France dans le bas Languedoc, sur le Rhône, à 7 lieues de la Méditerranée, & à 202 lieues de Paris.

Cette Ville n'est commerçante, à proprement parler, que pendant le tems de la foire, qui ouvre le 22 Juillet, & qui est, sans contredit, la plus considérable de l'Europe.

Albrespy, oncle & neveu de Montauban, Négociant en gros, tiennent fabrique & magasin, à Beaucaire, de *Montaubans Ratines d'Hollande*, *Droguets*, façon d'Angleterre, *Serges de Gênes*, *Serges de soie*, *Raz de St Cyr*, & autres étoffes assorties.

Albrespy (André), Carriguès & Compagnie, *idem.*

BEAUFORT, petite ville de France en Anjou, à 63 lieues.

Manufacture *de Toiles à voiles*, *Toiles d'emballage & autres de brin fin, dont il se fait un très-gros commerce dans toute l'étendue du Royaume & pays étrangers.*

Dagaine, Marchand, Commissionnaire.
Poulot, Directeur.

BEAUGENCY, ville de France dans l'Orléanois, à 41 lieues de Paris.

Commerce de Laines.

Delanoue, Négociant.
Duchalais.
Gouthiere des Isles.
Locatelly.
Rousseau.

BEAUJEU, ville de France, capitale du Beaujollois, à 13 lieues de Paris.

Fabrique *de Toiles qui se font aux environs.*

Dumas, Commissionnaire.
Durieu, idem.
Teillard freres, *idem.*

BEAULIEU, ville de France en Poitou, à 111 lieues de Paris.

Fabrique de Draperie.

Caillet fabric.
Dupuy, *idem.*
Bastier, idem.
Tourmeau, idem.

BEAUVAIS,

SOIERIE-TOILERIE-LAINAGE.

BEAUVAIS, ville de France, capitale de Beauvoisis, à 16 lieues le Paris.

FABRIQUES *considérables de petites draperies, dont quelques-unes des plus connues sont des ratines, molletons, espagnolettes, sommieres, vestipolines, flanelles, baguettes, mouys, voiles, tricots, londres, demi londres, serges de Rome & de Minorque, aumales, blicourts, sagatis, tiretaines & reveches de toutes largeurs pour les papeteries.*

Quelques-uns des principaux négocians expéditionnaires faisant fabriquer, sont MM.

Allou.
Blanchart, Fouquier, pere.
Caron & *Taillefer.*
Deneuilly & Comp.
Debonne, Leré.
Dupré freres.
Esmangard.
Fouquier, pere & fils.
Garnier (veuve), *Henri.*
Garnier l'Ecuyer (veuve).
Graver & comp.
Lecuyer Watrin.
Lefebure, Jaquet.
Michel Dumoulin.
Papavoine.
Renault fils aîné.
Renault Mâ.
Ticquet Blanchard.

Nota les plus belles marchandises de toutes especes sont fabriquées à l'Hôpital-Général, sous la direction de M.

De Theribus, à qui l'on peut s'adresser *franc de port.*

FABRIQUES DE TOILES.

Négocians Expéditionnaires faisant fabriquer.

Breyer pere.
Bureau fils.
Daure pere & fils.
Garnier de Cauvigny.
Michel François, pere & fils, & en général tous les négocians en petites Draperies.

MANUFACTURE *de tapisseries établie sous le ministere de M. de Colbert, & recommandable par la correction du dessin & la beauté du coloris.*

M. Menou, entrepreneur.

MANUFACTURES *considérables d'Indiennes, qui occupent plus de deux mille Ouvriers.*

ENTREPRENEURS. MM.

Baron, Neveux, Sallé & compagnie.
Garnier, Danse, Thevart & compagnie.
Guerin, Radet & fils.
Ticquet Blanchart.

DRAPERIE-BONNETERIE,

MANUFACTURE *de galons & de boutons d'or d'argent, & en faux, & surdorés, pour meubles, habillemens, & ornemens d'Eglise.*

M. Watrin & *Barré*, Entrepreneurs.

BLANCHISSERIES qui jouissent de la plus grande réputation dans le commerce, & ne contribuent pas peu à faire rechercher les toiles qui se fabriquent dans les environs. Les toiles écrues de Laval y acquierent tant d'éclat, qu'elles sont vendues dans le commerce sous le nom de toiles Royales.

ENTREPRENEURS.

Breyer pere. *Bureau* fils. *Michel* (François) pere & fils.

TEINTURERIES renommées par les eaux de la riviere de *Therin*, qui influent beaucoup à relever l'éclat des couleurs, notamment pour le rouge de garance.

Delacourt. *Guerin* l'aîné. *Lemercier.*

BANQUIER.

M. Watrin.

BEDARIEUX, ville de France en Languedoc, sur la riviere d'Orbe, à 211 lieues de Paris.

FABRIQUE *de draps fins, à l'instar de ceux de Carcassonne & d'Elbeuf, mais un peu plus légers.*

Négocians, Fabricans Expéditionnaires, tenans les foires de Bordeaux, Beaucaire & Pezenas, MM.

Fabregat. *Martel.* *Sere.*

BERG SAINT VINOX, ville de France, dans la Flandre Maritime.

FABRIQUE DE FIL.

Négocians Commissionnaires.

Baczker. *Chapelire.* *Lorinsse.*

BERLIN, ville capitale de l'électorat de Brandebourg, à 215 lieues de Paris.

Mesure. L'aune est d'environ 24 pouces 7 lignes & demi.

Négocians Commissionnaires.

Ashbum (Pierre).
Daniel Baudesson.
Jordan freres.
Lothier & comp.

BANQUIERS.

Ephraim & fils. *Moyse* (Isaac) & fils. *Schutz.*

BERNAY, ville de France dans la haute Normandie à 31 lieues de Paris.

FABRIQUES *de frocs*, *molletons*, *flanelles*, *espagnolettes*, *qui occupent plus de* 300 *Fabricans.*

Quelques-uns des Négocians les plus connus, sont MM.

Boivin (François), & fils.
Beautier de Grandchamp.
Beautier pere & fils.
Belzeau (Charles).
Bertrand (Henri).
Cheval.
Delacroix (Robert).
De Pierre (Charles).
Duval (Roger).
Flavier (Jean).
Hubert de la Huberdiere, Exp. frise & teint les étoffes.
Hubert (J. Adrien), fils, Exped. teint & frise les étoffes.
Leneveu (Jacq. Theod.).
Leprevost (Jacques).
Monvoisin (Franç.).
Planque la Bretonniere.
Pretavoine le jeune.
Quesnel Bl.

FABRIQUES *de Toiles*, *connues sous les noms de Toiles de* Breannes *& de toiles de* Lisieux

Quelques-uns des Fabricans de la ville les plus connus faisant le commerce de toiles de *Lisieux*, sont MM.

Goutier (J. Mart).
Gille (Robert.)
Lebertré.
Lebourg (Germ.).
Queyrey fils.
Sebire Beauvalon (Eustache), fils.
Vavasseur (Guill).
Vochelet (François).

Commerce de Toiles en gros. MM.

Boivin (Pierre),
Buraille (Franç.).
Cochois.
Erambert (Nicol.).
Treffouel (Robert), & fils.

FABRIQUE *de Piqués & canelés.*

Morel, Entrepreneur.

BERNE, ville de Suisse, capitale du canton du même nom, à 120 lieues de Paris.

FABRIQU[illegible] *commerce de draperie-soieries & toiles de coton peintes.* M.

Brunner (Sam.), fait commerce de drap. & soieries.
Combe (Franç. Gab.), les toiles & linge de table.
Duparc pere, & *Silvett*, *idem.* & fait la banque.
Dupar. & comp., tient comm. de draperie, fabrique de bas de laine, & fait la banque.
Jouquiers (J. G.), tient fabrique de soieries.

Kurtz (Dan.), tient fab. d'étoffes & bas de filoselle, dont il a la filature.

Naguely & Comp., tiennent fab. d'étoffes & bas de filoselle dont ils ont les filatures.

Rouvier & *Ferrie* freres, tiennent commerce de draperie & fab. de bas de fil & coton.

Simon J. R., tient fabrique de soierie.

FABRIQUE DE BAS.

Duparc & comp., fab. de bas de laine.

Rouvier & *Ferrie*, freres, fab. de bas de fil & de coton.

BESANÇON, ville de France, capitale de la Franche-Comté sur le Doux, qui la partage en deux, à 92 lieues de Paris.

Commerce de Draperie. MM.

Agniel freres. - *Vigoureux.*

Commerce d'indiennes, mousselines, & toilerie.

Muguet Franç. - *Pion* Ant. - *Wey* freres.

FABRIQUE *considérable de bas de fil depuis 3 liv. jusqu'à 9 liv., par gradation de 10 sols par paire, dont il se fait des envois considérables aux isles, & une très-grande consommation dans les villes de garnison.*

Detrey fils aîné, fabricant, entretient 40 à 50 métiers, & fait *des envois.*

BANQUIERS.

Amet & fils.
Louvot.
Muguet (François).
Pochet.

BEZIERS, ville de France en Languedoc, à 205 lieues de Paris.

Commerce de Draperie. MM.

Blanc veuve.
Castagne Antoine.
Cavaillé.
David.
Dezarnauds veuve.
Genson.
Massot.
Rouch.
Saussan & Bonet.
Tailhan.
Theveneau.

Commerce de Draperie & Soieries. MM.

Bonnet & comp. - *Vincentis* Louis,

BISCHWILLER, gros bourg de la basse Alsace, à une lieue d'Haguenau & à 114 lieues de Paris.

FABRIQUE *de drap commun de 3 à 6 liv. l'aune.*

M. Maisan, négociant expéditionnaire, fait fabriquer & occupe environ 40 métiers.

BLOIS, ville de France sur la Loire, capitale du Blaisois, à 52 lieues de Paris.

FABRIQUE DE BONNETERIE.

Chiquet pere. - *Chiquet* fils. - *Massot*. - *Metivier*.

BOISSERON D'AUMONTEUL, Paroisse de France dans le Languedoc, près de Castres, où s'adressent les lettres, à 168 lieues de Paris.

FABRIQUES *de cordelats, molletons & Redins.*

Mataval Louis, Fabric. Exped. -*Mataval* Etienne. -*Vieu.*

BOLBEC Bourg de France en Normandie, dans le pays de Caux, à 7 lieues du havre, & à 40 lieues de Paris.

FABRIQUES *de frocs, dits grandes serges.*

Gaillard, fabric.
Huet (Abraham).
Lecaron (Pierre), pere.
Lecaron (Daniel).
Merot.
Pouchet (Pierre).

FABRIQUE de siamoises rayées.

Delacroix fab.
Desessars J.
Lami (Abrah.)
Riard (Pierre.)

MANUFACTURE *d'indiennes & fabriques de toiles de lin fortes & de siamoises.*

Quelques-uns des principaux Fabricans, faisant commerce, sont, MM.

Besselievre (Abraham).
Besselievre (Louis).
Dedouity.
Depray (Guill).
Fauquet, pere & fils.
Fauquet (Jacques).
Fauquet (Pierre).
Fauquet oncle.
Fauquet (veuve), *Lemaitre*.
Lavotte (Louis).
Lecoq (Jean).
Lemaître (Dan.)
Lemaître (Bapt.)
Neveu.
Pouchet (Jacques).
Pouchet (Louis).
Pouchet, fils de (Pierre).
Pouchet Montpellier.

FABRIQUE *considerable de mouchoirs de fils, & de fil de coton, de toutes especes de dessins & de couleurs fines, bon teint, toiles à carreaux & rayées, de fils d'épreuve, & coutils rayés & flammés.*

Bellon (Ch. Jn.)
Berthin.
Blondel (David).
Blondel (Pierre).
Bourdon (Philip.)
Delahais (Pierre).
Dupray (Guill).
Fauquet (Abr.), oncle.
Foinet [Abr.]
Foinet [Franç.]
Frebourg (Jean).
Frebourg (Pierre).
Gilles veuve.
Launay (Pierre).
Launay (Jean - Pierre).
Launay, fils de Jean.
Launay (Bourdon).
Levesque (Jean.)
Levesque (Isaac).
Viard veuve.

Toiles de ménage, dites toiles fortes de ménage d'une excellente qualité.

Lecaron le jeune, & compagnie, Negoc. Comm.
Lemaître Jacques, *idem.*

BONNETABLE, Ville de France dans le Maine, à 41 lieues de Paris.

FABRIQUES *d'étamines, connues dans le commerce sous le nom* d'étamines du Mans.

NÉGOCIANS EXPÉDITIONNAIRES.

Durand fils aîné, Neg. Commi.
Durand, jeune.
Leclerc freres.
Villain (Ed.).

BORDEAUX, Ville considérable de France, renommée par l'excellence des soieries, & Capitale de la Guyenne sur la Garonne, à 156 lieues de Paris.

FABRIQUE D'INDIENNE.

Coriton. *Duglerdayne.* *Kock & Muller.*

FABRIQUE DE BAS.

Baron.
Gax.
Labarthe.
Laroque.
Morin.
Raymond.
Schuts.
Soubiran.
Videau.

BANQUIERS.

Alexandre (Veuve Jn.)
Alexandre (Isaac).
Alexandre (Sam. Dav.)
Astruc (Dan.)
Barton (Guill.)
Bethman & fils.
Bonafe, freres.
Chicou St. Bris.
Corbun.
Dacosta (Ant., & fils.)
Dutasta.
Feger, *Grammont* & Comp.
Gradis, *David* & fils.
Peixotte veuve, *Jacob* & fils.

Rodrigues fils & freres
Rodrigues veuve, & fils.
Schalch & comp.
Streckeysen (J. G.)

Voyez les tablettes de l'ÉPICERIE, pour la partie des vins, &c.

BOULOGNE-SUR-MER Ville de France, capitale du Boulonnois, à 57 lieues de Paris.

FABRIQUE d'étoffes de laines & de toile.

NÉGOCIANS COMMISSIONNAIRES.

Audibert.
Belle.
Coilliot (Guil.)
Coilliot (Jacq.)
Delporte.
Dubreuil V^e.
Ducarnois.
Lattaignant.
Le Porc d'Ornicours.
Libert.
Vasseur Pierre.

BOURG, petite ville d'Allemagne, dans le cercle de Westphalie au Duché de Bergue, près Solingen.

FABRIQUE de Couvertures. MM.

Forstmann. - *Hostigen.* - *Schreiber.*

BOURG-ARGENTAL, petite Ville de France dans le Forez, sur les confins du Vivarais.

FABRIQUE de dentelles & filature de coton, établie à l'Hôpital, sous la direction de MM. les Directeurs & Administrateurs de l'Hôpital.

BOURGES, Ville de France, Capitale du Berry, sur les rivieres d'*Auron* & d'*Yevres*, à 56 lieues de Paris.

MANUFACTURE royale de petites étoffes de fils, de coton, de laines & de soies; de robes de gaze, mouchoirs de soie connus sous le nom de Foulards, *toiles bleues, mouchoirs bleu & blanc à doubles faces, toiles de coton teintes pour doublure, & autres de toutes especes, mouchoirs incarnats sur coton & sur toiles de Hollande, façon des Indes, &c.*

Lesage & Compagnie, Entrepreneurs.

N*égocians expéditionnaires pour la partie des étoffes, des chanvres & sur-tout des laines, qui passent pour être les plus belles de France.* MM.

Clément Grandcour.
Leclerc, notamment la partie des laines.

Prevost, Ramon & Gambon Tourangin.

BOURSCHEIDZ, Paroisse des Pays-Bas, près d'Aix la Chapelle, où s'adressent les lettres, à 82 l. de Paris.

MANUFACTURE *de draps de serges & autres, à l'instar de ceux qui se fabriquent à Aix la Chapelle.*

Pastor Fabric. Expéd.

BRADFORT, Ville de la grande Bretagne, Capitale d'une contrée de la Province de *Schrop.*

MANUFACTURE DE DRAPS.

Carpentier & Comp.
Counp & Comp.
Jerburg.
Sauders.

BRASSAC, Paroisse de France en Languedoc, à 3 lieues de Castres, où s'adressent les lettres, à 168 l. de Paris.

FABRIQUE *de cordelats redins, & de cordelats molletons, d'un très-bon usé.*

Fabricans Expéditionnaires. MM.

Dejean.
Vante.

BREMEN, Ville libre d'Allemagne, Impériale & Ansèatique sur le Veser.

FABRIQUES *de serges & de gros draps.*

NÉGOCIANS COMMISSIONNAIRES.

Buxtorff.
Conrard Wilhemy.
Deberfel (Antoine).
Juger freres.
Lambert Jacobson.
Meyren.
Schroder freres.
Schutten.
Viel Jenhausen.

BRISTOL, ville de la grande Bretagne, dans la province de *Sommercet*, à 32 lieues de Londres.

MANUFACTURE *de beaux draps & d'étoffes de laines très-estimées.*

Fabricans Expéditionnaires. MM.

Jeremiahille.
Lorosty.
Richard Champion.
Undervood, Ruedle & Comp. fait aussi le commerce de point & la commission.

BRIVE

SOIRIE-TOILERIE-LAINAGE.

BRIVE la Gaillarde, Ville de France dans le Limosin, sur la riviere de *Coreze*, à 15 lieues de Limoges, & à 116 lieues de Paris.

MANUFACTURE *royale de mouchoirs de soie, dans le goût de ceux d'Angleterre, imprimés en différentes couleurs, & différens dessins, mouchoirs sur fil & sur coton fond rouge solide, façon des Indes, mousselines rayées & à carreaux de différentes couleurs, dont la chaîne est de soie & la trame de coton & soie, gazes blanches & jaunes unies, rayées en couleurs, chinées & brochées pour robes de femmes, satinets de soie & de coton rayés, silverets connus aussi sous le nom d'argentines croisées, tissues en chaîne de soie & en trame de coton à la façon Anglaise, pour habits d'hommes, & siamoises en blanc ou imprimées, comme les indiennes en couleur solide, à la façon Angloise, camayeux, calenca, & demi calenca, &c.*

Leclerc & comp., Entrepreneurs.

BRUGNIERE (la), Ville de France en Languedoc, à une lieue de Castres.

FABRIQUES *de cadis, de frisons larges & étroits, & de flanelles croisées & unies.*

Négocians Commissionnaires.

Fabre l'aîné. — *Fabre* cadet.

BRUXELLES Ville des Pays-Bas, Capitale du Braban, sur la Seine qui la traverse, à 90 lieues de Paris.

MANUFACTURE *de tapisseries de haute & basse-lisse; les tableaux qui servent de modeles sont des plus grands Maîtr s, & sont parfaitement exécutés.*

M. *Vanderborght*, Entrepreneur.

FABRIQUE *de camelots très-estimés, draps ratiné, pluches, calmandes, serges, futaines, galons d'or, & cuirs dorés.*

Quelques-uns des principaux Négocians Commissionnaires, sont, MM.

Bidermann.
Chapel.
Cotte.
Destandes.
Olbrechts.
Overmann.
Romberg.

FABRIQUE DE DENTELLES.

Danoot, fab.
Debray.
Debroux.
Dercloosler.

BANQUIERS.

Chapel.
Dhnoot.
Debay.
Griu de Turek.
Leynieres.
Vandereloofter.
Walckiers.
Van Schoor.

CABRESPINE, Paroiffe de France dans le Languedoc, près Carcaffonne, où s'adreffent les lettres.

FABRIQUES de draps, connus fous les noms de Landrins *premiers*, Landrins *feconds*, Londres *larges ordinaires*, & Mahon *premiers & feconds.*

Jouy pere & fils, Fabric.

CADIX, ville confidérable d'Efpagne dans l'Andaloufie, à 18 lieues de Gibraltar, & à 356 lieues de Paris.

Il n'y a peut-être point de Ville en Europe où il fe faffe plus de commerce & où l'argent foit plus commun qu'à Cadix.

Cette Ville doit être regardée comme le centre du commerce de l'Efpagne; c'eft dans fon port que l'on charge tous les ans les galions qui vont porter dans le nouveau monde les productions des manufactures Européennes, & qui en rapportent en échange l'or & l'argent que l'on tire des mines, les précieufes laines de *Vigogne*, & autres productions de ces contrées.

Quelques-uns des Négocians, Banquiers Commiffionnaires les plus connus font : MM.

Barrere (J. P.) & *Forcade.*
Barrere (Louis), *Serrafin* & Compagnie.
Cayla, *Solier*, *Cabanes*, *Jugla* & Comp.
Chancel & Compagnie.
Danglade freres & Compagnie.
Delabat (Etienne) & Comp.
Delabat (Pierre) & fils.
Dubernard, *Jauriquibery* & Compagnie.
Durand (Chreft.) & Compagnie.
Galatoire freres & Comp.
Goiran, oncle & neveu.
Hedembaig, *Lapadu* freres & Compagnie.
Labadie & Compagnie.
Laffore & Compagnie.
Lafferre & Compagnie.
Laville, freres.
Le Couteux & Compagnie.
Lefeat.
Magon, *Lefer* freres & Compagnie.
Meicy, *Lacaffe*, & Compagnie.
Prafca, *Arboré* & Compagnie.
Quentin freres & Compagnie.

Simon, *Arnail*, *Fornier* & Compagnie.
Talamon Jacques.
Viard, *Montant* & Compagnie.
Verdue, *Jolif*, *Seré* & Compagnie.

CAEN, Ville de France, Capitale de la Basse-Normandie, à 59 lieues de Paris.

FABRIQUE *& commerce de draps fins, ratines façon de Hollande, futaines à poil de diverses couleurs, serges teintes & blanchies au souffre.*

Quelques-uns des Négocians les plus connus sont : MM.

Braban.
Dubuisson.
Duperron.
Duperrey.
Le Pelletier.
Moisson, le jeune.
Noury.
Ruelles (Mesdemoiselles).
Saulger.
Sauray.

FABRIQUES *& commerce de toiles, connues sous le nom de* Grenades & Boccages, *basins rayés, & coutils.*

Belheut, les toiles.
Laroche, les coutils.
Massieu, les toiles.
Poubel, les coutils.

FABRIQUE *& commerce de dentelles depuis les plus bas prix jusqu'à 25 liv., & dentelles noires à tous prix.*

Commerçans faisant fabriquer.

Coipel.
Duclos Leblanc.
Lanteigne, fils.
Pigeon.
Sosson.

Commerce de Bonneterie, en laine, fil & coton.

Hamelin.
Desroziers.

BANQUIERS. MM.

Cussy.
Duperré.
Signard Doufferes.

CAHORS, Ville de France dans la Guyenne, Capitale du Quercy sur le Lot, à 126 lieues de Paris.

MANUFACTURE *de draps & ratines. Les draps fins & superfins façon de* Rouen, *semblent même l'emporter pour le lainage & la beauté de la frise; les ratines ordinaires imitent celles* d'Elbeuf *& de* Châteauroux; *on y fait aussi des ratines superfines, qui imitent celles de Vienne en Dauphiné, & des ratines façon d'Angleterre & de Hollande, qui ne le cedent* pour ainsi dire *en rien à celle d'*Abbeville, *pour le lainage, l'apprêt & les couleurs, & qui semblent es surpasser pour la frise.*

Lassaigne & Compagnie, Directeurs.

CAMARET, Bourg considérable du Comtat à une lieue d'Orange, & à 166 lieues de Paris.

FABRIQUE de serges, d'étoffes de laine connues sous le nom de Cadix, *& de* serges d'Orange.

Dominique Marchand, Negoc. Com.

CAMBONNET, Bourg de France dans le Languedoc, près de Castres, où s'adressent les lettres.

FABRIQUE *de cordelats redins, & de cordelats moletons.*

Maraval, Fabricant.

CAMBRAY, capitale du Cambresis, à 40 lieues de Paris.

Mesure, l'aune de Cambray est de 26 pouces 9 lignes; ainsi il faut à peu près huit aunes de Cambray pour faire cinq aunes de Paris.

Manufacture de tapisseries de haute-lisse.

Baer, Entrepreneur.

FABRIQUE de petites draperies.

Destombes, Fabricant.

FABRIQUE de toiles & de linons unis, rayés & façonnés, & de baptistes de fils retords de premiere qualité.

Denimal, Négociant Exped. | *Gobeau*, Négociant, *idem.*

CANY, Bourg de France en Normandie, dans le pays de Caux, à 39 lieues de Paris.

Mesure en étendue, l'aune est de trois pieds huit pouces quatre lignes.

FABRIQUE & commerce considérable de fil de lin, depuis 10 s. jusqu'à quatre francs la livre. Ce fil s'emploie à faire la chaîne des siamoises, & à faire des toiles qui se vendent aux marchés d'Ourville & de Fecamp, à des Marchands forains qui les portent à la halle de Rouen, *d'où elles passent dans l'intérieur du Royaume & chez l'Etranger.*

Négocians Commissionnaires. MM.

Le Blé, l'aîné. | *Le Blé*, le jeune.

CAP-FRANÇOIS (le) Ville & Port de mer sur la côte de St. Domingue.

COMMERCE D'IMPORTATION, *Draperie légere pour habillement, modes, soieries, indiennes, toiles de toutes especes & qualités, & de tous articles de parure quelconques.*

Négocians Commissionnaires, MM.

Aubert, & Comp.
Crevon, & Comp.
S. Foache, Morange & Comp.
Gauthier & Comp.
Lorry, Plombard & comp.
Mazois (Charles).
Mesnier, freres.

CARCASSONNE, ville de France dans le Haut-Languedoc, sur la riviere d'Aude, à 177 lieues de Paris.

MANUFACTURE & *Fabriques considérables de draps, connus sous les noms de* Londrains *seconds, & de* Londres *larges, propres au commerce des isles & de l'Inde. Il se fait aussi une grande quantité de ces draps façon* d'Elbeuf *&* de *Sédan, connus sous les noms de* Londrins *premiers, de* Mahoux *premiers, & de* Mahoux *seconds, dont la majeure partie se consomme en France & dans l'Italie.*

Quelques-uns des fabricans expéditionnaires les plus connus, sont : MM.

Aiguebelle tient sa fabrique sous le titre de Manufacture de Mgr. Comte d'Artois.
Airolles (J. H.).
Arphan.
Bilhard.
Castel, pere & fils.
Cathala (Jn.).
Cathala (Ant.).
Cavaithés.
Darles.
David (R).
Fornier l'aîné.
Lannollier.
Laperrine l'aîné & comp.
La Perrine (D.) & comp.
Mahal cadet.
Monnerie.
Pellot (J.).
Pech (J. N. Jacques).
Pech l'aîné.
Pinel [Louis].
Pinel (François).
Roland (Ant.) pere & fils.
Rouby, pere & fils.
Thoron, l'aîné, pere & fils, les draps façon d'Elbeuf & de Sédan, & draps forts pour les livrées.

Négocians Commissionnaires.

Berniolles.
Boulat, freres
Campaigne, pere & fils.
Cusson l'aîné.
Louis Valade.
Thoron, l'aîné, pere & fils, reçoit par commission tout ce qui sert à la fabrication, à la teinture & à l'apprêt *des draperies.*

CARENTAN, petite ville de France dans le Cotentin, à l'embouchure de la Manche, à 66 lieues de Paris..

FABRIQUE *de Toiles de coton & de dentelles, dont l'attelier le plus considérable est à l'Hôpital, sous la direction de* MM.

Quedeville. (Cl.) & Vaudon, Entrepreneurs.
Deschamps, Fabricant.
Dufour, negoc. commis. *Renouf*, idem.

CASTRES, Ville de France dans le haut Languedoc ; à 165 lieues de Paris.

DRAPERIE-BONNETERIE,

FABRIQUES *de ratines, couvertures, molletons façon de* Rouen, *flanelles & Londons, ou calmoucks unis & rayés.*

Quelques-uns des principaux fabricans faisant commerce, sont : MM.

Dons (Pierre).
Galibert.
Vate (Anne), fils aîné & jeune.

Commissionnaires pour les étoffes des autres fabriques, tant de la Ville que des environs.

Azais, fils. *Mitivié* (l'aîné), *Prat.*

BONNETERIE & FABRIQUE *de bas drapés, & de bas au métier, de laine & de coton.*

Azais, fabric. *Rigaud.* *Vila* (Pierre). *Villeneuve*, & Compagnie.

BANQUIERS.

Beau de Court (Jacob) & Compagnie.

CAUDEBEC, ville de France en Normandie, capitale du pays de Caux, à 38 lieues de Paris.

MANUFACTURE de toiles bleues en réserve.

Pouhes (Jacques).

CETTE ville de France & port de mer sur la Méditerranée dans le bas Languedoc, à 6 lieues de Montpellier, & à 194 lieues de Paris.

On peut considérer cette ville comme l'entrepôt de toutes les productions du Languedoc, & de toutes les marchandises des fabriques de Nismes, de Montpellier, de Carcassonne, de Gangée & de Lodève, qui s'exportent chez l'étranger.

Quelques-uns des principaux Négocians Commissionnaires sont : MM.

Bascon & Brunneman.
Berrail (L.).
Bresson.
Contaldo (Dom.).
Delamarche.
Fliviers.
Grandgent.
Imbert.
Mercier.
Romans.
Ruchors.

CHALONS ville de France en Champagne, sur la riviere de *Marne*, à 40 lieues de Paris.

FABRIQUES *d'espagnolettes & de serges drapées, d'un très-bon usé pour les ouvriers & les personnes de fatigue.*

SOIERIE-TOILERIE-LAINAGE.

Négocians faisant fabriquer : MM.

Bega.
Devaux (veuve).
Lochet.
Loncla.
Malval.
Senart.

FABRIQUE *de surfaits, de sangles & de bordure pour les tentes.*

Demouchy, le jeune, Neg. *Rogier.*

Commerce de Chanvre.

Fontaine (veuve).
Jaqueson.
Mathieu.
Salmon.

CHANDERNAGOR, ville & comptoir françois, sur le fleuve du Gange, dans le Royaume du Bengale.

Productions & commerce considérables de soieries, mousselines de toutes especes, & toiles de coton connues sous le nom de toile de Bengale, *dont les principales sont des coutils blancs ou rayés de jaune*, coupits & chilas *à carreaux*, caladéris *rayés de divers couleurs*, tapsels, percales & hypercales, *&c. Voyez* Pondichery.

Aubert, Negoc. Commission. *Chevalier*, idem.

CHANTILLY, Bourg de France dans le Valois, à 10 lieues de Paris.

FABRIQUES de Blondes.

Moreau, Negoc., faisant fabriquer.

CHARLEVILLE, ville de France en Champagne, sur la Meuse, à 50 lieues de Paris.

FABRIQUES & commerce de bas de laine.

Blanche (Georges), Fabricant Expéditionnaire.
Camus, *Daubanton*, freres, *Vassal*, *idem.*

CHARTRES, ville de France, capitale de la Beauce, sur la riviere d'Eure, à 15 lieues de Paris.

FABRIQUES de serges drapées communes, qui passent pour être d'un bon usé.

Quelques-uns des Commerçans les plus connus en cette partie, sont : MM.

Beaulieu, *Coubré*, freres. *Bruant* (Olivier).

DRAPERIE-BONNETERIE,

Levassor. Levassor.
Levassord d'Ormoy.
Petey de la Charmois.
Rousseau.

FABRIQUE de bas à l'aiguille.

Bruant freres, Négocians faisant fabriquer.
Garnier, *idem.*
Juteau, freres.

Commerce de Laines.

Bernard l'aîné, Négoc.
Bernard le jeune.
Charpentier.
Charpentier (sœurs).
Guenée.
Vivien.

Négocians faisant la Banque.

Charles. *Giraut.* *Levassord d'Ormoy.*

CHATEAU-GONTHIER, ville de France en Anjou, sur la Mayenne, à 56 lieues de Paris.

FABRIQUES de toutes sortes d'étamines de très-bonne qualité qui imitent les Bouracans, & sont beaucoup plusfortes, raz & serges drapés.

Apert.
Cheveron.
Delaune.
Fantras.
Galereau.
Gason.
Rayon.

FABRIQUES de Toiles à l'instar de celles de Laval & de Mayenne.

Négocians tenant une Blanchisserie & faisant le commerce des toiles, &c. MM.

Le Tessier. *Patry de Laubiniere.*

CHATEAU-ROUX, ville de France dans le Berry à 60 lieues de Paris.

MANUFACTURE royale de draps & de ratines, connue sous le nom de Manufacture Royale de Château-du Parc, *dans laquelle on fabrique des draps façon d'Elbeuf & des draps de seconde qualité, qui s'emploient pour les troupes & la livrée. On y fabrique aussi avec des laines d'Espagne, des draps fins façon de Sedan, & des ratines qui imitent celles de Hollande.*

Demarnaval, Entrepreneur.

MANUFACTURES *particulieres de draperies, à l'instar de celles de la Manufacture dont les ouvrages se vendent communément*

communément sans apprêts ; si ce n'est pour ceux qui l'exigent.

Cholet, Fabric.
Douzaine.
Lemort.
Veillat.

Commerce considérable de laines qui passent pour être les meilleures du Berry.

Claveau, Neg.
Defond.
Etienne Lucas.
Passajon.

CHATEAU-SALINS, Ville de France en Lorraine, à 78 lieues de Paris.

FABRIQUE de Bonneterie, dont les ouvrages de très-bonne qualité, sont connus depuis long-tems sous le nom de bonneterie de Vic. On y fait des bas, des bonnets, & des gants tricotés à l'aiguille, & drapés fins, demi-fins & ordinaires, pour hommes & pour femmes.

Grillet, Négociant Commissionnaire en tout genre.

CHATELLERAUT, ville de France en Poitou, sur la Vienne, à 89 lieues de Paris.

FABRIQUES de serges & d'étamines.

Négocians commissionnaires faisant la Banque. MM.

Brault.
Creuze, freres.
Lecoq & Chesnau.
Preau (Philippe).
Turquant.

Voyez les Tablettes de l'Epicerie & de la Mercerie.

CHATENAY, Bourg de France dans la Beauce, à 2 lieues d'Angerville, où s'adressent les lettres, & à 21 lieues de Paris.

FABRIQUES de bas d'estames drapés, au tricot, gris & blancs, de pures laines du Berry.

Marciller, Fabricant Expéditionnaire.

CHAUMONT en Bassigny, à 57 lieues de Paris.

FABRIQUES de petites étoffes de laine & de coton, d'un prix très-modique, connues sous le nom de Droguets, dont il se fait des envois considérables dans la Champagne, le Gatinois, la Brie, la Beauce & l'Orléanois.

FABRICANS.

Barbier.
Chatelain.
Lecuyer.
Renaud.

F

DRAPERIE-BONNETERIE,

CHOLLET, petite ville de France en Anjou, à 99 lieues de Paris.

FABRIQUE de toiles & de mouchoirs, façon des Indes, filature de coton & commerce de fil de lin.

Quelques uns des Négocians les plus connus, sont : *MM.*

Duchesnay, Négociant, tient une filature de coton, &c.
Gellusseau & Duperon.
Guy.
Mitault,
Paquier Daguet (veuve).
Revellière Chouanel.

CLERMONT DE LODEVE, ville de France en Languedoc, à 12 lieues de Montpellier, & à 200 lieues de Paris.

MANUFACTURE de draps, à l'instar de ceux de Carcassonne.

Quelques-uns des principaux Manufacturiers, sont MM.

Bernard, fils.
Boissin d'Ausilis.
Flotte (Bapt.).
Flotte Raisac de Fou-Rouge.
Gairaud.
Martin (Jean).

CLERMONT en Beauvoisis, ville de France en Picardie, à 14 lieues de Paris.

Commerce de toiles de Flandres.

Guenet, Negociant.

COLOGNE, ville d'Allemagne libre & Impériale sur le Rhin, à 100 lieues de Paris.

BANQUIERS.

Frantz (Jean-Mathias).
Herstadt (Christ.).
Meinertz-Hagen.
Simerkus (Jean).

COURSEULLE, Paroisse de France en Basse-Normandie, à 4 lieues de Caen.

FABRIQUE considérable de dentelles noires, dont la majeure partie s'envoie à Paris.

Martin, Négociant, faisant fabriquer, fait la commission.

COURTRAY, ville de la Flandre Autrichienne, à 58 lieues de Paris.

FABRIQUE de toiles de lin très-fines & d'un très-beau blanc, & qui passent pour toiles de Hollande, quoique plus étroites, & de qualité inférieure.

Fabricans Expéditionnaires, MM.

Benoît.
Debien.
De Bethune.
Hovyn la Violette.
Le Mayeur.

CREST, ville de France dans le Dauphiné, à 150 lieues de Paris.

FABRIQUE *de serges & de ratines, dont on fait plus de six mille pièces par an, sous les noms de ratines de Roibon, finettes, royales, cadix, sergettes ou burats; presque toutes ces étoffes sont frisées, teintes & apprêtées avant de passer dans le commmerce.*

Antran & Benoît, Négociant pour les étoffes apprêtées.
Archinard & Comp., Négoc. pour la partie des soies, laines & étoffes en blanc écru.
Borel, pere & fils, *idem.*

CREVECŒUR (les Litens), Bourg de France en Picardie, à 20 lieues de Paris..

FABRIQUE *d'étoffes de laines, connues dans le commerce sous le nom de* serges de Blicourt, serges de Rome, de Châlons, *de* Blicourt *doubles*; de saccatis, *& de tamises, dont le débit est assez important.*

Quelques-uns des princaux Fabricans en cette partie, sont MM.

Bertin (Bapt.).
Bordé (Nic.).
Cossard (Ch.).
Crucifix (J.).
Garbet (Franç.).
Mallet (Charles).
Manteaux (J.).
Martin (J.).
Pinchou (Charl.).
Ricard, jeune.
Routier (François).
Tillier [Franç.].

CREYFELD, ville dans le Comté de Meurs, près le bas Rhin.

FABRIQUES *considérables d'étoffes, d'or, d'argent & de soie.*

Beckrars & comp., fabric.
Floche.
Heidweiller (F. H.).
Vander Leyen.

CROISIC [le], ville de France & port de mer en Bretagne, à 102 lieues de Paris, près de Guérande, où s'adressent les lettres.

FABRIQUE de serges & de basins.

De la Marque, l'aîné, Negoc. Commiss.

CUXAC, paroiſſe de France en Languedoc, à 182 lieues de Paris.

MANUFACTURE *royale de draps fins, de mêmes nature & qualité que ceux qui ſe fabriquent à Carcaſſonne.*

Ferroul, Entrepreneur.

DARNETAL, Bourg de France en Normandie, à une lieue de Rouen.

FABRIQUE *de draps façon d'Elbeufs, molletons, flanelles, eſpagnolettes ratinées en toutes couleurs, eſpagnolettes légeres ou calmouks*, idem *& mélangées, eſpagnolettes croiſées blanches à poil, dites* liſſes *& ſimples.*

Quelques-uns des fabricans de draperies les plus connus, ſont MM.

Benard [Pierre].
Curmer [J. Bap.].
Fiquet [Pierre].
Thinel [Pierre].

FABRIQUES *d'Indienne* MM.

Lambert.
Roger.

FABRIQUES *de Couvertures.*

Aubé, freres.
Daverſan.
Hucher.
Saint Evron (veuve).

DIENVILLE, ville de France en Champagne, ſur l'Aube qui la partage, à 7 lieues de Troyes.

FABRIQUE *de Toiles de coton & filatures.*

Brouſſard (J. Bapt.) Fabricant.

DIEPPE, ville de France & port de mer, dans la haute-Normandie, au pays de Caux, à 12 lieues de Rouen, & à 38 lieues de Paris.

FABRIQUES *conſidérables de dentelles depuis 10 ſ. juſqu'à 20 liv. l'aune, on y fait auſſi des coëffures en barbes pleines, depuis 30 juſqu'à 150 liv. les deux.*

Quelques-uns des Commerçans en cette partie les plus connus, ſont MM.

Bouleng [Mlle].
Couſin, l'aîné [Mlle]
Couſin Deſpreaux [Mde].
Dandaſne (Nic.).
Février (Joſeph).
Friquand.
Fourey Godebous.
Lami [Mlle].
Lavenu.
Maquinam.

Maſſif, ſœurs.
Pointel.
Vaſſe (Guill.).
Warnier.

DIJON, ville de France, capitale de la Bourgogne, à 76 l. de Paris.

MANUFACTURE *de toiles peintes & de velours de coton, autoriſée par Lettres-Patentes du Roi, & ſous la protection des Etats de Bourgogne.*

M. Cappus, Entrepreneur & Propriétaire.

MANUFACTURE *de couvertures & de gros draps.*

MM. Sordoillet, freres, Entrepreneurs.

FABRIQUES *de ſerges & droguets.*

Négocians Expéditionnaires, MM.

Beranger, *Pariſot* & comp.
Champagne de Sulot.
Gilles.
Jarſuel & Moutel.
Manuel, freres.
Nubla & fils.
Rebatu & Gaſtmet.
Robinet, freres.
Verdin.

Filature de coton appartenant à la Ville.

M. Chreſtien, directeur.

Commiſſionnaire pour la réception & l'expédition de toutes ſortes de marchandiſes.

Bureau, le cadet.
Rameau (veuve).
Tronc & Compagnie.

DINAN, ville de France ſur la *Rance*, à 5 lieues de Saint-Malo, & à 90 lieues de Paris.

FABRIQUES *de divers eſpeces de toiles que l'on diſtingue en* brins, grands brins, & petits brins, languenane, combourgs, Saint-Georges, vitré, morlaix, pontivi, bretagne *large & étroite*, *toiles* à voiles, fougeres, halle & emballage. *Preſque toutes ces toiles ſe vendent à l'aune de Bretagne, qui eſt de 50 pouces.*

Quelques-uns des Négocians Commiſſionnaires les plus connus, ſont MM.

Baſmeule de la Chaboſſais.
Beleſtre Viel.
Beſné.
Bordage.
Girot l'aîné.
Granry.

SOIERIE-TOILERIE-LAINAGE.

Lecoq.
Percevault.
Turpin (Jean) & fils.

DORMANS, ville de France en Champagne, fur la Marne, à 27 lieues de Paris.

COMMERCE DE LAINES.

M. Provoſt, Négoc. Commis.

DOUAY, ville des Pays-Bas dans la Flandre françoiſe fur la Scarpe, à 49 lieues de Paris.

FABRIQUES *& commerce conſidérables de batiſte, de linon clair écru & blanchi, de dentelles de toutes eſpeces, de fil pour la broderie & la dentelle, & de lins en bottes, qui ſont très-eſtimés.*

Négocians expéditionnaires. MM.

Cailleux, *Deſmons.* *Dubuiſſon.*

MANUFACTURE *de Couverture de laines & de cotons.*

MM. Crochon & Comp., Directeurs.

Commerce de fils en gros. MM.

Forceville. *Grogniez.* *Leſueur.*

DOURDAN, petite ville de France, capitale du Hurepoix, fur la riviere d'*Orge*, à 12 lieues de Paris.

FABRIQUES *de bas de ſoie & de laines, au tricot & au métier, & d'étoffes connues ſous le nom* d'amadis. *Les bas de ſoies ou tricot ſont pour l'ordinaire gris & blancs à côtes & unis, & plus renommés par leur boné que par leur beauté. Les bas de laine & de fil, à côtes ſur-tout, ſont d'un excellent uſé, ainſi que les gands & les amadis, où mitons pour hommes & pour femmes.*

Quelques-uns des Négocians faiſant fabriquer, les plus connus ſont MM.

Codechevre.
Lefort Adam.
Lefort Latour.
Vaillant.

COMMERÇANS.

Dubois. *Guénée Lajotte.* *Lambert.*

DOURGNE, Bourg de France en Languedoc, à 5 lieues de Lavaur, où s'adreſſent les lettres.

DRAPERIE-BONNETERIE.

FABRIQUES *de Cordelats.*

Montagné, Négoc. Commis.

DREUX, ville de l'Isle de France sur la riviere de Blaise, à 18 lieues de Paris.

FABRIQUE de grosses étoffes de laines, érigée en Manufacture Royale, sous la magistrature de M. de Colbert; on y en fait de sept especes différentes, connues dans le commerce sous les dénominations de doublure *de* tricot, *de* serge sur étain, *de* serges tremieres, *de* pinchinats, *d'*estamets *de* grands-lez.

Quelques-uns des principaux Commerçans, sont: MM.

Auvry.
Dobineau.
Donant.
Lemenestrel.

FABRICANS EXPÉDITIONNAIRES.

Durand.
Hecquet Amoreau.
Hecquet Autun.
Vincent.

DUBLIN, ville capitale de l'Irlande, dans la Province de Leinster, à 187 lieues de Paris.

FABRIQUE *de frises & commerce de lins & de laines, qui ne le cédent pour ainsi dire en rien à ceux d'Angleterre.*

Négocians Commissionnaires.

Edmow.
Faerfaix Wallis.
Gracing, & Compagnie.
Ino Shene.
Ino Witherall, les laines.
Mores Mowe.
Olive Vala.
Raph Ward.

DUNKERQUE, ville de France dans le Comté de Flandres, avec un port franc sur la Manche; à 60 lieues de Paris.

Négocians tenant magasin de draps & soieries. MM.

Bouvarlet.
Gernaert.
Hovelt.
Marescaux (veuve).
Thelu & sœur.

Négocians Commissionnaires en tous genres.

Calliez pere.
Heruyn Delbaert.
Lemaire Guys.
Lemaire Pagart.
Regnaud (Pierre) & fils.
Saint-Laurent (veuve).
Thierry (veuve) aîné.
Tresca, pere.

SOIERIE-TOILERIE-LAINAGE.

EDIMBOURG, ville capitale d'Ecosse, à une demi-lieue de la mer, & à 197 lieues de Paris.

FABRIQUES de draps, de serges, de flanelle, de baye ou bayette, de bas au tricot & au métier, & commerce de laines.

Négocians Commissionnaires en cette partie.

Andrens (Inv.).
Barnerman (Geo.).
Facolour (Rich.).
Lorthium (Ino.).
Selon Hosten, & comp.
Walkerplecher (David).
Wire & Martin, notamment la partie des lainages.

ELBERFELD, ville de Westphalie, sur la riviere de Waper, à 7 lieues de Dusseldorff.

FABRIQUES DE SIAMOISES. MM.

Blanc.
Bornfeld.
Brinck & Honsbergen.
Brogelmann (God.).
Bruss & Pluck.
Hoffman.
Kuller.
Landas (Gaspard), & les rubans de fil.
Nieland.
Obershus.
Plucker, & les rubans.
Schliper (Abrah.) & *Raucamp.*
Schwan.
Stuchmann.
Tonne.
Trost.
Ullembourg.
Vanderbeck (In.).
Voncarnap.
Waston & Hucking.
Wichelhausen & *Grah.*

FABRIQUE *d'etoffes de toutes sortes de couleurs.*

Engel.
Lausberg.

FABRICANS *de fils, de ruban de fils & de toiles.* MM.

Lutringhaus, en fils doubles.
Lutringhausen, en fils doubles, idem.
Rubech, en rubans & toiles.
Ritterhaus, en rubans, toiles & fils doubles.
Schlosser, en fils doubles.
Siebel, en rubans de toiles.
Sombarth, en rubans & fils doubles.
Teschemaquer, freres, en fils doubles.
Von Carnap, (veuve de P.). *idem.*
Werth & North, en draps & toiles.

Principaux Fabricans de draps de soie & droguets.

Blanche, le jeune.

Capel

SOIERIE-TOILERIE-LAINAGE.

Capel & Weper, les rubans & fleurets.
Siebel (P. J.).
Simon & Funcke.

Commerce en siamoises, laines, fils & rubans.

Abrath, les rubans, fils & laines.
Aufderheyde [veuve], idem.
Von Rathen, les siamoises, fils doubles & rubans.
Wortman & Frowein, les rubans de fils, & fils blancs simples.

COMMISSIONNAIRES *en tous genres.*

Courads.
Klingenholler.
Lindeman.
Raucamp.
Schmitz (Arnold).
Vonderhaide.

ELBEUF, ville de France en Normandie sur la Seine, à 26 lieues de Paris.

MANUFACTURES *de draps fins, unis, rayés & mouchetés, en laines d'Espagne, de Portugal, du Berry & du Roussillon. Ces draps, quoique de qualité inférieure à ceux de* Louvier *&* de Sedan, *sont très-avantageusement connus & ne sont pas moins estimés, eu égard à l'infériorité du prix qui les met à portée d'un plus grand nombre de consommateurs, & devient, par cela même, une source de richesses inépuisable pour les fabriques d'Elbeuf. La consommation peut être évaluée de 8 à 10 millions.*

Quelques-uns des principaux Fabricans-Expéditionnaires les plus connus, sont MM.

Bourdon (P. Conft.) & comp.
Bourdon (Robert).
Delacroix (Alexandre).
Delarue (Louis), & fils.
Duruflé (Moyse).
Flavigny (L. Robert), & fils.
Flavigny Goscet, frere.
Frontin [Mathieu].
Godet (Constant).
Godet (J. H.), & fils.
Grandin (Jacq. Parfait).
Grandin (Michel & Pierre), freres.
Grandin (Pierre), l'aîné.
Grandin (Henri).
Hayet (Henri-Pierre).
Lejeun [Pierre], & comp.
Leroy (Constant).
Maillé (Pierre), le jeune.
Quesné (Mathieu), freres.
Seralstes (Mathieu).

ENSIVAL, Bourg des Pays-Bas, dépendant du Marquisat de *Franchimont*, à 2 lieues de Spa.

Mesure. L'aune est de 25 pouces; ainsi l'aune de Paris forme environ une aune un quart d'*Ensival.*

DRAPERIE-BONNETERIE,

MANUFACTURE *de draps des plus renommés du Pays-Bas, pour la finesse du lainage, la beauté de l'apprêt, l'éclat & la solidité des couleurs; il se fabrique annuellement environ 6 à 7000 pieces.*

Fabricans Expéditionnaires, MM.

Simonis (Franç.). *Thiriar* (Arnold), *idem.*

EPINAL, ville de France en Lorraine, sur la *Mozelle*, à 92 l. de Paris.

COMMERCE *de Fils.*

Négocians Expéditionnaires, MM.

Carer, pere. *Perin.* *Poncet* (veuve).

FABRIQUE *de Bas de fil & de coton.*

Bontems & la Pique, Fabricans.

ERCUIS, Bourg de France en Picardie, près Beaumont-sur-Oise, où s'adressent les lettres, à 8 lieues de Paris.

FABRIQUE *considérable de poils de chevre, de boutons blancs à grille, de poil & de soie, & de lisieres connues sous le nom de* promenettes.

Negocians faisant fabriquer. MM.

Tampé, le jeune.
Varé Beauchy.
Varé de la Vallée.
Varé (Joseph).
Varé (J. B.).
Varé (Ls).

ESPERAUSSES, Paroisse de France dans le haut Languedoc, à 3 lieues de Castres, où s'adressent les lettres, à 70 l. de Paris.

FABRIQUES *de cotonnines & de basins rayés & façonné.*

Azais, aîné, fabricant expéditionnaire.
Azais, cadet, *idem.*

ETAING, petite ville de France dans le Rouergue, près de Rodèz, où s'adressent les lettres, à 65 lieues de Paris.

MANUFACTURE *de cadis, de flanelles & d'autres petites étoffes de laine.*

Doumergue, Entrepreneur.

ETAMPES, petite ville de France, dans la Beausse, sur la riviere de Juines, à 13 lieues de Paris.

COMMERCE DE LAINES.

Blanchet.
Bordeau.
Guettard Baron.
Marceau.
Perrier.

EU, Ville de France dans la haute Normandie, sur la riviere de Brêle, à 28 lieues de Paris.

Poids. Celui dont on se sert pour les laines, lins, chanvres & fils, est de 17 onces.

FABRIQUES *de dentelles qui approchent beaucoup de celles de Valenciennes, & sont fort estimées, sur tout pour leur solidité. Les plus beaux ouvrages sont en manchettes d'hommes & coëffures de femmes.*

Caron (Mlle), Négociant Commissionnaire.
Lavoisier (Madame), *idem.*

FABRIQUE *considérable de toiles.*

Rabion, Négociant Commissionnaire, pour les achats.
Vasseur, idem.

Filature de laines q i passent pour être de bonne qualité.

Bignon, Entrepreneur.

FABRIQUE *de cordages, ficelles & fils à voiles pour la Marine.*

Rabion, Entrepreneur & Commissionnaire en tout genre.

EVREUX, Ville de France dans la haute Normandie, sur la riviere *Diton*, à 10 lieues de Rouen, & 25 lieues de Paris.

MANUFACTURE *de draps fins, de double broche, connus sous le nom de draps royal, à l'instar de ceux de Louvier, à lisiere bleue & à liteau blanc, ratines superfines façon d'Hollande & autres seconde qualité, espagnolettes teintes en laine & d'un très-bon usé, &c.*

Ribouleau & Compagnie; Entrepreneurs.

FALAISE, petite ville de France dans la basse Normandie, sur la riviere d'*Ante*, à 46 lieues de Paris.

FABRIQUE *de serges, toiles, fils, dentelles façon de Dieppe, & de bonneterie de coton, & de poil d'angolia.*

Tous ces objets avec les cotons ou poils & filés qui s'y débitent, forment un commerce assez considérable, sur-tout pendant

DRAPERIE, [illegible]NETERIE,

MANUFACTURE *de draps des plus renommés du Pays-Bas, pour la finesse du lainage, la beauté de l'apprêt, l'éclat & la solidité des couleurs; il se fabrique annuellement environ 6 à 7000 pieces.*

Fabricans Expéditionnaires, MM.

Simonis (Franç.). *Thiriar* (Arnold), *idem.*

EPINAL, ville de Fra[illegible] Lorraine, sur la *Mozelle*, à 92 l. de Paris.

COMMERCE *de Fils.*

Négocians Expéditionnaires, MM.

Caror, pere. *Perin.* *Pontet* (veuve).

FABRIQUE *de Bas de fil & de coton.*

Bontems & la Pique, Fabricans.

ERCUIS, Bourg de France en Picardie, près Beaumont-sur-Oise, où s'adressent les lettres, à 8 lieues de Paris.

FABRIQUE *considérable de poils de chevre, de boutons blancs à grille, de poil & de soie, & de listeres connues sous le nom de* promenettes.

Negocians faisant fabriquer. MM.

Tampé, le jeune.	*Varé* (Joseph).
Varé Beauchy.	*Varé* (J. B.).
Varé de la Vallée.	*Varé* (Ls).

ESPERAUSSES, Paroisse de France dans le haut Languedoc, à 3 lieues de Castres, où s'adressent les lettres, à 70 l. de Paris.

FABRIQUES *de cotonnines & de basins rayés & façonné.*

Azaïs, aîné, fabricant expéditionnaire.
Azaïs, cadet, *idem.*

ETAING, petite ville de France dans le Rouergue, près de Rodèz, , où s'adressent les lettres, à 65 lieues de Paris.

MANUFACTURE *de cadis, de flanelles & d'autres petites étoffes de laine.*

Doumergue, Entrepreneur.

ETAMPES, petite ville de France, dans la Bausse, sur la riviere de Juines, à 13 lieues de Paris.

SOIERIE-TOILERIE-LAINAGE.

COMMERCE DE LAINES.

Blanchet.
Bordeau.
Guettard Baron.
Marceau.
Perrier.

EU, Ville de France dans la haute Normandie, sur la riviere de Brêle, à 28 lieues de Paris.

Poids. Celui dont on se sert pour les laines, lins, chanvres & fils, est de 17 onces.

FABRIQUES *de dentelles qui approchent beaucoup de celles de Valenciennes, & sont fort estimées, sur tout pour leur solidité. Les plus beaux ouvrages sont en manchettes d'hommes & coëffures de femmes.*

Caron (Mlle), Négociant Commissionnaire.
Lavoisier (Madame), *idem.*

FABRIQUE *considérable de toiles.*

Rabion, Négociant Commissionnaire, pour les achats.
Vasseur, idem.

Filature de laines q i passent pour être de bonne qualite.

Bignon, Entrepreneur.

FABRIQUE *de cordages, ficelles & fils à voiles pour la Marine.*

Rabion, Entrepreneur & Commissionnaire en tout genre.

EVREUX, Ville de France dans la haute Normandie, sur la riviere *Diton*, à 10 lieues de Rouen, & 25 lieues de Paris.

MANUFACTURE *de draps fins, de double broché, connus sous le nom de draps royal, à l'instar de ceux de Louvier, à lisiere bleue & à liteau blanc, ratines superfines façon d'Hollande & autres seconde qualité, espagnolettes teintes en laine & d'un très-bon usé, &c.*

Ribouleau & Compagnie, Entrepreneurs.

FALAISE, petite ville de France dans la basse Normandie, sur la riviere d'*Ante*, à 46 lieues de Paris.

FABRIQUE *de serges, toiles, fils, dentelles façon de Dieppe, & de bonneterie de coton, & de poil d'angolia.*

Tous ces objets avec les cotons en poils & filés qui s'y débitent, forment un commerce assez considérable, sur-tout pendant

G ij

le tems de la foire, connue sous le nom de foire de *Guibray*, qui tient depuis le 15 août jusqu'au premier septembre, & notamment pendant les huit premiers jours appelés *la grande huitaine*, à cause des fraîchêurs.

NÉGOCIANS EXPÉDITIONNAIRES.

Le Bourgeois, & fils. *Marigny*, & Comp.

Fouque, tient fabrique de Bonneterie.

FECAMP, Ville de France & port de mer, en haute Normandie, dans le pays de Caux, à 46 lieues de Paris.

COMMERCE *de lins en bottes & filés, &c.*

FABRIQUE *de serges croisées, d'un très-bon usé, connues sous le nom de frocs de fécamp, & toiles communes en gros, dans la vente desquelles on donne 28 aunes pour 20; & 25 seulement dans la vente des toiles grises fines. Les blanches se vendent à l'aune ordinaire.*

NÉGOCIANS COMMISSIONNAIRES.

Berigny (Jn.).
Clery (Ber.).
Collos.
Devaux.
Le Borgne.
Leduey.
Le Sage.
Massif.

FERRIERES, Paroisse de France en Languedoc, à 3 lieues Castres, où s'adressent les lettres, & à 168 lieues de Paris.

FABRIQUE de cotonnines larges.

Julien (l'aîné) & *Mialhe*, fabricans.
Julien (le cadet), *idem.*

FEUILLETIN ou *Felletin*, petite ville de France dans la haute-Marche, à 101 lieues de Paris.

MANUFACTURE *de haute & basse-lisse, & de tapis veloutés, dans le genre d'*Aubusson, *ayant à Paris les mêmes correspondandans que cette derniere ville.*

Quelques-uns des principaux Fabricans les plus connus, sont: MM.

En tapisserie seulement.
Chassagne.
Jourdain.
Tixier des Coupres.

En tapisseries & tapis veloutés.
Chopineau.
Sallandrouse de la Morneix.
Vergne, l'aîné.

FONTENAY-LE-COMTE, ville de France dans le bas-Poitou, à 95 lieues de Paris.

SOIERIE-TOILERIE-LAINAGE.

FABRIQUE *de draps en blanc & bleu pour les troupes & les ouvriers, especes de molletons, de tiretaînes & carizets.*

Quelques-uns des principaux Fabricans sont : MM.

Elion.	*Robin.*
Laté.	*Robin* (Pierre).

FABRIQUES *d'étamines de plusieurs couleurs, tenue par* MM.

Garnereau (Blaise), Fabricant.	*Garnerau* (veuve), *idem.*

FOURTOU, Paroisse de France en Languedoc, près Carcassonne, où s'adressent les lettres, à 185 lieues de Paris.

MANUFACTURE *royale de draps, dont la nature & la qualite ne le cedent en rien à ceux de cette ville.*

Roland Fourtou, Entrepreneur.

Voyez CARCASSONNE.

FRANCFORT, ville Impériale d'Allemagne, à 112 l. de Paris.

Outre que cette ville est très-distingué par ses foires & son commerce particulier, elle est encore connue pour être l'entrepôt de celui de la Hollande, la France & l'Angleterre, avec plusieurs villes de l'Empire.

Quelques-uns des Négocians les plus connus, sont MM.

Alesina (S.), & fils, les soieries.
Arbauer, freres.
De Bary & Passavant, la Draperie.
De Barry (J.), les tresses, les boutons d'or & d'argent.
Diest, les soiries d'Italie.
Goutard (Alexandre), les soieries.
Joannot, freres, les soieries.
Passavant (J. David), la Draperie.
Passavant (J. L.), la draperie & laines d'Angleterre.
Ramadier (veuve), & fils, les mousselines & étoffes des Indes.
Schmidt (H. G.), les mousselines & autres étoffes des Indes.
Schmidt (G. C.), les mousselines, *idem.* &c.

FRANCOMONT, Paroisse des pays-Bas, dans le Duché de Limbourg, où s'adressent les lettres.

MANUFACTURE *de draps pareille à celle d'Ensival; il s'en fabrique environ 5000 pieces par an.*

Fraipon (Bernard) & sœurs, Entrepreneurs.

Sauvage (Aubin), idem.

Voyez ENSIVAL.

GAND, ville capitale de la Flandre Autrichienne, à 66 l. de Paris.

Mesure. L'aune est près d'un tiers moins grande que celle de Paris.

FABRIQUE *de dentelles* [illegible] *sous le nom de fausses Valenciennes, parce qu'*[illegible]*nt pas toute la solidité des véritables ; & de toiles* [illegible] *très-fines, très-blanches, appelées* toiles de Hollande, *quoiqu'elles en diffèrent par la largeur & la qualité.*

Cardon (Banquier), & sœurs, *Porter*, idem.
Négocians Expéditionnaires.

COMMISSIONNAIRES. MM.

Romberg & Comp.

GANGES, Ville de France dans le bas Languedoc, à 175 lieues de Paris.

FABRIQUE *de bas de soie, très-renommée par la préparation de la soie, le lustre & la blancheur que lui procure la riviere de Herault, les soins des Négocians, & l'habileté des ouvriers.*

Quelques-uns des Fabricans les plus connus sont : MM.

Caucana, *Baral* & Comp.
Ducros.
Fabre (J.).
Ferrier.
Gervais.
Mairucis & *Rerrieres.*
Mejan, pere.

GENES, port de mer, ville considérable d'Italie, Capitale de la république du même nom, à 220 lieues de Paris.

FABRIQUE *d'étoffes d'or & d'argent, de velours, satins, damas & d'autres étoffes en soie. L'attention avec laquelle on travaille les soies grèzes & en matasses, tirées de la Sicile, les font généralement rechercher.*

Quelques-uns des principaux Fabricans les plus connus sont : MM.

Bruno (Ant.).
De Philippi [Nic].
Massola.
Montabbio.
Tealdo (Joseph).
Viani (François).

BANQUIERS.

Balbi (Joseph).
Belloni & *Fossati.*
Bertrand, *Branurel* & comp.
Ceroeller, pere & fils.

Frerel Maystrel.
Frerel de la Rue.
Ferello & *Carloone.*
Regny (Alessio & Amato).
Rossy (Fr. Valentin).
Rossy (J. B.).
Straforello (Dom.), & Comp.

GENEVE, ville capitale de la République de ce nom, à 151 l. de Paris.

Manufacture *de Toiles peintes & Fabrique de dentelles d'or, d'argent, de soie, & de fils, qui sont assez estimées.*

Quelques-uns des principaux négocians, sont : MM.

André (Frédéric).
Archer Beau & Comp.
Carnier & Roux.
Fary (Marcel) *& Claparede.*
Picot, Favier, jeune & comp.
Picot & fils, & Comp.
Plantamour, Rillet & Comp.
Schalasser & comp.

GIEN, ville de France sur la Loire, à 43 lieues de Paris.

Fabriques *de serges tremieres, drapées, blanches & grises, frisons blancs, étamines & droguets communs.*

Quelques-uns des principaux Négocians les plus connus, sont : MM.

Barthelot, pere, fabricant.
Bonnardel (veuve), magasin de toiles.
Beurassin, fabricant.
Gourdier, jeune.
Mastier, fabricant de draperie.
Martinon, Commiss.
Martinon (veuve), la toilerie-draperie.
Messre, freres.
Messre, pere, commiss.
Musard, jeune.

GIEY-SUR-AUJOU, Paroisse de France en Champagne, à quatre lieues de Château-Villain, où s'adressent les lettres, & à 60 lieues de Paris.

Manufactures *de toiles de coton peintes, fabriquées à l'instar de celles de Suisse, & connues sous le nom de Garas.*

Les toiles sur lesquelles on imprime sont fabriquées dans la même manufacture, ce qui met l'entrepreneur à portée de les fournir à meilleure compte.

M. Weisbeck. (Jacques), Entrepreneur.

GISORS, ville de France & Capitale du Vexin Normand, à 15 lieues de Paris.

Fabrique *de draps fins, façon d'Elbeuf, d'Angleterre & de Hollande.*

Quelques-uns des principaux Fabricans sont : MM.

Delinne. | *Leclerc.*
Le Brun. | *Pacouette.*

GLADBACH, ville d'Allemagne dans le Duché de Julliers, en Westphalie.

FABRIQUE *de toiles de très-belles qualités.*

Quelques-uns des principaux fabricans, sont MM.

Cremer (Jean). | *Glamascher* (P.).
Havels & Compagnie. | *Jorgens* (Adolph.).
Kauwerts (veuve) & freres. | *Kolien.*

GLOS-SOUS-L'AIGLE, Bourg de France en Normandie, près l'Aigle, où s'adressent les lettres, à 29 lieues de Paris.

Commerce de fils simples dont on fabrique la majeure partie avec des lins de Flandres.

Gervais, Négociant en cette partie.

GOUVIEUX, Bourg de France en Valois, près Chantilly, où s'adressent les lettres.

FABRIQUE *de dentelles de soie.*

Moreau, Negociant Expéditionnaire, à Chantilly, tient magasin.

GRANVILLIERS, Bourg considérable de France en Picardie, près des frontieres du Beauvoisis & de la Normandie, à 16 l. de Paris.

Production & commerce de laines, dont une partie sert à alimenter les fabriques du pays ; le surplus passe à Amiens, Beauvais, &c.

Quelques-uns des Négocians les plus connus pour le commerce des laines, sont : MM.

Bazin. | *Langlier*, fils aîné.
Caudriller, fils aîné. | *Suleau* (Ant. Vict.).
Deladrene (veuve). | *Suleau* (Al.).
Godin.

FABRIQUES *considérable de serges croisées, avantageusement connues sous le nom d'Aumale, de Grandvilliers, & de* Blicourt.

Quelques-uns

Quelques-uns des Négocians faisant fabriquer, les plus connus, sont : MM.

Barbier (Ant.)
Bellette (Nic. J. Bapt.)
Bellette, fils.
Bertin (veuve Antoine).
Bertin (Ant. J. Bapt.)
Bertin (Ch.).
Bertin (Nic.).
Butteux (Louis).
Caron (Ch.).
Caudriller (J. Bapt.)
Caudriller (Ant. J. Bapt.).
Caudriller (Bapt.)
Caudriller (veuve Nicol.).
Cagny d'Heilly (J. Bapt. de).
Cagny (Nicol. de).
Chrétien.
Cozette (Alex.)
Cozette (Nic.).
Cozette (Pierre-Franç.).
Coulon (Pierre).
Cocquerelle (veuve).
Cocquerelle de la Dreue.
Crampon (Alex.).
De Larche (Franç.)
De Larche (Pierre).
De Larche (Franç.).
Dammonneville.
Fauquel (veuve).
Godin (Pierre-Nicol).
Godin (Louis).
Godin (J. Bapt.)
Godin (Etienne.).
Heu (Pierre).
Heu (veuve Nic.).
Heu (Louis).
Langlier (veuve).
Prevost (Alex.).
Prevost (veuve Louis).
Rogeau (veuve).
Rogeau Thuillier.
Rogeau (Isid. Gab.
Rogeau (Pierre-Franç.).
Suleau (Gabriel).
Suleau (André).
Thorel (Adrien).
Thorel (veuve Antoine).
Tourneur (veuve le).
Vacossin (Louis).

COMMERCE *de Bonneterie.*

Mangard (Nicolas).
Mangard, Neveu.

GRENOBLE, ville de France, capitale du Dauphiné, sur l'Isere, à 138 lieues de Paris.

FABRIQUE *de toiles fort estimées.*

Quelques-uns des principaux Négocians sont : MM.

Dolle, freres.
Dolle, *Fanier* & compagnie.
Pascal, *Busco* & compag.
Perrier, pere & fils.
Berlioz & compag.

GUIBRAY, fauxbourg de la ville de Falaise, célèbre par une foire qui s'y tient au mois d'août. *Voyez* FALAISE.

HAMBOURG, ville libre & Impériale de la France, avec un bon port sur *l'Elbe*, à 200 l. de Paris.

Mesure. Il faut environ deux aunes d'Hambourg pour faire une aune de Paris.

Cette ville est la premiere place marchande de l'Allemagne en peut estimer à 80 millions de livres tournois, la valeur des marchandises en tous genres, qu'elle reçoit par mer & qu'elle répand dans l'intérieur de l'Allemagne, & dans toute la partie du Nord.

Le commerce absorbe tellement les fonds & l'attention des Hambourgeois, qu'il ne leur en reste gueres pour les Manufactures. La main-d'œuvre d'ailleurs y étant très-chere, est encore un obstacle à l'industrie. On ne peut donc faire fond que sur les objets d'exportation & d'importation.

Quelques-uns des Banquiers les plus connus, sont : MM.

Abendana Mendez.
Baltusz (Jacques).
Benjamin (Salomon).
Brandon, freres.
Brandon (Joseph Jsr.).
Getting (Abr. Joseph.)
Heinecke, directeur de la maison de banque du Comte de Schimmelman.
Hertz (Moses David).
Lawezzari (Theodore).
Oppenhheim (Theodore).
Foppert Wolf Levis.
Von Halle (Elie Wolff. Abr.).
Von Hall (Aaron Samuel).
Vonder Porten (M. L.).

COMMISSIONNAIRES.

Averhof & Von Sevehen.
Beckstein & Sieveking.
Clamer Abeth.
Gerard Henri Valcke.
Von anen & Hinsch.

Voyez les Tablettes de l'EPICERIE.

HAVRE-DE-GRACE (le), ville de France dans la haute Normandie, à l'embouchure de la *Seine*, avec un bon port, à 45 l. de Paris.

L'intelligence & l'activité de ses habitans, la sûreté de son port, la proximité de la capitale, & l'avantage que la *Seine* lui procure de pouvoir communiquer facilement avec l'intérieur du Royaume, & principalement avec la Normandie, l'isle de France, la Champagne & la Bourgogne, rendent cette place une des plus commerçantes du Royaume.

ADMINISTRATEURS *de la compagnie privilégiée du Sénégal, chargés de la vente de toutes les marchandises traitées pour le compte de la Compagnie.* MM.

Chevremon & Massieu de Clairval.

Quelques-uns des principaux Négocians Armateurs les plus connus, sont MM.

Amel, & Compagnie.
Bacheler & Faubisson.
Bailleul & Mondey.
Barabet & Besognet.
Bassacre & Compagnie.
Baudry & Boulogne, & fils.
Beaufils & Fouchet.
Bechet.
Begouin Demeaux, & Comp.
Bellot.
Beziers.
Bunel (Jean Baptiste).
Chateau & fils.
Chevremont & Compagnie.

Christinat (veuve), & fils.
Colleville, jeune.
Collow, freres, & *Carmichael.*
Delabriere.
Delahaye (veuve), *le Bouis*, & fils, & *Donauraut.*
Delannoy (Alexandre)
Delonguemare de la Salle (ve.), & fils.
De Saint-Jean.
Dubois, le jeune.
Dubuc (J. Bapt.).
Eyrier l'aîné (veuve).
Famin (veuve) & fils.
Fauconnier Bonvoisin, & compagnie.
Feray (veuve j.), & *Massieu.*
Feray (J. Bapt.), & comp.
Ferée d'Arcour [P.].
Foache, freres.
Fortin, fils (P.).
Fossé (Em.).
Fauquet, *le Chibelier & Dufou.*
Gauvin (M.), & fils.
Gregoire (ve.), & fils.
Guerard, *Rialle*, & Comp.
Homberg (Isab.).
Hauvé, l'aîné.
Heroult (F.), & Comp.
Homberg (veuve).
Homberg [Jos.].
Lacorne (Louis).
Lacoudrais Baudry & Leprevost.
Lalanne.
Lacut, freres.
Larois & Hardouin.
Le Bourgeois [Ph.].
Le Couvreur & Guerard.
Lefébure
Legrand (Louis), & comp.
Lemesle (Charles), *Oursel & Germain.*
Lemesle (Louis) & fils.
Lemonnier [E & B], freres.
Le Seigneur [Antoine], & *Alexandre.*
Le Villan [ve.] & A. *Dubuc.*
Limozin (Ant.).
Marc.
Martel.
Millot, fils aîné.
Monnier [ve J.].
Morchoine.
Morogeau.
Neyammer.
Paschal, freres.
Pigeon [Ant.] & fils aîné.
Poisson [J.].
Poullet (Ch.), & fils.
Prier (Guill.) & Prier freres.
Quertier (J.) & *Leduc*, l'aîné
Reilly & Compag.
Reynicke.
Rigoult & Comp.
Rohner [J. C.] & Comp.
Roth
Ruessan, & Comp.
Spohrer & comp.
Stuart.
Thurninger, & comp.

FABRIQUES *de dentelles blanches & noires, depuis 5 f. jusqu'à 30, dont il se fait un commerce considérable.*
S'adresser aux Directrices de l'Ecole de la Miséricorde, ou aux Négocians ci-dessus énoncés.

HEINSBERG, ville du Duché de Juliers.

FABRIQUES *de draps fins.*

Quelques-uns des principaux Fabricans sont : MM.
De Bruch (J. & Gab.).
Hilgens, (Mathieu).
Koing (Jacq. Guil.).
Rurger, *Lu nensahls.*

HODIMONT, Bourg très-considérable des pays-bas, dans le Duché de Luxembourg.

FABRIQUE *de draps fort renommée, sur-tout en draps fins, dont la consommation est très-considérable en Allemagne, & dans l'Autriche.*

Quelques-uns des principaux Fabricans Expédition. sont : MM.

Arnoldy (Evrard).
Bonvoisin (M.).
Bioley (Lamb. Ign.).
Dauchapt (Ant.)
Dechiere (Pierre).
Godar (Guill.).
Godin (Arnold).
Haleux freres.
Henrotal.
Le Jeune de Richelet freres.
Poulet (Nicolas).
Sauvage (Mathieu).
Soumagne freres.
Vandenbrouck (Paul).
Warnotté (J. Jacques).

Commerce de Toiles, Soiries, &c. MM.

Clermont, freres.
Neuville Hubert.

HONFLEUR, ville de France dans la haute Normandie, avec un bon port sur la rive gauche de la Seine, à 47 lieues de Paris.

FABRIQUE *considerable de dentelles de fil.*

Quelques-uns des principaux Négocians faisant fabriquer, les plus connus sont MM.

Brasne (Mde).
Bellois sœurs (Mlles).
De la Salle (Mde).
Liumesnil.
Godart (veuve).
Lemonnier, sœurs.
Le Roy (Mde).
Mangon de la Foret (veuve).
Pelleca (Mde).
Pottier.

FILATURE *de coton par les Pauvres à l'Hôpital général, sous la direction de MM. les Administrateurs.*

JAINVILLE, petite ville de France dans la Beauce, près de Toury, où s'adressent les lettres, à 26 lieues de Paris.

MANUFACTURE *& commerce de bas, gans & chaussons en laines de toutes espece & qualité.*

Mitouflet, *pere & fils.*

ILLIERS, ville de France dans la Beauce, à 26 lieues de Paris.

MANUFACTURE *de draps & de serges, qui prevalent dit-on celles qui se font à Beauvais.*

Quelques-uns des principaux Fabricans, sont : MM.

Amiot.
Aubri.
Cuillier.
Loizelay.

SOIERIE-TOILERIE-LAINAGE.

Négocians Commissionnaires

Aubry.
Bideau.
Viel, l'aîné.
Viel, le jeune.

JOUY en Josias, Paroisse de l'Isle-de-France, près de Versailles, où s'adressent les lettres, à 9 lieues de Paris.

MANUFACTURE Royale de Toiles peintes, façon des Indes, pour meubles & habillemens.

Les couleurs & l'élégance des dessins de ces toiles lui ont acquis la haute réputation dont elle jouit depuis long-tems, & lui ont mérité le premier rang sur toutes les fabriques & manufactures de France de même genre.

Les toiles de cette manufacture sont exemptes de toutes visites, & peuvent circuler librement, soit dedans, soit dehors du Royaume, avec le simple plomb dont elles sont revêtues en sortant de la Fabrique, en vertu des Lettres-patentes du 19 Juin 1783.

ENTREPRENEURS. MM.

Demaraise. *Oberkampf.* *Sarrasin.*

ISSOUDUN, ville de France dans le Berry, sur la riviere de Théol, à 8 lieues de Bourges, & 5? lieues de Paris.

Commerce considérable de laines, qui passent pour être les plus belles du Royaume; *elle se vendent écrues, & s'exportent presque toutes pour les fabriques de* Reims, Rouen *&* Dernetal. *Celles d'*Agneau *s'exportent aussi presque toutes pour la* Normandie, *la* Flandre, *& la* Picardie.

Quelques-uns des Négocians les plus connus sont: MM.

Bertault Raveau.
Bouchage & comp.
Brunet, pere.
Brunet, fils.
Garnier l'aîné (veuve).
Garnier (veuve Jean).
Garnier Darnault.
Taupin.

FABRIQUE de draperie commune, dont la majeure partie se vend aux foires de S. Denis, & à Paris, MM.

Baron, Négociant Expéditionnaire.
Berthier.
Le Comte.
Pesnelle. Couran.
Tourrangin, Negociant Commissionnaire.

MANUFACTURE *de toiles de coton.*

MM. Lesage & compagnie, entrepreneur.

DRAPERIE-BONNETERI ,

FABRIQUE de fils & blanchisseries.

Jeannet fils, tient fabrique & Blanchisserie, à l'instar de la ville de Troye.

Filature considérable de cotons des Isles & du levant, très-propres à tricoter, & dont il se fait beaucoup d'expéditions pour Paris. MM.

Clignier. *Tourrangin Courand.*

LA BASTIDE-ROUAIROUZE, Bourg de France dans le haut Languedoc.

FABRIQUE *de draps, de bayettes croisées & de cadis, connus sous le nom de la* Bruyere, *de ratines & de droguets.*

Les draps sont connus sous le nom de *Londrins seconds.* Les ratines sont divisées en trois classes, savoir : les fines, les surfines & les communes.

Gout (Jean), Fabricant.

Les droguets sont de deux sortes, les unis & les mélangés.

Benoît (pere), Fabricant.
Ferrèt, *idem.*

LA CHAUX-DE-FOND, village de Suisse, proche Neuf Châtel.

Commerce de Dentelles. M.

Comvoisier Faure, Négociant Expéditionnaire.

LA FLECHE, ville de France en Anjou, sur la riviere du *Loir*, à 50 lieues de Paris.

FABRIQUES de ceintures de laines, moérées de toutes grandeurs & largeurs, voiles & étamines de très-bonne qualité pour manteaux de prêtres & vêtemens de religieuses, voiles bâtards & forts, de lisieres en soies & en laines, &c.

Quelques-uns des principaux Fabricans en cette partie, sont MM.

Caignard. | *Legué.*
Germond. | *Lusson.*

FABRIQUES de toiles, dites de Brin, *de très-bonne qualité.*

DespréS, Négociant Expéditionnaire.
Leroy Guitonniere, idem.

LAIGLE, ville de France dans la haute Normandie, à 29 lieues de Paris.

SOIERIE-TOILERIE-LAINAGE.

Commerce considérable de fils pour servir à la fabrication des Toiles.

Leroy, Négociant commissionnaires.

LANDERNEAU, port de mer & ville de France en Basse-Bretagne, à 136 lieues de Paris.

Fabrique & commerce considérables de toiles de lin de différente qualité, toiles à carreaux, façon de Montbeliard, & fabrique de fils connus sous les noms de fils de Bretagne, de fils blancs, écrus, plats & tournés.

Négocians Armateurs & Commissionnaires. MM.

Duclos Legris, l'aîné.
Dutoya (Jean).
Duval Legris, l'aîné.
Kios (Barthelemy).
Leyer (Louis).
Mazurier, l'aîné, Banquier.
Routoin (J. Bap.).

LANGRES ville de France en Champagne, à 67 lieues de Paris.

FABRIQUES *de droguets, serges & toiles de coton.*

Jourdain, pere & fils, négoc. expéditionnaire.

FILATURE *de Coton.*

Bournot, Entrep. *Jacquinot Petitot.* idem.

LA ROCHELLE, port de mer & ville capitale du pays d'Aunis, à 120 lieues de Paris.

Commerce de Draperies Soieries.

Quelques-uns des principaux Négocians Commissionnaires, sont, MM.

Brisson (sœurs).
Charrurier (ve), & *Dupont.*
Jousseaume, pere & fils.
Raboteau, l'aîné.
Ranson, cousins.
Serres (veuve Mariocheau.)
Vivier (ve.) Jean.

Voyez les Tablettes de l'EPICERIE.

LAVAL, ville de France, dans le bas Maine, sur la *Mayenne*, à 65 lieues de Paris.

Productions & commerce de lins, & chanvre.

FABRIQUES de toiles fines, toiles de coton, flanelles, serges tremieres, étamines, droguets, mouchoirs & lainages.

Les toiles, sur-tout, jouissent de la plus grande réputation, & l'on évalue cette partie de commerce à une vente par an de 24 à 25 mille pieces.

DRAPERIE-BONNETERIE.

Quelques-uns des principaux négocians expéditionnaires les plus connus sont : MM.

Bidois, l'aîné, & fils, ancienne Maison, plus connue sous le nom de *Bidois*, freres.
Bigot, freres.
Chevreuil (Jn.).
Davrillé (veuve) & fils.
Delaunay (François).
Desbridelieres.
De Vaudichon, Banquier.
Duchemin, Mariniere & Bois du Pin, freres.
Duchemin Gimbertiere.
Duchemin Degenetés.
Georget, freres.
Guillet, l'aîné.
Lauriere.
Letourneur, freres.
Letourneur Duteilleul.
Matagrin, l'aîné.
Matagrin Dechanteloup.
Morin Beaulutaire.
Paillard de la Fleuriere.
Perrier Dubignon, Girardier & Compagnie.
Perrier de la Saulais Duteilleul & comp.
Perrier de la Corbiniere.
Picois (veuve).
Plaichard Dutertre, & Chevron.
Richard de la Fourniere.
Richard de la Mitrie.
Segretin, l'aîné.
Sayeux, l'aîné.
Sayeux, freres, & *Dolcegaray*.
Taupin Fradiere & *Lebreton*.
Turpin, freres.

MANUFACTURE *de mouchoirs de couleurs*. MM.

Heude & Guillet l'aîné, Entrepreneurs.

LAUSANNE, grande ville de Suisse, capitale du pays de Vau, dans le Comté de Bern, à 134 lieues de Paris.

Commerce de Draperie. MM.

Francillon, freres. *Faschoud*.

LAUTERBOURG, ville d'Allemagne, à 118 l. de Paris.

FABRIQUES *de toiles de différentes qualités, propres à différents usages, & dont le plus grand nombre est généralement estimé*.

M. Jean-George Moller, Négociant Expéditionnaire.

LEIPSICK, ville d'Allemagne, de l'Electorat de Saxe, à 185 lieues de Paris.

Mesure. 15 aunes de Paris n'en font que 7 de Leipsick.

Cette ville réunit par l'importance de ses foires, l'avantage d'un commerce florissant tant en étoffes d'or, d'argent & de soie, qu'en draps, toiles, &c.

Quelques-uns des principaux Négocians Commissionnaires, sont : MM.

Calvoey (veuve) & Compagnie.

Négocians Commissionnaires. MM.

Calvocy (veuve) & comp. | *Kuter* (Jean-Henri).
Frizeau, freres. | *Winhles* & comp.

LIBOURNE, Ville de France en Guyenne, au confluent de la *Dordogne*, & de la riviere de *l'Isle*, à 157 lieues de Paris.

Il s'expédie de cette ville plusieurs vaisseaux qui font leur retour en denrées coloniales, à l'instar de Bordeaux.

FABRIQUE *de petites étoffes*

Bourges Saint-Denis. *Delande*, Commissionnaire.

LIEGE, ville libre & Impériale d'Allemagne; dans la *Vestphalie*, capitale de l'Evêché du même nom, sur la *Meuse*, à 76 l. de Paris.

Mesure. 19 aunes de Liege font 10 aunes de Paris.

FABRIQUE *de gros draps, connus sous le nom de serges & tissus en laine du pays, avec des laines d'Hesbaye & de Campine.*

Foussoul. *Lamine.* *Melsior.* *Prick.*

FABRIQUE *de gazes & dentelles noires.*

Lasser, les gazes. *Debailly*, les dentelles. *Reyniere* (ve.), idem.

BANQUIERS.

Blockous. | *Nagel Nackers.*
L'Arbalette [ve.], *& Dubois.* | *Vercour* (Mlles.), & Comp.

LILLE, ville de France, capitale de la Flandre françoise sur la *Deule*, à 52 lieues de Paris.

Cette ville peut être considérée comme une des plus commerçantes du Royaume. Ses fabriques jouissent depuis long-tems de la plus haute réputation. Il s'y fait un commerce considérable de draps, de pinchinats, de ratines, serges, étamines, couvertures de lit, callemandes de toutes especes, velours façon d'Utrecht, toiles unies & ouvrées de toutes couleurs pour robes & pour meubles.

FABRIQUE DE DRAPERIE.

Quelques-uns des principaux Fabricans Commissionnaires, sont, MM.

Beighein, pere. | *Capron.*
Beighein, fils. | *Capron Ledieu.*
Bleuysen. | *Duveés*, freres & sœurs.
Brame (veuve).

DRAPERIE-BONNETERIE,

MANUFACTURE de velours d'Utrecht.

Bouſſemare Lecherf, Entrepreneur.
Petitberghleux, idem.

FABRIQUE d'Indiennes.

ENTREPRENEURS. MM.

Clemmen, & fils.
Durot (Louis), *idem.*
Durot Prevoſt, idem.

FABRIQUES *de couvertures de laine.*

Beaucourt.
Capron Ledien.
Capron Legay.
Ledoux.
Leſenne Bouquillon.
Marcotte Wartel.
Martin.
Scrive.
Waimel.

MANUFACTURE *d'étoffes de ſoies.*

Cuvelier Brame, Entrepreneur.

FABRIQUE conſidérable de fils ſuperfins.

Quelques-uns des Négocians les plus connus ſont : MM.

Bigo, freres.
Billiet, pere & fils.
Billiet (J. B.).
Bonnier Cardon.
Bourgeniés (Ls. J.).
Coigny (Eug.).
Dehau Cardon.
Delanoy.
Delanoy (Ben.).
Derecq le Roi.
Hoguez.
Le Thiery.
Mathon (veuve).
Peterinch Cardon.
Prevoſt (Pierre).
Rabau & le Roi.
Richebé Coigny.
Roelans.
Rouzé, Aug. Jb.).
Smet (J. B.
Vandergracht.

FABRIQUE *& commerce conſidérable de toiles connues ſous le nom de toiles de* Flandres.

Beighein Daiguerue, freres.
Cambecq.
Darcy Scheppers.
Decroix Devemy.
Delebecq.
Delebecq Badard.
Derenty Dubois.
Derenty Luyſet.
Derenty Gonze.
Deſmont Letocart.
Devemy.
Lachez Badar [ve.].
Mathon Delebecq.
Mathon Baillon.
Paté.
Reynard Bigot.
Yon.

SOIERIE-TOILERIE-LAINAGE.

Maison de Commerce en toiles de couleurs.

Durivaux. *Renty.* *Vandervecken.*

FABRIQUE DE DENTELLES.

Qui occupent plus de trois mille ouvriers.

Quelques-uns des principaux Négocians les plus connus en cette partie sont : MM.

Beaussier Vanocnacker.
Beke.
Boisacq (ve).
Boisacq, fils.
Capron.
cousin.
Deberckem.
Delarset.
Descamps Salengre.
Duhem Dupuis.
Dusar Lemaire.
Dusart Panckouke.
Langlart.
Leroy.
Loiselet.
Maricourt.
Mey.
Parent.
Pallet.
Tirant.
Tiran Gruson.

BANQUIERS.

Dehau (D. L.).
Deschamps l'aîné.
Dupont (L. J.).
Leclercq (ve. J. P.).
Lepetit.
Panckouke (Plac.).
Questroy (P.).

LIMBOURG, ville des pays-bas Autrchiens, capitale du Duché de Limbourg, à 72 lieues de Paris.

FABRIQUE *de draps fins très-estimés, dans les pays-Bas, l'Allemagne; l'Autriche & le Levant.*

Quelques-uns des principaux Fabricans, sont : MM.

D'Haurgard (Lamb. Jos.).
Dourcy (Servais).
Schlibler (Guillaume).
Surlemont (Nicolas).

LIMOGES, ville de France, capitale du Limosin, sur la *Vienne*, à 95 l. de Paris.

Les productions de cette ville en divers genre, donnent lieu à un commerce assez considérable. Elle est en outre, par sa situation, regardée comme l'entrepôt de diverses places de commerce de la premiere classe.

MANUFACTURE ROYALE de petites étoffes en soie & coton, & en laines & cotons pour vêtemens d'hommes & de femmes, & pour meubles, de diverses couleurs, & sur dessins de commande.

M. P. Laforest, propriétaire.

DRAPERIE-BONNETERIE.

FABRIQUES *de flanelles, de siamoises, de turquoises, de droguets, de tiretaines, & autres étoffes en laines, & toiles de ménage & d'emballage.*

Martin, Entrepreneur.
Labrousse & comp., idem.

COMMERCE *de Draperie. MM.*

Quelques-uns des principaux Négocians sont : MM.

Bourdeaux (J. B.), & fils, Ecuyers.
Guibert (ve.), & fils aîné.
Guibert, cadet.
Michelon & Muret.
Nicot l'aîné.
Nouailhiez, Ecuyer.
Petialaud (J. H.).
Peyroche, le jeune, Ecuyer.
Peyroche du Renou.
Pouyat fils.

Négocians, Banquiers & Commissionnaires, MM.

Dessalles.
Grellet (Gabriel).
Michel (Henri).
Michel, cadet.
Muret, Ecuyer.
Param, jeune,
Petiniaud (jac.).

LIMOUX, ville de France dans le haut Languedoc, capitale du Comté de Razez sur l'*Aude*, à 196 l. de Paris.

FABRIQUE *de draps communs, sous le nom de draps de Montagne.*

Quelques-uns des principaux Fabricans faisant des envois, sont MM.

Dalmas.
Dalmas carla.
Homps.
Romengots.

LISBONNE, ville capitale du Portugal, à l'embouchure du *Tage*, à 340 l. de Paris.

Négocians commissionnaires.

Connoly & comp.
Dupont Lepage, & comp.
Fernandez (Antoine).
Gildemeester.
May & coppendale.
Palyart (Fr.).
Pary Meillish, & comp.

LISIEUX, ville de France dans la haute Normandie, au confluent de la *Touques*, & de la riviere d'*Orbec*, à 18 lieues de Paris.

SOIERIE-TOILERIE-LAINAGE.

Il se fait dans cette ville un commerce assez considérable de frocs, de flanelles, de couvertures de bourres, & principalement de toiles dites, *toiles de Cretonne*, qui sont d'une excellente qualité.

Deneuville, & fils, Banquiers Commissionnaires.
Thiltaye, idem.

LISLE, petite ville du Comtat, à une lieu de la fameuse fontaine de *Vaucluse*, à 70 lieues de Paris.

FABRIQUE de Cadis & de couvertures de laines.

Quelques-uns des principaux Fabricans les plus connus, sont : MM.

Boutin.
Cremieu.
Godard (Ant.).
Titan.

LIVOURNE, ville d'Italie dans la Toscane, avec un bon port sur la méditerranée, à 324 lieues de Paris.

Il se fait dans cette ville un commerce considérable en tout genre, notamment en riches étoffes de ses fabriques, tels sont les brocards d'or, d'argent & de soie, les satins, damas, velours, les fines étoffes de laines, ratines, serges drapées, laines & cotons filés, &c.

Quelques-uns des principaux Négocians Commissionnaires les plus connus, sont MM.

Aohib & comp.
Archivelti & comp.
Cazenove freres.
Deleon (Joseph).
Fratelly Provanzal.
Gentil & Orr.
Leopold.
Michael Pereyra de Leon.
Montel. (Isaac).
Sopte.

LOCLE, Bourg de Suisse, près *Neuchâtel*, à 12? lieues de Paris.

FABRIQUES & *commerce de dentelles.*

Courvoisier freres, Negocians Commissionnaires.

LODEVE, ville de France dans le bas Languedoc, sur la *Lergue*, au pied des Cevennes, à 176 l. de Paris.

FABRIQUE considérable de draps propre à l'habillement des troupes & draps doubles à deux envers pour manteaux, teints en laines & en pieces.

Quelques-uns des principaux fabricans sont MM.

Causse.
Fabreguette.
Fournier.
Labranche.

Martin, l'aîné (Mi.).
Rouaud (Guill.)
Rouaud, l'aîné.
Salze (Franç.).
Teisserenc (Ls).
Vallat (Ch.).

FABRIQUE *de draps fins façon d'Elbeuf, & tricots.*

Crouzet (Et.), & fils aîné.
Fabreguette Valette (Aug.).
Rouaud (Guill.)
Vallat (Ch.)
Vigourous.

FABRIQUES DE RATINES.

Fabreguette Valette (Aug).
Lagare.
Vigourous.

LONDRES, ville capitale de l'angleterre, à 140 lieues de Paris.

Cette ville, que l'on peut regarder comme le centre du commerce de toute l'Angleterre, & son entrepôt général, possède les plus belles laines, & est particulièrement renommée par ses fabriques d'étoffes de soie & de laines, de draps, de velours & de bas, de toiles de lins & de cotons, d'indiennes, de dentelles & de rubans; objets sur l'exportation desquels on ne tire presqu'aucun droit, dans la vue politique d'accroissement & d'amélioration.

Quelques-uns des principaux Négocians Commissionnaires en tous genres, les plus connus, sont MM.

Abel Georges & James, 2, *Cloak-lane*, *Tower-street.*
Adair, *Jackson* & Comp. 5, *Fountain-co. Aldermanb.*
Agassiz, *Rougemont* & Comp. 13, *Little St.-Helen's.*
Amyand & Osborne, 5, *Lawrence-poultney-hill.*
André John Lewis, 8, *Warnford co. Throgmorton- street.*
Arbouin James, 35, *Mark-lane.*
Arbouin Mattew, 17, *Mincing-lane.*
Armitage Joseph, 3, *Charterhouse square.*
Aubert & Mello, 26, *Austins-friars.*
Aubert Alex. jun. & Comp. *Middle Moorfield.*
Aubertin Peter, 6, *Lawrence-poultenay-lane.*
Baillie James & Comp. 3, *New-court*, *Swithin's-lane.*
Baril & Daubuz, 31, *Winchester-street.*
Baring, *John*, *Francis* & Comp 6, *Mincing-lane.*
Battier Jomlin & Comp. 10, *Devonshire-square.*
Baumgartner & Hooffstetter, *Little George-street*, *Minories.*
Baxter Alexander, Russian Consul, & *William Mair*, 4, *Cloack-lane*, *Dowgate-hill.*
Berens Herman & Joseph, 4, *New Broad-street.*

SOIERIE-TOILERIE-LAINAGE.

Bize Lewis & Comp. 5, *Freeman's-court, Cornhill.*
Blaquire John-Peter, 2, Schorster-court, Throgmorton-street.
Boehm Edmund & Compag. 14, *Chatam-place.*
Bolwerk & Neucella, 4, Fox-ordinary-court.
Bosanquet Samuel, Epping-Forest, & Sword-blade Coffee-house, 10, Birchin-lane.
Bosanquet William, 8, Bishopsgate Within.
Bourdieu, Chollet & Bourdieu, 45, Lime-street.
Burton, Forbes & Gregory, 17, Aldermanbury.
Canning & Borrakes, 10, Clement's-la. Lombard-street.
Cazalet & sons, 6, Austin-Friars.
Cazenove John, Henry & Frederick & Com. 11, Copt-hall-court, Throgmorton-street.
Chalie John & Matthew, 29, Mincing-lane.
Clarmont Gabriel, 57, Old Broad-street.
Cologan, Pollard & Cooper, 20, Swethin's-lane.
Cottin Josias & son, } *118, Bishopsgate Within.*
Cottin John, Esquire, }
Darrell Edward & Robert, 4, Winchester-street.
Denison Joseph & Comp. 3, *Jefferies-square Saint-Mary-axe.*
Dorriens, Mallo & Bœtefeur, 9, Billiter-square.
Dubois & son, 7, New Basinghall street.
Dubois William, Aldermans-walk, Bishopsgate-street.
Gaussen Peter, Esq., 3, *Little St. Helen's, Bishopsgate.*
Grenfell Pascol, 3, Charlotte-row, Mansion ouse.
Grote & Comp. 162, *Leadenhall-street.*
Grove Lessie & John Hood, 4, Crosby-square.
Herries Charles & Comp. 4, *Jefferies-Square St. Mary-axe.*
Hibbet, Purrier & Comp. 9, *Mincing-lane.*
Horne Samuel & Comp. 12, *Size-lane, Budge-row.*
Jamet John & Jacob, 32, Spital square.
Kinlock, Hog & Comp. *Fox-ordinary-co. Nicholas-la.*
Kirwan John & Thomas, 21, Riche's-co. Lime street.
Lascelles & Dalling, 1, Hylord's-co. Crutched-friars.
Lichigary Samuel, 6, Birchin-lane.
Lilly & Robarts, 10, Lawrence-poultney-lane.
Liotard Cazenove & Comp. 3, *Martin's-la. Cannon-street.*
Long, Drake & Long, 17, Bishopsgate-within.
Lucadou John Daniel, 51, Old Broad-street.
Mainwairing & Russel, 6, Crescent, Minories.

Manship John, Esq. *Quen-squ. Ormond street.*
Menet Francis, jun. 14, *New Broad-, ret-building.*
Minet & Fector, 21, *Austin-friars.*
Modigliani Nathan, Clémet's la. Lombard-street.
Modigliani Hananias, Esquire, *Spring gardens.*
Moffar John, Esquire 15, *Lombard street.*
Mailman & Berens, 46, *Old Broad-street.*
Neave Richard & Johnson, 9. *New Broad-street.*
Nesbit Arnold, John & Steward, 18, *Aldemanbury.*
Niven Stevenson & Pagan, 80, *Watling street.*
Rashleigh Robert & comp. 25 *Garlick-hil*, *Thamas-street.*
Raigail & son, 8, *Bury-court*, *St-Mary axe.*
Sargent, *Chambens* & comp., 38, *Mincing-lane.*
Schamaker & Hayman, 8, *Old Jewry.*
Shoolbread John, 60, *Mark-lane.*
Sutton James & comp. 1, *Dyer's-co. Aldannbury.*
Teissier Lewis, 22, *Old Broad-street.*
Thelusson Peter, *Sons* & comp. 15, *Philpot-lane.*
Thomson Peters & Thomson, 32, *Old Bethlem.*
Thornton John, 6, *King's-yard*, *Coleman-street.*
Thornton Richard, 5, *Broa.-str. Hostydown.*
Tod & comp., 1, *Mitre-court*, *Milk-street.*
Trevaniam, *John*, *South Sea-house*, *Broa-str.*
Trout & Bougeois, 32, *George-st. Minories.*
Van Neck Gerard, *Josua* & comp. 10, *New. Broad-street.*
Van Notten Peter, *Charles* & comp., 9, *Devonshire.*
Vidal & Tuttet, 23, *Pudding-lane*, *Eastcheap.*
Webb & Riggs, 34, *Cheapside.*
Wombwell & Scurray, 36, *Crutched-friars.*

Négocians tenant magasin de laines en gros, MM.

Browning & Bell, 231, *Bermonsey-street.*
Browning John Five foot-lane, *Southwark.*
Browning William, jun. *Bridge-yd. Tooley-str.*

Buckley John, 266.
Pearce Joseph, 230.
Riley Jeremiah, 157.
Stomford James, 52.
} *Bermondsey-street.*

Négocians tenant magasin de toiles en gros, MM.

Andrew William, 4, *Bucklersbury.*
Annand William, 11, *Bow-lane.*
Barret & Frisson, 13, *Poultry.*
Barton & Brumel, 19, *Milk-street.*

Beachcroft,

SOIERIE-TOILERIE-LAINAGE.

Beachcroft, Matthew & Scoppic, 9, *Queenhithe*
Bush & Collison, 33 *Poultry*.
Cass William, 28, *Poultry*.
Harris Robert, 43, *Watling-street*.
Hooker William, 20, *Friday street*
Oldman Samuel, 23, *Bishopsgate within*.
Thompson Thomas, 4, *Lad-lane*
Webster & Corbett, 55, *Friday-street*.

MAGASINS DE BONNETERIE *en gros*.

Quelques-uns des plus connus, sont ceux de MM.

Harris William, *Holborn-bridge*.
Harris Timothy, 119, *Wood-street*, *Cheapside*.
Littler T. H. 43, *Watling-street*.
Lovewell, Curtiss & Wilson, 109, *Wood-street*.
Lowe Daniel, 9, *Aldermanbury*.
Mee William, 4, *Maiden-lane*, *Wood-street*.
Robarts John-Chapman, 202, *Strand*.
Sands, Crampton & Storr, 1, *Cateaton-street*.

MAGASIN DE MERCERIE *en gros*.

Bradley, 73, *Borong High-street*.
Dormer Thomas 35, *Threadneedle-street*.
Musgrave & Raper, 27, *Milk-street*.

Magasin des ouvrages de Birmingham, *en gros*.

Chippindall Richard, 59, *Watlig-street*.
Ford William, 58, *Lombard-street*.

TANNERIE.

La TANNERIE d'Angleterre est très-renommée, & forme une branche d'exportation assez considérable.

Quelques-uns des Tanneurs les plus connus, à qui l'on peut s'adresser, sont MM.

Adam Alexander, } *Grange-Road, Southwark*.
Adams Stephen, }
Ansell Thomas, 19, *Grange-Walk*, *Southwark*.
Choumert George, 1, *Five-foot-lane*, *Southwark*.
Saloway Thomas, }
Warne Jame, } *Grange-road*, *Southwark*.
Warne William, }

OPTICIENS.

Quelques-uns des plus célebres, sont MM.

Dollond Peter & John, 59 *St-Paul's Church-yard*.
Ramsden Jesse, 199, *Piccadilly*.
Ribright Thomas, 46, *Poultry*.

K

DRAPERIE-BONNETERIE,

FABRIQUES d'instrumens de mathématiques.

Quelques-uns des Fabricans les plus connus, sont MM.

Adams George, 60, Fleet-street.
Gilbert John, 8, Tower-hill.
Gregory & Wright, 148, Leadenhall-street.
Nair & Blunt, 20, cornhill.
Ripley Thomas, 304 Hermitage.

BANQUIERS.

Asgill sir charles, Bart. John & William Nightinhale 70, Lombard-street.
Ayton, Brassey, Lees & satterthwaite, 71, ditto.
Barclay, Bevan. Barclay & Tritton, 56, ditto.
Batson, stephenson, carve, & graver, 69, ditto.
Biddulph, coeks, cocks, & Ridge Claring-cross.
Biaud, Barnet, hoare, & hill, 62. Lombard-street.
Boldero, snaith, sykes, & C. Boldero, 5, Mansion-house-street.
Boldero, Adey, Eward-Gale Boldero, & Brasier, 77, Lombard-street.
castell, Povell, summer, & comp. 66, Lombard-street.
child Robert, & co. 1, Fleet-street.
coutts Thomas, & co. 59, strand.
crofts, De vaynes, Dawes, & Noble, 39, Pall-mall.
Denne cornelius, Robert snow, & William sandby 217. strand.
Dimsdale baron T. sons, Bernard, & staples, 50, cornhill.
Dorriens, Mello & Martin, 22, Finch-lane.
Downe, Thornton, & free, 1, Bartholomew-lane.
Drummond Robert. & co. charing-cross.
Esdaile, si James, Knt. Esdaile, Hammet, & Esdaile, 73, Lombart-street.
Forster, Lubbock, Bosanquet, & co, 11, Mansion-house-street.
Fuller William, son, & co. 24, Lombard-street.
Fuler Richard, sons, & Vaughan, 84, cornhill.
Gibson & Johnson, 5, Lawrence-lane, cheapside.
Gossing Robert & Francis, 19, Fleet-street.
Halifax sir Thomas, Kntr Glynn, Mils, & Mitton, 18, Birchin-lane.
Hankey Thomas, Joseph chapelain Hankey, stephen Hall, & Robert Hankey, 7, Fenchurch-street.
Harrison Robert & Thomas, 1, Mansion-house-street.
Hercy, Birch, & Hobbs, 152, New Bond street.

Herries sir Robbert, Knt. & co. 16, St. James's-ſtreet.
Hoare sir Richard, Batt. Henry, & Henry, 37, Felet-ſtreet.
Hodſoll. and Michell, near catherine ſtreet, strand.
Jones Joſeph & co. 43; Lothbury.
Ladbroke, Rawlinſon, Porker, & Watſon, Bank-buildings.
Langſton Towgood, & Amory, 29, clement's lane.
Lefevré, curries; James, & Yellowley, 29, cornhill.
Mackworth sir Herbert, Bart. Dorſet, Jonhſon, & Wilkinſon, 68, New Bond-ſtreet.
Martin, Stone, Foote, & Porter, 68, Lombard-ſtreet.
Maſter Richard, & co. chancery-lane.
Mildred, Maſterman, & Walker 2, White-hart csurt, Gracechurch-ſtreet.
Moffart, Kenſingtons, and Boler, 20, Lombard-ſtreet.
Moorhouſe, Willis, & co. 76, Lombard-ſtreet.
Newnham, Everett, Drummond, Thibbets, & Tanner, 65, Lombar-ſtreet.
Preſcotts, Grotes, culverden, & Hollingworth, 62, Threadneeddle-ſtreet.
Pybus, call, Pybus, Grant, & Hale, 162, old Bond-ſtreet.
Ranſom, Morland. & Hammerſley. 57, Pall Mall,
Raymond sir charles, Barte Harley, & cameron, George ſtreet, Manſion-gouſe.
Smith, Payne & ſmiths, George-ſtreet, ditto.
Smith samuel, & ſon, 12, Aldermanbury.
Smith, Wright, & Gray, 21, Lombard-ſtreet.
Stevenſon Thomas, 85, Queen-ſtreet, chapſide.
Taylor Lloyd, Bowman, & co. 60 Lombard-ſtreet.
Vere & Williams, 20, Birchin-lane.
Walpole, clarke, & Pott, 28, Lombard-ſtreet.
Welch, Rogers, olding, Rogers, & Rogers, S, Freemans'-court. cornhill.
Whitehead John & George, 5, Baſinghall-ſtreet.
Wright, Sobby & Robinſon, Henrietta-ſtreet: Covent-garden.

L'ORIENT, ville de France & port de mer, ſur les côtes de l'Océan, à 121 lieues de Paris.

On trouve dans cette ville, par le retour des navires de l'Inde, toutes ſortes de Marchandiſes étrangeres, & notamment des draperies, des cotons en laines & fils, ſerges, & toiles de coton blanches & de couleurs, nankins, luſtrines, pekins, velours, ſatins, linés, lampas, gourgourans, patiſſoyes, damas, toutes ſortes de ſoieries gazes peintes, mouſſelines de toute eſpèces & mouchoirs de maſulipatan, &c.

DRAPERIE-BONNETERIE.

ADMINISTRATEURS DE LA COMPAGNIE DES INDES. MM.

Bérard.
Bérard, cadet.
Bernier.
Bezard.
Decourlade.
Demars.
Dodun.
Gougenot.
Moutessuy.
Moracin.
Perier.
Sabatier Després.

NÉGOCIANS ARMATEURS. MM.

Quelques-uns des plus connus, sont MM.

Arnoult Dessaulsays.
Barclay (J. H.) & comp., maison Américaine.
Bardon.
Berard (JJ.), & comp.
Bondeville.
Bonet, freres.
Boulitreau.
Bourdé.
Galabert, jeune.
Deschateles (Lt.), jeune.
Delaye freres.
Deschiens (veuve), & *Trentignan.*
Desclos (ve.), *Schmaltz*, & fils.
Dussault (J.).
Ferrand, *Lazé* & Comp.
Fourmy, fils.
Galabert, aîné.
Deschateles, aîné.
Gerard.
Gerard.
Grubb (J), maison Américaine.
Godin.
Guérard.
Henri de la Blanchetais.
Kbalaney.
Lanchon (J.), freres & compagnie.
Lapotaire, & *Vallée.*
Lavaisse Puchelberg, & compagnie
Lechêne, Négociant commissionnaire de la compagnie des Indes.
Lemir.
Lelubois.
Lelubois de Marsilly.
Marcaty (W.), maison Américaine.
Mansel (veuve).
Mazois & Comp.
Marais (Michel).
Meier & Comp.
Monistrol.
Nesbitt (J. H.) & comp., maison Américaine.
Montigny Demontplaisir.
Plantamour, *Rillet* & Compagnie.
Quatrefages.
Riedy & *Turninger.*
Saches (J. F.).
Salomon (E. J.), & comp., maison Américaine.
Therrien & Comp.
Wilt Delmestre & comp., maison Américaine.

LOUDUN, ville de France en Poitou, à 63 lieues de Paris.

Productions & commerce de laines, chanvre & lins, & fabrique de draps, de serges & d'étamines, qui se fabriquent avec les laines du pays.

SOIRIE-TOILERIE-LAINAGE.

Fabricans Expéditionnaires. MM.

Avril Cornay, les serges & étamines.
Delafoye, la Draperie.
Ernou (ve.), *idem.*
Maulion, les serges & étamines.
Olivier (ve.), la Draperie.
Rolland, idem.

FABRIQUE & commerce de dentelles, connues sous le nom de Mignonettes, *dentelles à poignets & picots de toutes especes.*

Cornay Terrier.
Cornay (Mlle).
Marnay.
Rollan.

Négocians Commissionnaires en tous genres. MM.

Briant Lamey.
Ferrand.

LOUVIERS, ville de France dans la haute Normandie, sur la riviere d'*Eure*, à 26 l. de Paris.

Célebre manufacture de draps les plus fins qui se fabriquent en France.

Ces draps teints en laines sont très-estimés, & regardées à juste titre comme les premiers draps du Royaume, tant par la qualité des matieres qu'on emploie, que par la solidité des couleurs & la beauté de l'apprêt.

Chaque piece est marquée en *tête & queue*, du nom du fabricant, & du mot *Louvier*, qui sont brodés, foulés, & font corps avec la piece, & les deux lisieres sont jaunes, avec un liteau bleu.

Cette instruction peut servir au consommateur, à lui faire connoître la fraude qui se commet en attachant des chets & des lisieres, & en brodant les noms de Louvier & du Fabricant.

Quelques-uns des principaux Fabricans de draps les plus connus, sont : MM.

Decretot (ve. J. Bte.) & *Pieton de Prémalé.*
Delarue (Henry).
Deschamps (Jaq.).
Debuse (*Charles*), & Compagnie.
Durand (Charles) & comp.
Frigard (Pierre).
Grandin (Parfait.).
Langlois (J. Bapt.)
Lecamus (Fr.) l'aîné.
Lemaître (Guill.).
Maille, freres.
Petou & Frigard (J. Bap.)
Pieton (Louis), l'aîné.
Racine & Frontin [Mathieu].

DRAPERIE-BONNETERIE.

FABRIQUES DE SIAMOISES. MM.

Chartier l'aîné.	*Gamel* l'aîne.
Chartier le jeune.	*Gamel* le jeune.
Dumonts.	*Pinchon.*

Blanchisseries pour les toiles & mousselines qui se fabriquent. Il n'en est point de supérieures à celles-ci.

Capel & Riberprez.	*Lepeltier*, freres (Ls. & Ch).
Cocplet, (Vincent).	*Lepeltier* (Nic.), pere.
Fresné (Jacq.).	*Lepeltier* (Nic.), fils.
Lepelletier (Gab.)	*Lepeltier* fils (Nic.), le jeune.

Filature de coton, privilégiée du Roi, où à l'aide d'une mécanique, on carde & file le coton à tel degré de finesse qu'on le desire, & à l'aide de laquelle il se fabrique 15 à 18000 aunes de fil par minute.

ENTREPRENEURS. MM.

Veuve Jean-Baptiste Decreto & fils, ou *Petou* freres.

Et à *Rouen* à Mde. veuve *de Fontenay & fils*, tous entrepreneurs & associés de ce nouvel établissement.

Il y a une pareille machine, & qui réunit à peu près les mêmes effets, à *Limours* en Beauce, sous la direction de *M. Dinocourt.*

LUBECK ville d'Allemagne dans le cercle de la basse Saxe, avec un port sur la *Trave*, qui débouche dans la mer Baltique à 190 lieues de Paris.

Mesure. L'aune est de 21 pouces 6 lignes du pied de Roi.

FABRIQUE *& commerce de galons d'étoffes, de soie, laines & cotons.*

Quelques-uns des principaux Négocians en étoffes, sont : MM.

Bock (Fr. Dict.)	*Kævelau* (H. P.).
Bohene (Jean George)	*Platzmann* [Conrard].
Ganstand (Ch.).	*Moeller* (Jean-Th.), fils.

LUNEVILLE, Ville de France en Lorraine, à 88 lieues de Paris.

Elle joint à d'autres objets de commerce une fabrique de serges, d'estamettes & de bas.

M. Pierre Cufrien, Negoc. Commission. en tous genres.

SOJERIE-TOILERIE-LAINAGE.

LYON, Ville de France, capitale du Lyonnois, au confluent du *Rhône* & de la *Saône*, à 112 lieues de Paris.

La position de cette ville la rend une des plus commerçantes de l'Europe, L'industrie & le travail de ses habitans lui ont acquis, à juste titre, la célébrité dont elle jouit. Il n'est point de ville en Europe ou la main-d'œuvre ait atteint un degré de perfection aussi éminent, pour tous les ouvrages tissus ou brodés en or, en argent & en soie. Ces différens ouvrages sont en effet bien moins précieux par la richesses des matieres premieres que par cette élégante variété dans les dessins, & ce goût fin & délicat dans le jeu des nuances qu'on admire & qu'on a envain essayé d'imiter ailleurs.

Le commerce de Lyon est si étendu, qu'il en renferme presque toutes les branches; mais les plus recommandables sont sans contredit celles des étoffes d'or, d'argent, de soie, de draperies, de galons, rubans, passemens, gazes, crêpes, mouchoirs, satins canelés, serges, velours, taffetas, droguets, damas, gros de naple, gros de tours uni, jaspés & rayés de toutes couleurs, & autres étoffes unies ou brochées.

FABRIQUES d'étoffes de soies unies.

Quelques-uns des principaux fabricans en étoffes unies, sont : MM.

Allard & Gaillard.
Benoît & Fournel fils.
Berger, freres & Comp.
Berlié & comp.
Billet freres & comp.
Buffaud Mathevon & comp.
Cozon Muguet & comp.
Cucher & comp.
Devalon & comp.
Degraix & Comp.
Desmartin Maillé, & comp.
Drivet, *Tolon* & compag.
Durand (Benoît) & comp.
Durand, *Pascal* & comp.
Durand & Arnaut.
Dusurgel Peillon, & comp.
Falconnet Derichemont, & compagnie.
Faure freres, & comp.
Franvy & Comp.
Fromental & Comp.
Gallien & comp.
Gasset & comp.
Gilbert & comp.
Giraud & comp.
Goujon & comp.
Guiraudet & comp.
Imbert (ve. René) & fils.
Jacob freres.
Lagrive freres, & comp.
Latcher & comp.
Magnin & Claviere, neveu.
Mas & comp.
Maupetit (Per), & comp.
Monterra Saint-Michel, & comp.
Morel Dumoulin & comp.
Plagnard & comp.
Parochia & comp.
Peclet freres.
Perrin & Gamel.
Pila & Lion.

Puto Lagneau & comp.
Reverony freres.
Richard & comp.
Sainte Guitte & comp.
Sallier & comp.
Thevenet & comp.
Thorrin & comp.
Verraut & comp.
Vidalin & Buisson freres.
Vionnez & Capot.
Vionnez & Signoret.
Wantissemburgh freres & comp.

FABRIQUE d'étoffes de soie façonnées.

Arcis & comp.
Bissardon & Comp.
Desgranges & Soyeux.
Dunant & comp.
Fillon & Comp.
Gerard.
Gleze Daigueperse, & comp.
Gros Grinant & Compagnie.
Jordan freres, & *Seguin.*
Jouvenet (Femme) & *Mesmos.*
Laveur & comp.
Liandra & comp.
Lucy & comp.
Manechalle & comp.
Meunier pere, fils aîné, & comp.
Palais & Garein.
Paulian (Pierre) & comp.
Pila freres, & comp.
Pitiot & comp.
Pitiot freres, & comp.
Pinoncelí freres, & comp.
Plenet & comp.
Reboul de Fontebrune, & comp.
Rostain & comp.
Suchet, oncle & neveu.
Terret freres, & comp.
Versy & Berger.
Wantisemburg & Grangé.

FABRIQUES *de pluches & velours.* MM.

Chalon & Liebaut.
Duperés le jeune, *Fayetant* & comp.
Gautier & comp.
Gleze Daigueperse & comp.
Meunier pere, fils aîné, & comp.
Reboul Defontebrune & comp.
Terret freres, & comp.

FABRIQUES *d'étoffes brocheés & en broderies.* MM.

Bouchardier & Laplagne.
Deschamps, pere & fils, & *Sauzai.*
Dupin, *Magneval* & comp.
Forcheron & comp.
Fructus & comp.
Gayet & comp.
Germain freres.
Lafond Dervieu & Lallemand.
Montanier & Chaulet.
Pavy Pierre & Comp.
Pirrou & comp.
Razuret & comp.

FABRIQUES *considérables de gazes, de crêpes & de mouchoirs de gaze*, MM.

Bagnon, Fabricant Expéditionnaire.
Orsel André & Jacques, idem.
Ponchon, idem.

FABRIQUES de galons d'or & d'argent, rubans & passemens.

Quelques-uns des fabricans expéditionnaires les plus connus, sont MM.

Bertrand Chaille & Gailliard.

Daudet.

Daudet.
Dufay.
Girard (F.), & comp.
Monges.
Servant (F.) & comp.
Sibert (F.).
Vachon freres.

Principaux tireurs d'or. MM.

Barmont & Comp.
Beruyer freres.
Deneryo.
Desvignes pere & fils.
Dupi.
Picard. (Louis).
Renard.
Vernier.

FABRIQUE DE BONNETERIE.

Alhumbert & Vespres.
Chaix freres.
Chaulet (Saurin).
Humbert.
Labaume.
Rian & Martel.
Merlin & Molin.
Vedel.

COMMERCE *de soies écrues.*

Quelques-uns des principaux Négocians, faisant le commerce & la banque, sont : MM.

Anthony freres.
Auriol (David) & fils.
Braun-Bergasse freres, & Compagnie.
Brun (J. B.)
Couderc pere & fils, & *Passavant.*
Delessert & fils.
Finguerlin & Cherer.
Fulchiron freres.
Gaillard (Phil.), *Grenus*, & comp.
Jacquier Regny fils, & comp.
Jordan (Henry).
Pomaret, *Rilliet* & Comp.
Maurice (Fr.).
Nantas & Comp.
Pourral (Fr). & fils.
Scheideling & Fingrelin.
Scherer (Henri).
Sellonff freres.
Steinman Tansard, l'aîné, *Blanchi* & comp.
Vincent (Claude Aimé).

COMMERCE *de Draperie & Soieries.* MM.

Andrieux & Journer.
Brossard.
Boulet.
Bousseling.
Descroix.
Falsan Vial.
Fantanille, freres & neveu.
Menard oncle & neveu.
Neirac.
Servant pere & fils.
Tournachon, *Zenon* & comp.

COMMERCE *de laines.* MM.

Felissent pere & fils, & *Roffavier*, négocians, chargés de l'entrepôt.

DRAPERIE-BONNETERIE,

Entrepôt & commerce considérable de toiles de Laval de Hollande & de Suisse. MM.

Négocians Expéditionnaires, MM.

Baral, Négociant Expéditionnaire.
Carrier Sparon, idem.
Commarmont (Ant.)
Cousebat.
Desbayons Moureau & comp.
Duclos Granier.
Flachat
Jacquet, Fayelle & comp.
Molard Sain.
Ougster freres.
Sellonf freres.
Zellveguier (Jean) pere, & comp.
Zelleveguier l'aîné.

MALMEDI, ville d'Allemagne dans le pays de *Stavelo*, à 2 lieues de Spa, où s'adressent les lettres, à 80 lieues de Paris.

FABRIQUE *de draps de divers qualités.*

Quelques-uns des principaux Fabricans sont : MM.

Boudum freres & sœurs.
Bouillon (Gilles).
Bouillon (Gil Fr.).
Beverié (Math.).
Cunibert (Jean) pere.
Cunibert (Jean) fils.
Cunibert (Jean Fr.).
Doutre Lepont (JJ.).
Garnier (Hubert).
Gillet (Henri).
Henrozer (ve.).
Knauff (Barth).
Lenaif (Capit).
Pielkin (Vtie).
Stienbach & comp.
Stoumont (Jn. F.).
Verguenne (Dieudonné).
Villers (ve.).

FABRIQUE *de Dentelles noires.* MM.

Dethiel.
Drouneau (Jean).
Dewalgue (veuve).
Gilson (ve.).
Grondal (Fr.).
Legrand (Math.).
Wilhem (Jean).

COMMERCE *de toiles, soieries & marchandises de modes.* MM.

Alard (Cath.), Nég.
Bergival (Quirin).
Beverie, & sœurs.
Beauvois (J. Fr.)
Colson (ve.).
Daco.
Doutrelepont (J. Léonard.).
Heineu (Jean).
Lang (Fred.).
Poncin.

MANS (le), ville de France, capitale du Maine, au confluent des rivieres d'*Huigne* & de *Sarthes*, à 51 lieues de Paris.

SOIERIE-TOILERIE-LAINAGE.

FABRIQUE & *commerce d'étamines, connues avantageusement par leurs qualités & l'espece du beau noir qui les caractérise, & leur a fait donner le nom d'*étamines du Mans.

Quelques-uns des Négocians faisant le commerce des étamines, les plus connus, sont : MM.

Barbet Desgranges, Veron.
Coquerer Dubois.
Garnier & Desportes.
Garnier, fils aîné.
Mersant.
Pinceloup de la Moussetiere.
Rouillé Fontaine.
Veron le jeune.

FABRIQUE & *commerce de toiles, connues sous les noms de toiles blanches de* Rochelle, *de* Cayenne, *de* communes, *de* batardes & *de* cannevas.

Berard freres.
Bouvoust l'aîné.

FABRIQUES *de Bougrans.* MM.

Bigot.
Brosse.
Cochelin.
Rouillé des Veaux.

BANQUIERS COMMISSIONNAIRES. MM.

Devauguyon (Daniel).
Leprince, pere & fils.

MAREUIL-LE-PORT, Paroisse de France en Champagne, sur la *Marne*, près de *Dormans*, où s'adressent les lettres, à 27 lieues de Paris.

COMMERCE *de Laines.*

M. Leblanc.

Ce particulier a découvert le secret précieux de préparer les laines du pays, de maniere à les rendre propres à la fabrication des draps les plus fins, & d'entrer en concurrence avec les laines d'Espagne, de la premiere qualité.

M. Daubenton, Inspecteur général de toutes les laines de France, en a fait faire l'expérience avec le plus grand succès.

MARSEILLES, ville considérable de France, avec bon port sur la Méditerranée, à 169 lieues de Paris.

Il se fait dans cette ville un commerce considérable en tout genre, & les seules exportations pour les échelles du Levant, dont elle a le privilege exclusif, se montent annuellement à 30 millions ; l'industrie & les fabriques de Marseilles sont des plus actives & des plus considérables. Elles consistent principalement en étoffes d'or, d'argent & de soie, dans le goût de Lyon ; & en toiles peintes dans le goût de celles des Indes.

DRAPERIE-BONNETERIE,

Négocians Commissionnaires.

Quelques-uns des Négocians les plus connus en cette partie, sont MM.

Arnaud & Dauby, Neg. Com.
Aubran.
Bennat, idem.
Blanchenay, & comp.
Bouis, idem.
Conti, idem.
Daudemanie Gerard, & fils.
Davoulx, *idem.*
Julien (André), *idem.*
Laporte, idem.
Lecoffre, idem.
Sejourné, idem.
Servet, & fils.
Valsch, freres, idem.

FABRIQUES de Tapisseries.

Ces Tapisseries, dites *Tapisseries de Marseilles*, peintes à l'huile sur des toiles fines, imprimées & fixées au pinçeau, de maniere à ne laisser rien à desirer. Les unes imitent les damas & les satins : les autres, peintes *en camayeux*, représentent des marines & des paysages, &c. suivant les dessins & les dimensions des lieux.

Mouret, Entrepreneur, fait des envois par tout le Royaume & chez l'Etranger.

MARTINIQUE (la) Isle de l'Amérique septentrionale, la plus considérable des Antilles, sous la domination françoise.

Biancard, Roujol & comp., Négocians Commissionnaires en tous genres.

MARVEJOLS, Ville de France dans le Gévaudan, à 136 l. de Paris.

Le commerce de cette ville fait partie de celui de Mende & du Gévaudan.

FABRIQUE d'etoffes de laine, connues sous le nom de serges & d'escots.

Négocians Commissionnaires. MM.

Boyer (Aldebert).
Crispin (David).
Sevenne (Raymond).
Talensier, l'aîné.

MASCABARDES, paroisse de France en Languedoc, à 3 lieues de Carcassonne, où s'adressent les lettres, & à 185 l. de Paris.

FABRIQUE de draps, à l'instar de ceux de Carcassonne.

Gasel (Pierre), Entrepreneur.
Mialhe (Louis), *idem.* *Voyez* CARCASSONNE.

MAYENCE, ville d'Allemagne, capitale de l'Electorat, sur le Rhin, à 115 lieues de Paris.

COMMERCE *de Draperies, Soieries, &c.*

Quelques-uns des principaux Commerçans, Magasiniers & Commissionnaires, les plus connus, sont MM.

Berna, freres & comp., tiennent Magasin de Draperie.
Hacherman, Banquier Commissionnaire.
Miniami & Berna, Négocians Commissionnaires.
Pestal, la Draperie Soierie.
Rosty, Commissionnaire.
Ruche, magasin de Draperie.

MAYENNE, ville de France dans le Maine, sur la riviere du même nom, à 57 lieues de Paris.

FABRIQUE *& commerce de toiles de lin, de chanvre & de coton.*

Ces toiles sont connues très-avantageusement dans le commerce, & se distinguent sous le nom de *non-battues*, *de Pontivis*, *de royales*, *demi-hollande*, *de Rouanes & de Mayennes.*

On évalue la vente annuelle de ces étoffes à plus de dix mille pieces de 1500 aunes chacune. Il s'y fait encore un commerce, mais peu considérable, de siamoise & de toiles de coton.

Quelques-uns des principaux Négocians, sont : MM.

Benoiste freres.
Benoiste (Ja. & Ju.). *Lottin.*
Sayeux (Benoît), *& Coulon.*
Tripier Desvalées.

Négocians Commissionnaires.

Duvivier, pere & fils.
Lottin.

MAZAMET, Bourg de France dans le bas Languedoc, à 120 l. de Paris.

FABRIQUE *de draps rayés, de sigoviennes, de flanelles de cordilats & de molletons.*

FABRICANS *Expeditionnaires.* MM.

Estrabaud.
Olombet.
Rives.

MEAUX, ville de France dans la Brie, sur la Marne à 10 l. de Paris.

Fabrique d'Indiennes.

Decan, Négociant Commissionnaire.

MEHUN-SUR-LOIRE, ville de France dans l'Orléanois, à 32 lieues de Paris.

Fabrique *d'Indienne.*

Négocians commissionnaires.

Eachet (veuve), & fils.
D'Argent Lorieux.
Dubois Flattet.
Jorry.
Rapeau.
Rimbault, pere.
Rimbault, fils.
Roger.

MEHUN-SUR-YEVRE, petite ville de France en Berry à 70 l. de Paris.

Fabrique considérable de toiles communes & de plins; *& commerce de laines qui passent pour être des plus belles & de la meilleure qualité du Berry.*

Négocians Commissionnaires, MM.

Lebret, le jeune.
Yon.

MELUN, ville de l'isle de France sur la *Seine*, à 10 l. de Paris.

Manufacture *de toiles peintes, à l'instar de celles de* Jouy.

Ces toiles sont fort estimées, & recherchées pour la vivacité des couleurs qu'on y emploie, & la beauté des dessins qu'on y exécute.

Entrepreneurs MM.

Pernot & Compagnie.

MENDE, ville de France, capitale du Gévaudan, à 140 l. de Paris.

Fabrique *d'étoffes de laine, sous le nom de* serges & d'escots; *les serges sont d'un très-bon usé; & les escots d'un tissu très-fin, sont particuliérement propres pour les habillemens des religieux des deux sexes.*

Négocians Commissionnaires, MM.

Paulvaire Blanquet.
Bourillon, pere & fils.

MENIN, ville de la Flandre Autrichienne sur la *Lis*, qui communique avec l'*Escaut*, à 56 lieues de Paris.

SOIERIE-TOILERIE-LAINAGE.

FABRIQUES considérables de toiles & de linge de table très-recherchés pour la qualité & la main d'œuvre. La finesse des lins de Menin, la propriété savoneuse des eaux de la Lis*, & l'emploi des matieres qui servent à donner le blanc, ne contribuent pas peu à leur donner cette blancheur, cette souplesse, & cet éclat qui les font distinguer dans le commerce.*

Quelques-uns des principaux commerçans sont : MM.

Becquaert & Vandermeetsch | *Lievin Hovin.*
Couvreur (J. B.) & comp. | *Van Ruymbecke* (P.) & fils.
Ghesquiere, Hovyn & Parvilliers. | *Werkers & Deligne.*

FABRIQUES de dentelles, dans le genre des Valenciennes joignant la délicatesse à la solidite.

Quelques-uns des principaux Négocians les plus connus en cette partie sont : MM.

Castelin [sœurs]. | *Renard* [Mlle].
Degruyter (Bern.). | *Vanstenkiste* [Jacques].
Ghesquiere Becquaert.

FILATURE *de Laines.*

L'attention des apprêteurs donne à cette branche de commerce, une valeur distinguée en France & en Hollande.

Entrepreneurs Expéditionnaires, MM.

Sette (Jean) | *Stock* (Pierre Joseph).

MERVILLE, petite ville de Flandres, sur la *Lis*, à 50 lieues de Paris, à 7 lieues de Lille, où s'adressent les lettres.

MANUFACTURE considérable de linge de table, ou toiles ouvrées de la plus grande beauté. Il s'y fait des nappes qui ont depuis 2 jusqu'à 4 aunes.

M. Hadon, Entrepreneur.

Ce citoyen estimable, dont le nom ne peut qu'honorer l'humanité & les arts, est celui à qui cette petite ville, doit l'état florissant dont elle jouit, par l'établissement de cette manufacture, qui s'accroît tous les jours, & qui occupe, sous les yeux de plusieurs maîtres habiles, un très-grand nombre d'habitans.

MESLÉ, Paroisse de France, près Vendôme où s'adressent les lettres, à 39 lieues de Paris.

DRAPERIE-BONNETERIE,

Manufacture de petites étoffes de soie & de coton.

M. Josse, Entrepreneur.

METZ, ville de France, capitale du pays Messin, au confluent de la *Mozelle* & de la *Seille*, à 76 lieues de Paris.

Commerce de *Draperie Soierie*. MM.

Lalance & sœurs.
Laurent (Jacques).
Paixhans.

Fabrique *de petites draperies, connues sous les noms de* Flanelles, d'estamettes *très-fines*, de tricots, *& autres étoffes grossieres, pour l'habillement des gens de la campagne.*

Fabricans Expéditionnaires. MM.

Barthelemy.
Joly (François).
Joly (Honoré).
Matte.

Fabrique *de gaze noire unie & à fleurs.*

Lagrue, Fabricant.
Laporte, Fabricant.

Fabrique *de Bougran, dont la majeure partie passe à Paris.*

Beny, freres, fabricans expéditionnaires.
Dosquet, Banquier.

MÉZIERES, ville de France en Champagne, sur la *Meuze*, à 56 lieues de Paris.

Fabrique *de petite draperie, & d'étoffes de soie.*

M. Anotin, Négociant Expéditionnaire.

MILAN, ville d'Italie, capitale de la *Lombardie*, à 200 l. de Paris.

Commerce d'étoffes d'or, d'argent, de soie filée & ouvrée, & en argantin, destinées principalement pour Lyon.

Quelques-uns des principaux Négocians Commissionnaires en tous genres, les plus connus, sont MM.

Carli, Banquier.
Vigrane & Pallavicino.
Zappa & Caldara.

MIRECOURT, ville de France en Lorraine, à 93 l. de Paris.

Fabriques *& commerce considérables de dentelles qui se répandent dans toute l'Allemagne, & notamment à Ausbourg. Les fils que l'on emploie se tirent de la Flandre & du Brabant.*

Quelques-uns

SOIERIE-TOILERIE-LAINAGE.

Quelques - uns des principaux Fabricans & Commerçans, sont, MM.

Aubry (François).
Beausson.
Boule.
Clément,
Durand.
Marchal.
Nicolas (ve.)
Tassard.
Aubry (Nicolas).
Belfoy.
Cubasse, freres.
Deguerre.
Gauthier (ve.).
Meitessier.
Riondé.
Valentin.

MOLIENS, Paroisse de France en Picardie, proche Beauvais, où s'adressent les lettres.

FABRIQUES *& commerce de bas de laine.* MM.

Dubourg.
Provot.
Thuillier, fils aîné.
Thuillier, fils, jeune.

MONCONTOUR, ville de France en Bretagne, à 3 lieues de Lamballe, où s'adressent les lettres.

FABRIQUE *& commerce de toiles de lin, dites de* Quintin, *dont la finesse égale les batistes de Picardie; on en fait des surplis, rabats, manchettes & coëffures de femme. Il s'en exporte considérablement pour l'Espagne & l'Amérique.*

Quelques-uns des Négocians Expéditionnaires les plus connus, sont : MM.

Bachamp.
Boche.
Dekmain.

MONNERVILLE, Bourg de France, dans la Bauce, à 17 lieues de Paris.

FABRIQUE *de bas drapés, au tricot, gris & blancs, pour lesquels on n'emploie que des laines de Berry, ce qui contribue à leur bonne qualité.*

M. *Mareiller*, fabricant expéditionnaire.

MONTAGNAC, ville de France dans le bas Languedoc, à une lieue de Pezenas, & 190 de Paris.

FABRIQUE *& commerce considérable, de serges de Gênes; serges de soie; Montaubans & ratines étroites, supérieures aux Montaubans, razes communes, razes fines, droguets, Berg-op-zoom, & raz-de-S.-Cyr.*

Toutes ces étoffes sont de bonne qualité, & au meilleur compte

M

ce qui en procure un débit aussi considérable que celles de Lyon & de Tours, sur-tout en tems de foires.

Albrespy (Antoine), oncle & neveu, Fabricant Expéditionnaire.
Albrespy (André), *Garrigués* & comp., *idem.*

Les Négocians tiennent aussi les foires de Beaucaire & de Pezenas.

MONTARGIS, ville de France dans le Gatinois, sur le *Loin*, à 30 l. de Paris.

FABRIQUE *de draps, de serges tremieres, pour lesquels on emploie les laines du pays.*

MM. Chaguet & Joly, Negoc. Commission.

MONTAUBAN, ville de France dans le Quercy, à 157 lieues de Paris.

FABRIQUE *d'étoffes de laine, de soie & de bas.*

La branche principale du commerce de cette ville consiste en étoffes, dites *serges* ou *cadis de Montauban*, en *cordelats*, *draps croisés* & *ratines*. Tous ces différens objets sont de bonne qualité, par le choix des matieres que l'on emploie, & le soin que l'on apporte dans la fabrication.

Quelques-uns des principaux Négocians Expéditionnaires, faisant fabriquer, sont MM.

Albrespy & Rachou, l'aîné.
Boyer, *Pagés* & comp.
Debia, freres.
Foisac & Cinfraix.
Godoffre, pere & fils, fabricans en soie.
Revellat.
Rachou, *Sarrus* & compag.
Saint-Génies, freres, & *Revellat.*
Serres, pere & fils.
Serres (Joseph), *Bellio* & comp.
Vialette, *d'Agnan* & comp.
Soulier (Jacq.) Entrepreneur du Moulinage.

FABRIQUE de bas de soie.

Godoffre, pere & fils.
Soulier (Jacques). Ce Négociant joint au commerce de soie qu'il fait ouvrer, celui des soies grezes.

BANQUIERS.

Dumas, freres.
[illegible] (Joseph) *Baillio*, *Dugis* & Comp.
Vialette, *Dagnand* & Comp.

MONTDIDIER, ville de France en Picardie, à 24 lieues de Paris.

FABRIQUE de bas, de prunelles, & de serges de Rome.

M. Seillier, Négociant.

MONTJOIE, ville du Duché de *Juliers*, dans la Basse Allemagne, à 6 l. d'Aix-la-Chapelle, & 82 lieues de Paris.

FABRIQUE de draps de laine, qui imitent les étoffes de soie, les calmandes, les camelots, & bouracans.

Quelques-uns des principaux Fabricans, sont : MM.

Bauer, & *Keiser*.
Scheibler (Henri), & fils.
Scheibler (Bernard).
Schlosser (Mathieu), & fils.

MONT-LUEL, ville de France en Bresse, à 117 lieues de Paris.

BLANCHISSERIE *de toiles très-estimées.*

M. Renard, entrepreneur.

MONTOIRE, ville de France dans le Vendômois, à 4 l. de Vendôme, & 95 l. de Paris.

FABRIQUE *de toiles fort considérée.*

Mauguerei, Négociant. *Tolin*, pere & fils.

MONTOULIEU, paroisse de France en Languedoc, près d'Alzonne, où s'adressent les lettres, à 182 l. de Paris.

MANUFACTURE *royale de draps façon d'Elbeuf & de Sedan, connus sous les noms de* londrins & de mahoux premiers & seconds, &c.

MM. Pascal, Jacques Thoron, & comp., Entrepreneurs.

FABRIQUE *particuliere de Draperies.* MM.

Martin (François), Fabricant. *Sicard* (Pierre), *idem*.

MONTPELLIER, ville de France dans le Bas-Languedoc, près la riviere de *Lez*, à 187 lieues de Paris.

MANUFACTURE *d'étoffes de laine gauffrées & imprimées.*

Les flanelles faites à l'instar de celles de *Rouen*, sont même réputées de meilleure qualité.

ENTREPRENEURS. MM.

Bedor & Meiller.
Luchaire fils, & *Sue* cadet.
Tisson, pere & fils, & *Deville*.

DRAPERIE-BONNETERIE.

MANUFACTURES *considérables de couvertures en soie, laine & coton.*

Quelques-uns des principaux Négocians & Fabricans Expéditionnaires, sont MM.

Auteirac.
Delon, & *Pontier.*
Granier & fils.
Germain, & comp.
Gourgas, pere & fils, & comp.
Levat (ve.), & Gaujoux.

MANUFACTURE *de mousselines, mouchoirs de coton & siamoises. La quantité qui s'en fabrique dans cette ville, est considérable.*

Quelques-uns des principaux Fabricans Expéditionnaires, sont MM.

Bastide, & fils, les basins & futaines.
Brun (Fr.), pere & fils.
Delon, freres, & comp.
Farel, & fils aîné, & *Cabanis.*
Faugere, *Barre*, *Delon* (R), & comp.
Lajar (J. B.).
Verdier, freres, & comp.
Vincens, & comp.

Teinturerie très-renommée pour la fabrique des mouchoirs & toiles rayées, dont l'établissement a été formé sous la direction de plusieurs Grecs que l'on a fait venir de Smyrne. Toutes les couleurs, & notamment le rouge, ne le cedent en rien aux plus belles couleurs du levant.

Farel, & fils, & *Cabanis*, Entrepreneurs.

BANQUIERS.

Bourely, *Puech*, & compagnie.
Durand (Fr.), & fils.
Tandon (Fr.),

Agens de change faisant la Banque. MM.

Coste, & comp.
Huc (J.).
Nouguier.
Salse, & comp.

MORLAIX, ville de France dans la Basse-Bretagne, avec un port sur la *Manche*, au confluent de deux petites rivieres, qui débouchent dans la rade, à 126 lieues de Paris.

FABRIQUE *de toiles de lin, connues sous le nom de créées* de morlaix & de gingas.

Parmi les *créées* on distingue *les créées rosconnes & gratiennes.* Les morlaix sont des toiles de ménage excellentes, sur-tout pour faire des draps de lits, des servietes & des chemises. Les gingas ſont des toiles à carreaux qui ſont également d'un très bon uſé.

Ces toiles avant de pouvoir être expoſées en vente, ſont viſitées par un Inſpecteur, & par deux Contrôleurs Marchands, qui y font appoſer le ſceau de la Ville.

Il ſeroit à ſouhaiter pour la ſûreté publique & l'intérêt du commerce, que l'on ſoumît toutes les toiles du Royaume à un pareil examen; avec cette ſage précaution, le public acheteroit avec plus de confiance, & auroit de ſûrs garants de leurs qualités.

Le fil qu'on blanchit au lait à Morlaix, forme encore une branche de commerce aſſez conſidérable

Quelques-uns des principaux Négocians Commiſſionnaires, ſont : MM.

Barrere & Behic.
Beau, freres, pour le plomb de la mine de Poulaouen.
Bernard.
Cornic (ve.), & fils.
Deſcombes (ve.), *Lanux & le Bras.*
Deſſaux.
Duhulles, *Pitat.*
Gratien, pere & fils.
Guen.
Kbriant Poſtic, notamment les fers aciers, & planches du nord & d'Eſpagne.
Lange, pere & fils.
Lannux, freres.
Larraut (ve), & comp.
Mazurié.
Rannoux.
Sermanſen.
Villard (ve.), *Macé de Richebourg*, & comp.
Hamelin.

BANQUIER.

Hamelin.
Sermanſen.

MORTAGNE, ville de France dans le Perche, à 34 lieues de Paris.

FABRIQUE *de ſerviette & de toiles, connues ſous le nom de* gros, forts d'étoupes, *de* paillaſſe *ou* mortagne, *de Polizeaux & de toiles à peintures.*

Il ſe fait un commerce conſidérable de toutes ces toiles, tant pour les iſles que pour l'intérieur du Royaume.

Quelques-uns des Fabricans Expéditionnaires les plus connus ſont : MM.

Barbier.
Blin.
Bouché.
Braï l'aîné.
Brad, le jeune.
Chapelain.

DRAPERIE-BONNETERIE,

Chevalier.
Frenelle.
Godery, pere.
Huet, pere & fils.
Saint-Martin l'aîné.
Teisnir Reculard.
Lange, pere & fils.
Lemoine.
Maillard.
Olivier.
Vavasseur, pere & fils.

MOULINS, ville de France, capitale du Bourbonnois, sur *l'Alier*, à 81 lieues de Paris.

MANUFACTURE *d'étoffes de laines & filature de coton, etablie à l'hôpital-générale sous la direction de* MM.

Gobliaud. *Place.*

FABRIQUES *de serges, étamines, crépons, droguets & filature de lin, chanvre & coton.*

Campanelle, *Melin* & Compagnie.
Faye & Thevenet.
Gastinette Arnaud & compagnie.
Gibon, Banquier Commissionnaire.
Michel & compagnie, *idem.*

BLANCHISSERIE.

Faucompré, Entrepreneur.

Entrepreneurs & fabricans de fil à coudre.

Ripoud, freres, négocians, banquiers & commissionnaires.

MULHEIM, petite ville d'Allemagne dans le Duché de Berg, sur le *Rhin*, à 100 lieues de Paris.

FABRIQUES *de velours & d'étoffes de soie.*

Christophe André, Négociant Expéditionnaire.

FABRIQUE *de rubans de soie.*

Van Aussen, Négociant Commissionnaire.

NANCY, ville de France, capitale de la Lorraine à 82 l. de Paris.

Mesure. L'aune de Nancy équivaut à peu près à la demi-aune de Paris.

MANUFACTURE *de draps, de ratines, & autres petites étoffes de laines, tapisseries connues sous le nom de tapisseries de* Nancy; *& commerce de toiles de France, d'Angleterre, de Hollande, d'Allemagne, de Suisse & des Indes.*

Quelques-uns des Négocians les plus connus, sont: MM.

Bellot.
Charpentier.
Croisier Feburel, l'aîné.
Fabert & Jardot.

SOIERIE-TOILERIE-LAINAGE.

Febvrel.
Gabriel.
Marin Proquez.
Petit Jean.
Poupillers & Seilliers.
Vallette, freres.

BANQUIERS.

Bertier (Henrion).
Delaruelle.

NANTES, ville considérable & l'une des plus commerçantes de la France dans la haute-Bretagne sur la *Loire*, à 7 lieues & demie de son embouchure dans la mer, à 87 l. de Paris.

MANUFACTURE d'indienne & fabrique de garras & de guinées ordinaires façon d'Hollande, demi-calencas en toiles de coton fines peintes à l'angloise à desseins nués, façon de Perse de 7 à 8 couleurs de calencas en toiles superfines à l'angloise, en desseins nués en vrai Perses jusqu'à 18 couleurs. Indiennes sur siamoises de diverses couleurs & qualité, toiles peintes en bleu foncé & mouchoirs à doubles faces.

ENTREPRENEURS. MM.

Chaudoux (Thomas), & Compagnie.
Davier (veuve).
Dubern.
Gorgerat.
Huard & compagmie.
Pelloutier Bourcard, & comp.
Petit-Pierre, freres, & comp.
Rother & compagnie.
Swau (Jacob) & *Honziller.*
Walcker, *Shooll.* & Comp.

FABRIQUES de Cotonnades.

Dubois (Mlle).
Pinchon, idem.

FABRIQUES de Coutils.

Dodin de la Garenne.

FABRIQUE de Couvertures. MM.

Bonnefoi (veuve).
Bridon (Etienne.)
Hurette, Fabricant.
Ogier (Mlle).

FABRIQUE *de Toiles peintes.*

Davié (Mde.), Fabricant.

Langevin, idem.

Filature de coton qui s'exécute au moyen de mécaniques, dont la plûpart filent 70 brins à la fois.

ENTREPRENEURS.

Pelloutier.
Bourcard & Compagnie.

DRAPERIE-BONNETERIE,

Négocians Commissionnaires tenant magasin.

Baras.
Ducellier.
Fouquere Davau (E. M.) fils.
Gaudin.
Godait.
Prevost (Franç.).

BANQUIERS.

Bailli, aîné.
Clanchy.
Fleury.
Gestin (R.).
Thouchy (Franç.)
Von Bobart.

NAPLES, ville capitale du Royaume du même nom, avec un port sur la *Méditerannée*, à 350 lieues de Paris.

Ce Royaume produit, année commune, environ un million de livres de soie de toutes qualités, & est en correspondance suivie avec la France, l'Angleterre, la Hollande, Genève, la Suisse, l'Allemagne, l'Espagne, le Portugal, la Russie, le Dannemarck & la Suede.

Quelques-uns des Négocians, Banquiers, Commissionnaires & spéculateurs, sont MM.

Berio (Franç. Marie).
Cutelet & Heigelein.
Forquet (Charl.), & comp.
Janvier du Feu, Jean Baptiste Rossi.
Liquier Falconnet & comp.
Meuricoffre Scherb, & comp.
Palomba (Jules.)
Palomba (Nic.) *de Feu Matheo.*
Perrier (Michel), & comp.
Pescaire (Jean).
Raby (Jean Pierre), & comp.
Tiernay (Georges).
Vieusseux Reimond, & comp.

NEAU, Bourg des Pays Bas dans le Duché de Limbourg, à 80 lieues de Paris.

MANUFACTURE de Draps fins.

Les plus renommés sont ceux teints en écarlatte, & bleu de Roi.

Frey (Pierre), Entrepreneur.

NEGREPELISSE, ville de France dans le Quercy, sur la *Veiron*, à 148 l. de Paris.

FABRIQUE de toiles de coton ou futaines, marquées d'un plomb & d'un cachet, portant pour légende le titre de la fabrique & le nom du fabricant.

Quelques-uns des principaux Fabricans les plus connus sont : MM.

Aliés (Antoine).
Bec (Pierre).

Bernard.

SOIERIE-TOILERIE-LAINAGE.

Bernard (veuve).
Billiard (Dominique).
Cabal (Jean).
Cabal (Isaac).
Cabos (Pierre).
Chanave (Jean).
Conte (Mathieu).
Delannes (Alex).
Delannes (Barthel.).
Delannes (Jean).
Gibert pere & fils.
Grifoulet (G. N.)
Hugounenc (Arnoud).
Lombral (David).
Monmoutou (Jacq.).
Moulies (Jean).
Taché (Joseph).

Fabriques *de Cadis.*

Fabricans Expéditionnaires, MM.

Billiard (G. N.)
Cabal (Jacob).
Castel.
Chanavé.
Favene.
Fournie (Marc.).
Fournie (veuve).
Laporte (Mme veuve de)
Mallet (Jacq.).
Ravene.
Vignie.

NEMOURS, ville de France dans le Gâtinois sur le *Loing*, à 18 l. de Paris.

Commerce *de Draperie.*

Paumier, Marchand Drapier. *Samson*, idem.

NEUFCHATEL, ville de Suisse, capitale de la Souveraineté de même nom, sur le *Lac*, à 112 l. de Paris.

Commerce *de Draperie & de Mousseline.*

Lhardy & *Meuron.*

Fabriques *de toiles peintes & commerce de mousselines.*

Deluze, freres, & *Chailler.*
Deluze de Mont-Mollin, & comp.
Le Patrion.
Pourtalès, & compagnie, joignent au commerce des toiles celui des mousselines.

NEUILLANTEL, Paroisse de France dans le Beauvoisis, près de *Beaumont-sur-Oise*, où s'adressent les lettres, à 8 l. de Paris.

Fabrique *de poil de Chevres.*

Lemaire (Pierre), Fabric. Expédition.

NEUILLÉ-PONT-PIERRE, Bourg de France en Touraine, près Neuvi-Roy, à 64 l. de Paris.

N

FABRIQUE de droguets, connus dans le commerce sous les noms de droguets, serges & tiretaines.

Quelques-uns des principaux Fabricans sont : MM.

Boutard.
Guitton, freres.
Hateau, freres.
Menard.
Mestivier.
Plisson.
Rulane.

FABRIQUES d'étamines.

Mestivier, Fabricant.

FABRIQUE de couvertures.

Cormery, Fabricant.

NEUVY, Paroisse de France en Touraine, près de Neuillé-Pont-Pierre, à 64 l. de Paris.

FABRIQUE *d'étamines en blanc, dont la majeure partie est tirée par les Négocians du Mans.*

Belle, Fabric.
Courvalin, freres.
Fortier.
Rondeau, freres.

NIORT, ville de France dans le Poitou, sur la *Seure*, à 104 l. de Paris.

FABRIQUE *de serges connues sous le nom de pinchinats.*

Ancelin, Fabric.
Chanticaille.
Disleau.
Godin.
Fraury.

COMMERCE *de laines.*

Quelques-uns des principaux Négocians Commissionnaires en tous genres, les plus connus, sont MM.

Bernard (Aug.).
Bernard, freres.
Martin Monteuil.
Orillacq.
Taillefer, fils aîné.

NISME, ville de France dans le bas Languedoc, à 150 l. de Paris.

Cette ville, une des plus commerçantes après Lyon, est particuliérement renommée par ses superbes fabriques & manufactures d'étoffes de soie, velours, Bonneterie, &c.

Tous les ouvrages qui en proviennent portent l'empreinte du goût & du génie, & sont recommandables par la beauté, la délicatesse & la légéreté du travail. Les fabricans de Nismes savent en général donner beaucoup de consistance réelle aux étoffes, relativement à leurs prix, & assorties dans les moins cheres, les apparences de la solidité.

Mesure. La mesure des étoffes s'appelle *canne*; trois cannes équivalent à cinq aunes de Paris.

SOIERIE-TOILERIE-LAINAGE.

Commerce considérable de draperies & autres étoffes de laine, des fabriques du Languedoc, des Cevenes & du Gévaudan, qui reçoivent la teinture & l'apprêt, & sont ensuite répandues dans les différentes provinces & chez l'étranger, par les négocians de cette Ville.

Quelques-uns des principaux Négocians les plus connus en cette partie sont : MM.

Barne, freres, la drap. & toil.
Gaillard, *Londès* & comp., *id*
Lacoste (Antoine), & fils, *idem*.
Murjas, idem.
Pieyre [Jean] & fils.
Rouvierre, freres, la draperie & toilerie.
Salomon Bourguet & comp.

FABRIQUES *& commerce considérables de* bonneterie, velours, pluche, taffetas *dit d'*Angleterre *& de* Florence, gros de Tours, serges, *étoffes mêlées de fantaisie, fleuret, coton & fil façonnées unies, rayées, satinées, chinées & moirées; damas œconomiques, moletons, siciliennes, & autres étoffes, dans la fabrication desquelles on s'attache beaucoup, sur-tout à imiter celles du levant & des autres pays étrangers.*

Quelques-uns des principaux Négocians, faisant fabriques sont : MM.

Amaric (Fr.) *& Dumas*.
Auzilon Ribierre, & comp.
Bonnaud Arnaud, & comp.
Bousquet Routon & comp.
Boyer Devillas, *Vincent* & comp.
Bresson, *Tier* & comp.
Cazenig de la Grollet, *Imthoun* & comp.
Foule Sagnier & comp.
Frat (Pierre).
Garnier Seguin, & comp.
Guisquet (Fr.), & comp.
Lacoste & comp.
Lauront & Galibere.
Loche, pere & fils & comp.
Loche neveu, *& Roubel* (Alex).
Magellet Barre fils, & comp.
Mirande.
Pourcher.
Roux (Jean), & fils.
Vaute Arnaud & comp.
Vigne & comp.
Villaret.

COMMERCE *de soies écrues & autres matieres provenans des filatures*. MM.

Boyer de Vilas, *Vincent* & compagnie.
Bresson, pere & fils aîné, & comp.
Cazeing de Lagrollet, *Imthoun* & comp.
Monthaud (Jean) & compagnie.
Pourrat (Isaac).
Vincent & compagnie.
Vincent (Isaac).

DRAPERIE-BONNETERIE,

FABRIQUE *de mouchoirs de soie, à l'instar de ceux d'Espagne, & en damassés & lizérés.*

Fabricans Expéditionnaires. MM.

Alary, freres & comp.
Castinel.
Lagorce.
Larguier.
Larguier (Vincent).
Privat Girard.
Terme (André), *Gazay* jeune, & comp.

FABRIQUE *de mouchoirs de coton à quadrille, en couleurs fines.*

ENTREPRENEUR, M.

Claude Verdier.

Cette maison est particulierement renommée pour la préparation de l'incarnat, du cramoisi, du violet, du jaune, des couleurs brunes & autres de bon teint, dont il se fait des envois considérables dans toute l'étendue du Royaume.

COMMERCE *de toiles, des principales fabriques du Royaume & des pays étrangers.*

Quelques-uns des Négocians les plus connus en cette partie, sont MM.

Barne, la draperie & toilerie.
Gaillard Londès & comp., la draperie & toilerie.
Garnier Puech & comp.
Marchand Barridon Isnard, & comp., les toiles, mousselines & mouchoirs des Indes.
Marjas, la draperie & toilerie.
Rouvieres, freres, *idem.*

FABRIQUE DE BURATS.

Ces étoffes, mêlées de laine & de filoselles, réunissent à la qualité la modicité du prix, & sont d'un très-bon débit en France, en Italie, en Espagne & en Portugal.

Bouvier,

TOILERIE ET LAINAGE.

Bouvier. | *Cazing* freres.
Bousquet jeune & *Routin.* | *Chassanis* freres & Comp.

BANQUIERS.

Bourguet (Salomon) & Comp. *Cazing* freres.

NOGENT LE ROTROU, bourg de France dans le Perche, à 33 lieues de Paris.

FABRIQUES *d'Etamines du Mans dont il se fait des envois considérables en Italie & en Espagne.*

Guillier, pere & fils, Entrepreneurs.

NOYON, ville de France, Capitale du Noyonnois en Picardie, sur la petite riviere de *Verse*, à 5 lieues de Compiegne & à 22 lieues de Paris.

MANUFACTURE *de Toiles de Coton à l'instar de celle de Troye, & dans laquelle on n'emploie que du Coton de Saint Domingue & de la Martinique qui est filé dans le pays.*

Foyant, Entrepreneur.

FABRIQUES *de Toiles de lin, connues sous les noms de demi Hollande, de Trufétes & de Batistes, dont la majeure partie passe & se débite à Saint Quentin.*

NÉGOCIANS *faisant fabriquer*, MM.

Druon. *Tondu* (Pierre) *Turban* (Pierre)

FABRIQUE *de Toiles de chanvre & Commerce de Laines.*

NÉGOCIANS *faisant fabriquer*, MM.

Boilet. | *Levêque.*
Charpentier. | *Surment.*

ORANGE, ville de France dans le Dauphiné, Capitale d'une principauté du même nom, à 5 lieues d'Avignon & 141 lieues de Paris.

MANUFACTURE *considérable d'Indienne connue sous le nom de Toile d'Orange, qui sont très-renommées & très-recherchées dans le Commerce.*

Wetter & Compagnie Entrepreneurs.

ORBIGNY, petit bourg de France en Tourraine, près *Montrichard*, où s'adressent les lettres, à 64 lieues de Paris.

FABRIQUE *de grands & petits draps blancs, rayés & de différentes couleurs.*

FABRICANS *faisant des envois.*

Bailly. | *Metivier.*
Deschamps. | *Ricard.*
Helie.

ORLEANS, ville de France, Capitale de l'Orléanois sur la Loire, à 27 lieues de Paris.

COMMERCE *de Draperie très-étendu.*

Les Négocians tirent, la majeure partie, des marchandises brutes du Berry, de la Picardie, de la Lorraine & de plusieurs autres provinces auxquelles ils font donner l'apprêt qui leur est nécessaire.

Quelques-uns des Négocians les plus connus en ce genre, sont Messieurs :

Brasseux.
Gombault Guinebault (Ve.) & fils.
Martin. (Charles Franç.)
Miron Levasor.
Moran & Marcueyz.
Paris la Bergere.
Tassin. (Joseph)

COMMERCE *de Toileries* MM.

Bisot Comperat.
Debois Landry, freres.
Delanoue Morillon.
Desjardins Gaudry.
Deville.
Emmeray.
Gillet & Rossignol.
Gombault (veuve) & fils.
Gratet.
Marcueyz le jeune,
Paris de Maisonneuve.
Renouard Vesque.
Vergnaud & Sœurs.

COMMERCE *considérable de Laine d'Espagne & de France MM.*

Baguenault freres.
Michel freres.
Tassin,
Tassin. (Joseph)

NÉGOCIANS *en Laines de France*, MM.

Balichon lainé.
Balichon le jeune.
Gemmelas.
Girard. (Henri)
Grivot pere & Comp.
Henri.
Martinon.
Pichon.
Sergent Benoît.
Tassin (Joseph)

MANUFACTURE *royale de Toiles peintes en bon tein, de Toiles de coton, de fils & Coton pour robe & pour meubles, Mouchoirs d'indienne, Mouchoirs superfins, façon des Indes, qui imitent ceux de Masulipatan.*

Demainville (Jacques) & fils, Propriétaires.

FABRIQUE *de Couvertures de Laines.*

FABRIQUANS *faisant le commerce & des envois*, MM.

Chaubert,
Carbou. (veuve)
Fouchet.
Lavratte.
Legrand.
Lepine.

FABRIQUE *de Serge.*

Girouard, Fab.
Pinault, idem.
Rousseau.

TOILERIE ET LAINAGES.

PARTENAY, ville de France dans le Poitou, à 75 lieues de Paris.

FABRIQUE *de Pinchinats & de Calmouks de pures Laines & de fil & Laine.*

La bonne qualité, la solidité des couleurs & la médiocrité du prix de ces étoffes les font beaucoup rechercher.

FABRICANS *faisant des envois*, MM.

Deshouches *Leroux.* *Poirault.*

PENAUTIER, paroisse de France en Languedoc, près de Carcassonne, où s'adressent les lettres, à 185 lieues de Paris.

MANUFACTURE *royale de Draps fins, façon d'*Abbeville *& de* Sedan, *connus sous le nom de* Londrins *premiers, seconds, larges, &c. dont il se fait des envois considérables aux Isles Françoises, de la Guinée & de l'Inde.*

Tarbouriech, Propriètaire.

PERPIGNAN, ville de France, Capitale du Roussillon sur le *Tet*, qui se jette à la mer à une lieue plus bas, à 175 lieues de Paris.

NÉGOCIANS *Spéculateurs & Commissionnaire pour la partie des Laines, &c.*

Bonaure, les laines, freres, &c.
Durand, Banquier-Comm.
Gironne & Berniolle, les laines, *&c.*
Mathieu, freres, les laines.

CHANGE *général à l'Hôtel des Monnoies, pour la négociation d'effets sur toutes les places de l'Europe.*

Dastros, Agent général, & fondé de procuration.
Faur, Agent de Change.
Mathieu, *idem.*

PEZENAS, ville du bas Languedoc, à 8 lieues de Montpellier & à 199 lieues de Paris.

FABRIQUE *de Couvertures de Laines.*

Malaval fils & Compagnie.

POITIERS, ville de France, Capitale du Poitou, au confluent de la petite riviere de *Vouneuil* avec le *Clain*, à 74 lieues de Paris.

FABRIQUE *de Draps de Soie.*

Bompiere.
Chaboisseau (veuve)
Coullaud & Cremiere.
Laurence.

FABRIQUE *de fil de Soie.*

Lillini, Fabricant.

FABRIQUE *de Calmouks, Ratines, façon de Cadix, Raz, Etamines rayées & unies & serges grossieres pour l'habillement des gens de la Campagne.*

Delaunay, Fab. *Pelicon*, *idem*, Banquier.Comm.

NÉGOCIANS *Commissionnaires.*

Guerinot. *Malété.* *Minoret*, pere & fils.

DRAPERIE-SOIERIE.

BANQUIERS.

Chaboisseau. (veuve) . *Coullaud* & *Cremiere.* *Laurence.*

PONDICHERY, ville considérable des Indes, sur la côte de Coromandel.

Cette ville est le chef lieu des établissemens & du commerce de la France aux Indes.

Poids. Le *bar* équivaut à 480 livres poids de marc, & sert à peser les marchandises de gros volume.

FABRIQUE *considérable de Toiles de Coton blanches, Mousselines à raie & à lisiere d'or ou d'argent, Garats, Basins Guimgans, de Guinée, de Limencas, de Chasselas, de Bajutapaux, de Neganepaux, de Necanias, de Kachelis, de Korots, de Cutras, Toiles, Basins unis, rayés & mouchoirs connus sous différentes dénominations.*

Almaric, (Michel) & Compagnie, Nég. Commissionnaires.

Coulomb & Compagnie, Nég. Commissionnaires, *idem.*

PONT DE VESLE, ville de France dans la Bresse, près de Mâcon, où s'adressent les lettres, à 106 lieues de Paris.

MANUFACTURES *de Tapisseries, façon d'Aubusson, & d'Etoffes connues sous le nom d'Augustines.*

Martine, Directeur.

PUY (le) en Velay, ville de France en Languedoc, Capitale du Velay, à 18 lieues de Lyon, 20 lieues de Clermont & 118 lieues de Paris.

Cette ville, une des plus considérables du Languedoc, domine sur trois vallons fort larges, & d'une fertilité extraordinaire, arrosés chacun par une riviere : la *Loire*, la *Borne* & le *Dolezon*, & percés par trois grandes routes qui conduisent l'une à Clermont, l'autre à Lyon & la troisieme dans le bas Languedoc & la Provence.

FABRIQUES *de Dentelles & de Blondes de fil & de soie qui approchent beaucoup de celles de Flandres.*

Cette fabrique qui s'étend dans tout le *Velay*, & les pays circonvoisins, occupe plus de 40 mille ouvriers, indépendamment de la consommation qui se fait dans l'intérieur du royaume. On en envoie une quantité considérable en Espagne, en Portugal, en Allemagne, en Italie & même en Angleterre. Une partie des Dentelles de fil qui s'envoient en Espagne passent à Cadix & à Cartagene d'où on les expédie pour le Mexique & le Pérou, où elles forment un objet de luxe.

Quelques-uns des Négocians, les plus connus, faisant fabriquer, sont Messieurs,

Balme.
Bertrand. (Joseph)
Bertrand (Louis)
Bertrand. (Mathieu)
Bienvenu. veuve
Calemard.

TOILERIE ET LAINAGE.

Espagnon.
Fabre.
Genestet Plantol.
Lazerme.
Lauthenas.
Morel.
Morin.
Mouton l'aîné.
Maraval.

MANUFACTURE *de Couvertures de différentes qualités, Toiles & Etoffes de laines, connues sous le nom de Serges & de Cadis, sous la direction de MM. les Administrateurs de l'Hôpital.*

Mouton cadet, Directeur.

Nota. Presque tous les Cadis du Vivarais & les Serges du Gevaudan s'apportent au Puy pour y recevoir l'apprêt & la teinture avec les étoffes qui se fabriquent à l'hôpital. La teinture pour le noir, le rouge, le verd & le bleu doit sa supériorité à la qualité des eaux du *Dolezon* qui contiennent, d'après l'analyse qui en a été faite, les principes qui rendent la riviere de *Bievre* si précieuse pour la teinture.

Quelques-uns des principaux Négocians les plus connus, sont Messieurs:

Chabaillé.
Grand.
Rey. (Mlle.)
Richard cadet.

REIMS, ville considérable de France en Champagne, sur la riviere de *Vesle*, à 35 lieues de Paris.

FABRIQUES *d'Etoffes de laines & de toiles si considérable qu'on y compte environ 3,700 métiers continuellement battans, & qu'on évalue à plus de 100,000 les pieces d'Etoffes qui sortent de Reims.*

Elles sont particuliérement connues sous les noms de *Dauphine* de *Marocs* lisses, & Croisés ordinaires, seconds, Primes & Segovie, ou Raz de Castor & Draps de *Silésie* unis, rayés, canelés doubles, brochés, viltons mouchetés, jettés ou brochés, les Flanelles, façon d'Angleterre, lisses & croisées, & les Etamines croisées ou quadrillées. Enfin les Burats, les Buratés & les Voiles varient suivant leur qualité. Toutes ces différentes Etoffes, qui sont toutes fabriquées de Laine d'Espagne, de la Romagne, de la Pouille & des plus belles Laines du Berry, sont très-estimées & d'un débit sûr & avantageux. Les Etamines façon d'Angleterre ont acquis une telle perfection, que dans le Commerce elles obtiennent la préférence sur celles d'Angleterre même, & les Burats, les Buratés & les Voiles sont portés à un tel dégré de perfection qu'ils jouissent de la plus grande faveur dans toute l'étendue du Royaume & chez l'étranger

Quelques-uns des Manufacturiers les plus connus, sont MM.

Assy Guérin.
Beron Simon.
Blanchon.
Clément.

DRAPERIE-SOIERIE.

Cliquot Muiron.
Coutier le jeune.
Dauphinot Renard.
Deligny de Cleves.
Deligny Garnier.
Deligny Ponsardin.
Dennereux.
Derodé.
Gavé Dravigny.
Geruzet Husson.
Geruzet sœurs.
Geruzet Coltier.
Harbaville.
Joltrois l'aîné.
Labrissé.
Le Febure le Franc.
Le Franc Geruzé.
Lhoste Geruzé.
Mennessou.
Miteau & Compagnie.
Perin Devel.
Parry Lhoste.
Ponsardin.
Philippe freres.
Simon Geruzé.
Sirot.

NÉGOCIANS *Commissionnaires.*

Boiltot.
Bourgongne freres.
Bruyant freres.
Cadot l'aîné.
Cadot de Beauvoisy.
Carsenac Guitard & Comp.
Champagne.
Champenois Clicquot.
Clicquot, (Benoît) *Jacob* & *Bailli.*
Clicquot Bidaut.
Clicquot Muiron.
Clicquot Champenois.
Clicquot Vatelet.
Clicquot & *Troizier.* (veuve)
Dantierre Benoît.
David & *Legrand.*
Delamotte Bourgongne.
de Recicourt & Comp.
Dubarre & le Lorrain.
Evrard.
Favard Dejardin & Comp.
Fourneau Duchatel.
Godinot Colard.
Henriot fils.
Jaquesson, Simon & Ollivier.
Jeunehomme Boisseau.
Leclerc & Boisseau.
Miteau, pere & fils.
Mopinot.
Mopinot Pinchard.
Muiron Vouet.
Randoulet.
Riquet.
Rossignon fils.
Savoie & Benoît.
Sutaine, pere & fils, & fait la Banque.
Tronson le Comte.
Tronson, pere & fils, & fait la banque.
Tronson, (Etienne) le jeune & fils.
Vanin.
Vatelet Cliquot, & fait la Banque.

FABRIQUE *de Couvertures de Laines, dont les longueurs & les largeurs sont désignées par des barres ou des points; les longueurs les plus ordinaires sont depuis 1 aune $\frac{1}{4}$ jusqu'à 2 aunes $\frac{3}{4}$, & les largeurs depuis 1 aune jusqu'à deux aunes $\frac{1}{4}$.*

Quelques-uns des Manufacturiers, faisant des envois, les plus connus, sont Messieurs :

Collet. (veuve)
Guyotin.

[...]aéquart. | *Serret.*

NÉGOCIANS *Commissionnaires.*

[...]elaunais (Ve.) *Champagne.* | *Thibaron.*
Herent. | *Thibaron Clicquot.*

BANQUIERS.

Champlon. (veuve) | *Sataine*, pere & fils.
Gonest. | *Tronson*, pere & fils.
Pinchard. | *Wateler.*
Provenchere.

REMBERVILLIERS, ville de France en Lorraine, près de Luneville, où s'adressent les lettres, à 82 lieues de Paris.

COMMERCE *de Fils, connus sous le nom de Fil au paquet, qui ne le cédent en rien au Fil de Flandre, & Toiles de toutes qualités en fil & en chanvre, & coton.*

Mademoiselle *Deseaux.*

RENNES, ville de France, Capitale de la Bretagne sur la Vilaine qui la divise en deux, à 78 lieues de Paris.

MANUFACTURE *de Toiles à rolles connues sous les noms de Royales, de Rondelettes, fortes & fines, de Cargaison, de St. George, premiere & seconde sorte, de Combourges, de Halles, de Fougere, de haut Brins & de Bretagne.*

Le Boucher, Entrepreneur.

Quelques-uns des principaux Négocians faisant le Commerce de Toiles, sont Messieurs :

Champion fils. | *Larouche* (de) *Solier.*
Dacosta freres, | *Marion.*
Dutaillis. | *Picot* (Guillaume)
Goué (Pierre) & veuve *Marie.* | *Richer & Elias.* *Simonet* je.
Helias & de *Navry* freres. | *Villegaudin*, *le Boucher* & *Barbier.*
Jolivet.

MANUFACTURE *de Couvertures de Laines de toutes grandeurs & diverses qualités.*

Bodier, Entrepreneur.

FABRIQUE *considérable de Fils à coudre en blanc & de couleurs, connus sous les noms de Fil de Bretagne, Fils propres pour les Manufactures, Fils à brocher, Fils blanchis au savon, & Fils de* Paimpont *d'une blancheur étonnante, dont il se fait des envois considérables dans les différentes provinces de France, & autres Etats de l'Europe & de l'Amérique, & le surplus s'emploie à faire les bas, les chaussettes & les gants si avantageusement connus dans le commerce sous le nom de Gants de* Vitré.

NÉGOCIANS *faisant particulierement le Commerce de Fil.*

Le Tessier. *Marigny.* *Soulfaché.*

BANQUIERS.

Delafleuriais.
Morie & *Gouée.*
Tremadon & *Champgnon.*
Villegaudin, *le Boucher* & *Barbier.*

RHETEL, ville de France en Champagne, Capitale du Rhetelois, près de l'*Aisne*, à 43 lieues de Paris.

FABRIQUE *considérable d'Etamines & autres Etoffes de laine.*

NÉGOCIANS *faisant fabriquer & la commission.*

Fournival. *Taine* sœurs.

RHODEZ, ville de France en Rouergue, sur *l'Aveiron*, à 138 lieues de Paris.

FABRIQUE *de Serges*, *de Razes fines*, *à l'instar de celles d'Agen*, *de Burats de Cadis*, *de Tiretaines & de Linge de table.*

Albene & *Carrier*, Nég. *Cabrieres*, Banquier.

ROCHEFORT, ville de France dans le pays d'Aunis, sur la Charente, à 126 lieues de Paris.

BANQUIERS.

Hebre de Saint Clément Nég. *Chauvet* (Ve.) & *Faurés.*
Pelletreau, (François) & Compagnie, Banquiers.

NÉGOCIANT *Commissionnaire.*

Gharier.

ROCHELLE, (la) ville considérable de France, Capitale du pays d'Aunis, avec un très-beau port sur l'Océan, à 120 lieues de Paris.

Quelques-uns des Négocians Armateurs les plus connus, sont Messieurs :

Admirault, (Ve.) & fils aîné.
Arnaud, freres.
Beaussay (*de*) & *Thouron.*
Carrayon, fils aîné.
Carrayon fils.
Dumoustier de Fredilly.
Dumoustier, freres, *de Jarnac.*
Fleurieau, freres, & *Thouron*
Gareſché. (Daniel)
Garreau & *Bernon.*
Giraudeau (Benjamin)
Goguet.
Guibert. (Jacq.)
Joly. (Etienne)
Lanus.
Le Clerc (Aug.) & *Baudin.*
Le Febure. (M. A.)
Missy (*de*) fils.
Poupet & *Guimet.*
Quenet veuve & *Denis.*
Rasteau freres.
Robert freres & D. *Heymback.*
Schaaff. (Nicolas)
Vanhoog werff. (P. G.)
Wilkens freres.
Vivier. (Louis)
Weis & fils.

ROMORANTIN, ville de France dans la Sologne, à 40 lieues de Paris.

FABRIQUE *de Draps fins pour uniforme d'Officier*, *de Draps communs*

TOILERIE ET LAINAGE, *communs pour la troupe de différentes couleurs, & principalement en verd & bleu de Roi, & de Draps pour tapis de billards, blancs & verds teints, en laine, &c.*

Quelques-uns des principaux Négocians faisant le Commerce, sont Messieurs :

Auger freres.
Baranger
Cornu.
Cottereau.
Gervaise.
Gitton.
Lalande (*de*)
Lemort.
Martin.
Pigeon.
Reuilly.
Villardray.

RONUROY, gros bourg de France en Lorraine, près de St. *Mihel*, où s'adressent les lettres, à 66 lieues de Paris.

FABRIQUE *de Droguets, de Serges & d'Estamets pour les gens de la campagne, & notamment de Jarretieres blanches & croisées, connues dans le Commerce sous le nom de Jarretieres de Ronuroy & très-estimées.*

Durand. Négociant Commissionnaire à St. Mihel.

ROUEN, ville considérable de France, Capitale de la Normandie sur la Seine, à 18 lieues du Havre & à 28 lieues de Paris.

Cette ville est très-avantageusement située pour le Commerce, la *Seine* la mettant à portée de pouvoir communiquer avec la plus grande facilité d'un côté avec le Havre, & de l'autre avec Paris & les plus riches provinces de France.

FABRIQUE *de Draps connus sous le nom d'*Usseau *& autres de différentes façons, Droguets, Bouracans & petites Etoffes de soie & coton, soie & fil, & de soie & laines, cotonades & autres Etoffes mi soie, connues sous le nom de Papelines, de Senandines.*

On y fait aussi pour la traite des Négres des *Bajutapeaux*, des *Neganepaux*, des *Chasselas*, des *Coupis*, des *Guinées bleues*, des *Cachelis*, des *Phoras*, des *Korots*, des *Chilas* & des *Batavia.*

Quelques-uns des Négocians faisant fabriquer, sont MM.

Allain (F.)
Aufrye.
Auquetil.
Auquetin.
Asselin.
Aubé. (F. H.)
Babois. (P.)
Bachelier. (veuve)
Bacon de la Chevalerie.
Baron l'aîné.
Batel.
Beaudouin, la partie des toiles.
Beaudouin. (L.)
Bellefontaine.
Benezet.
Berard. (veuve J. P. M.
Bouette. (P.)
Bourget.

H

DRAPERIE-SOIERIE.

Bournisien. (veuve Ch.)
Brument, pere & fils, les toiles &c.
Camus & fils.
Canivet freres.
Canivet. (P.)
Canivet. (N.)
Canu. (P.)
Cardevaque.
Carel & fils.
Cavellier. (N.)
Caumont.
Chesneau.
Chevremont.
Chopin.
Colombel.
Cornier (veuve) & fils.
Cuisner & fils.
Dany. (J J.)
Darcel, pere & fils.
Debessel.
Debray Delepine. (veuve)
Delessart, les Siamoises.
Demonfreuille.
Demonmeau, les Siamoises.
Denel.
Desjardins.
Desportes. (Franç.)
Desvé (veuve L.) & fils.
Detancourt freres.
Demare.
Dodard (veuve J.F.) & Comp)
Dubose.
Duhamel. (veuve D.)
Dumarest. Alex. B. N. J.)
Dumarest. (L.)
Dupray.
Durand. (Guillaume Rob.)
Durand. (L.)
Duval.
Eustache. (veuve J.)
Famin.
Fiquie.
Fizelier.
Fontaine. (veuve.)
Fontaine fils.
Fossé.
Gadefroy.
Gleulare.
Gorlier pere.
Gosselin (veuve) & fils.
Gueritault.
Halbout freres.
Hardouin. (G.)
Hardouin. (A.)
Hardouin freres.
Harel (J. N.) & fils.
Hellot. (Jacs G.)
Hellot (A.) & fils.
Hermel (G. J.)
Heudebert & fils.
Horcholle.
Horteloup.
Houssaye. (J. B.)
Hue. (veuve P.)
Hurard. (O. T.)
Hurard (J. B. B.) & fils, pour les Siamoises.
Hurard. (Désiré)
Hurard. (P. J. B.)
Hurard. (P. L.)
Jore (veuve à)
Jourdain.
Isambert freres.
Juvel.
Labarre (de) fils.
Lachenez-Heude.
Lachenez-Heude. (v^e. Salom)
Lacroix (veuve de) & Comp,
Lafolie (veuve G. de) & fils, le Toiles.
Laigle.
Lahaye. (J. de)
Lanelle.
Laquerriere. (F. de)
Lavigne (de) freres.
Leborgne.
Lebourster.
Lebreton.
Lecharbonnier & fils.

TOILERIE ET LAINAGE.

Lecharpentier. (P.)
Lefrançois (P. L.) & fils, la partie des Toiles.
Lepicard freres.
Legonez.
Lehec.
Lemarchand. (veuve)
Lemaſſon.
Lemercier. (P.)
Lemire. (F. G.)
Lenoſtre. (F. G.)
Lequeſne (M. P.) & fils.
Lequeu.
Lernault & Comp. les Toiles.
Levaleur.
Levavaſſeur l'aîné.
Levieux.
Lezurier.
Lucas.
Maillard (veuve) & fils.
Maille & fils.
Marion. (M. A. Th.)
Mery.
Midy & Compagnie.
Monette (veuve) & fils.
Monnaye.
Morin, (L.) les Toiles.
Moulin.
Neel. (A.)
Paſſé.
Patry. (J. L.)
Pavie. (L.)
Payenneville.
Picard.
Pigny.
Pillon.
Pimare.
Pinchon Durocher (J. P. L.)
Planter.
Pottiez.
Poultier.
Préval (veuve N.) & fils.
Queſnel (L.) & fils.
Ribard.
Rocque.
Rosfack.
Saillanfais.
Seminel (veuve) & fils.
Taillandier. (P.)
Taillet. (P.)
Tamelier freres.
Tauvel.
Tehy.
Tiron freres.
Travers (S.) & fils.
Tronel.
Vatier. (J.)
Vieillot & Comp. les Toiles.
Vincent. (P N.)

Quelques-uns des Négocians faiſant fabriquer, ſont MM.

Anſoult
Bizet.
Cahart. (veuve)
Gervais.
Letournelle.
Mathieu. (L.)
Mathieu. (G.)
Monnaie.

FABRIQUE *& Commerce conſidérable de Toiles de toutes eſpeces & de toutes couleurs, unies & rayées, en fil & coton.*

La quantité qui s'en fait à Rouen & dans les environs eſt immenſe. Les différentes provinces de France & les Etats de l'Europe conſomment de ces Toiles qui ſont devenues pour ainſi dire d'un uſage indiſpenſable.

Parmi les Négocians dont nous avons parlé, ceux qui ſuivent cette branche de Commerce d'une maniere plus particuliere, ſont Meſſieurs :

Baudouin. (L. J.)
Brument pere& fils.

DRAPERIE-SOIERIE.

Delafolie. (veuve G.) | *Morin.* (L.)
Lefrançois (P. L.) & fils. | *Vieillot* & Comp.
Lernault & Comp.

FABRIQUES *& Commerce de Siamoises.*

Il est quelques Négocians qui se livrent plus particulierement à cette partie, tels sont Messieurs :

Desessart. | *Hurrard.* (J. F.)
Demonmeau.

FABRIQUE *de Tapisseries à verdure & à personnages, en jus d'herbe, & laine hachée imitant les vraies hautes Lisses, Tapisseries de Brocatelles, de Ligatures & de Bergames fines & demi-fines.*

Quelques-uns des Fabricans, faisant le Commerce, les plus connus, sont Messieurs :

Bachelet. *Duchesne.* (Jacques.

MANUFACTURE *de Velours de coton, façon Angloise, & pour la fabrication desquels on suit les mêmes procédés.*

Guillebaut, Entrepreneur.

BANQUIERS.

Canu. | *Lecouteux*, ancienne Maison.
Boursier. (le) | *Lucas.*

Objets relatifs.

FABRIQUE *de Cardes à carder le coton, le lin, les étoupes & le chanvre, recherchées par leur forme & dont l'usage a fait connoître les avantages.*

Lemarchand. (Franç. & Nic.) freres, Fab. font des envois.

SAINT AFFRIQUE, petite ville du Rouergue, près de Milaud, à 172 lieues de Paris.

FABRIQUE *de petite Draperie, dont la majeure partie se vend aux foires de Bordeaux, de Beaucaire & de Pezenas.*

Foursand, (David) Nég. | *Rachou.*
Grand, freres. | *Sarrus.* (Pierre)

SAINT CHAMOND, ville de France dans le Lyonnois, à 153 lieues de Paris.

FABRIQUE *de Rubans dont il se fait des envois considerables dans le royaume & dans l'étranger.*

NÉGOCIANS *faisant fabriquer.*

Dugas. *Preste.* (veuve)

SAINT DENIS, petite ville de l'Isle de France, à 2 l. de Paris.

MANUFACTURE *de Toiles peintes.*

Bernier, Propriétaire.

Dubreuil, (Christ.) Négocian[illegible]missionnaire pour la réception, expédition [illegible] par commission de toutes sortes de marchandise[illegible]aris que pour les autres villes du royaume.

TOILERIE ET LAINAGE.

SAINT DIÉ sur Loire, à 41 lieues de Paris.

MANUFACTURE *de Couvertures & de Moletons de cotons, & autres Etoffes de laines pour habillement.*

Guerin, Nég. Comm. *Porcher, idem.* *Roger, idem.*

SAINT ÉTIENNE, ville de France dans le Forez, à 110 lieues de Paris.

FABRIQUE *de Rubans & Padous de soie & fleurets connus sous le nom de Padous de Lyon, parce que cette ville en répand la majeure partie dans le Commerce.*

NÉGOCIANS *Commissionnaires.*

Alleon Dulac. | *Praire* (L.) & Comp.
Carrier Dumoulard | *Ravel* (Barth) & fils.

SAINT FLOUR, ville de France dans la haute Auvergne, à 109 lieues de Paris.

FABRIQUE *de Draps de Raz & de Serges.*

Vigiere, Négociant, Banquier Commissionnaire.

SAINT GÉNIEZ, ville de France dans le Rouergue, à 150 lieues de Paris.

FABRIQUE *considérable de différentes Etoffes de laines connues sous le nom de* Cadis, *de Canourgue.*

Les plus estimées se vendent en blanc & servent à doubler les habits d'uniforme des troupes; il s'en fait annuellement à Saint Geniez & dans les environs plus de 50 à 60 mille pieces. Il s'y fait encore des Étoffes connues sous le nom de Flanelles & de Sempiternelles longelles qui sont d'un débit sûr & avantageux, & qui ne peuvent que gagner infiniment à être connues.

NÉGOCIANS *faisant des envois*, MM.

Balat Combes & Comp. | *Seguret* l'aîné & fils.
Couret fils. | *Talon* freres.
Muret (Aug.) & Comp. | *Vernet* (Jos.) *Pestre* & Comp.

SAINT-HYPOLITE, ville de France dans le bas Languedoc, à 176 lieues de Paris.

FABRIQUE *d'Etoffes de laines connues sous les noms de Serges, de Moletons, Cadix, façon de Montauban & de Pessots, dont la majeure partie se vend à la foire de Beaucaire, & de-là passe en Provence, à Gênes & en Italie.*

Quelques-uns des principaux Négocians faisant fabriquer & des envois, sont Messieurs :

Bousquet & fils. *Lezan* & Compagnie. *Mourgues.*

Ces Négocians font aussi Commerce de Draps qui se fabriquent à Lodève.

SAINT-LO, ville de France dans la basse Normandie, sur la Vire, à 66 lieues de Paris.

FABRIQUE *d'Etoffes de laines du Cottentin, connues sous le nom de Serges fortes de Saint-Lo, pour habits de religieux des deux sexes.*

Dubuisson, Négociant, Banquier Commissionnaire.

Ledantu, tient fabrique & fait Commerce de Rubans.

SAINT-MALO, ville considérable de France en Bretagne avec un port de mer environné d'écueils qui rendent son entrée d'un difficile accès, à 82 lieues de Paris.

Cette ville ne communiquant par aucune riviere navigable avec l'intérieur du royaume, ne doit qu'à l'activité & à l'intelligence de ses Négocians le Commerce immense qui s'y fait. Une des branches la plus considérable est celle des Toiles de Bretagne, de Monconour, de Quinrin, &c. dont il s'envoie annuellement à Cadix 30 à 40 mille pieces qui passent ensuite sur des vaisseaux Espagnols aux Colonies, dans l'Amérique méridionale.

Quelques-uns des Négocians Commissionnaires les plus connus en cette partie, sont Messieurs :

Apuril de Kloguin.
Duguen Guesnel & Comp.
Lalande Magon (de) & fils.
Lefer de la Saudre.
Leyritz.
Magon de la Blinais.
Mennais Robert, freres & Com.
Quentin & Comp.
Seré.
Leclerc (Yves)

NEGOCIANS *faisant le Commerce des Draperies, Soieries, Indiennes & Toiles peintes.*

Bertin.
Fourchon. (Mad.)
Jacotant. (Mad.)
Mettrie Offrais.
Rochefort.
Vincent Rondiniere. (Mad.)

NÉGOCIANS *Spéculateurs & Commissionnaires pour les opérations aux Indes, la côte de Guinée & l'Amérique.*

Blaise de Maisonneuve.
Degrand Clos Meslé.
Desegray & Comp.
Dumanoir Fournier.
Le Breton de Blessin & des Saudrais Sebbire.
Marion & Billantais Marion freres, Banquiers.
Potier de la Houssaye.

Brault l'aîné, Negociant, Banquier, Commissionnaire & Correspondant du Bureau royal de Correspondance générale.

Dumanoir Fournier, Banquier Commissionnaire.

SAINT MARTORY, bourg de France en Cominge, à 178 lieues de Paris.

FABRIQUE *considérable de Cadis, façon de Montauban, de Mazametz, de Berg-Opzoom & de Pessois, dont les Négocians de Toulouse, de Montauban & de Montpellier font des envois dans toute l'étendue du royaume & chez l'étranger.*

Bonnemaison, Nég. Commiss. *Dequun idem.*

SAINT MIHEL, ville de France en Lorraine, à 66 l. de Paris.

FABRIQUE *considérable de Dentelles communes dont les pieces*

TOILERIE ET LAINAGE.

portent six aunes, & se vendent depuis 12 sols jusqu'à 7 à 8 liv.

Il s'en fait des envois immenses tant dans les provinces de France qu'en Angleterre, en Hollande, en Espagne & en Amérique.

Quelques-uns des Negocians faisant fabriquer, les plus connus, sont MM.

Bertin. (Pierre)
Boder. (Nic.
Chery.
Collignon. (Pierre Antoine)
Coven. (Nic.)
Dodot. (Jeon)
Lelorrain. (Jean)
Lolot Aubry.
Ory fils.
Petit Jean. (Edme)
Saint Jean : dit *Nicolle.*
Vincent.)George)

Nota. Le Commerce de Saint Mihel ne se fait qu'au comptant. Cela vient vraisemblablement de ce que les ouvrages y sont fournis à un prix si avantageux & les demandes si multipliées qu'on a de la peine à satisfaire à toutes.

SAINT-OMER, ville de France en Artois, sur la riviere d'*Aa*, à 54 lieues de Paris.

MANUFACTURE *de Draps noirs très-estimés, de Pinchinials & de Serges, &c.*

Depestre, Fab. *Pley*, *idem.*

FABRIQUE *de Toiles en fil & coton, à carreaux.*

Dourlens de l'Écaille.

SAINT PAUL-TROIS-CHATEAUX, ville de France dans le haut Dauphiné, près de *Pierlatte*, où s'adressent les lettres, à 160 lieues de Paris.

FABRIQUE *de petites Etoffes de laines.*

Berard, Propriétaires.

FILATURE, *Devidage & Moulinage de Soie.*

Sibour & Pourcher, Entrepreneurs.

MAGASINS *de Draperie.*

Favier. *La Cour.* *Martin.*

SAINT-PONS DE RHONIERES, ville de France en Languedoc, près de Beziers, où s'adressent les lettres, à 205 lieues de Paris.

MANUFACTURE *royale de Draps connus sous le nom de Londrins seconds & de Londrins larges.*

M. *Pigot d'Aiguebonne*, Entrepreneur.

MANUFACTURES *particulieres à l'instar de la Manufacture royale.*

Guiraud l'aîné. (Jean)
Pigot de Molinas. (Jean)
Roque, veuve & fils.

SAINT-QUENTIN, ville de France sur la *Somme*, en Picardie, à 35 lieues de Paris.

DRAPERIE-SOIERIE.

Cette ville est une des plus commerçante du royaume pour l'établissement de ses fabriques & l'industrie de ses habitans, qui se manifeste sous les formes les plus variées & les plus agréables. On compte parmi les Fabriques les plus considérables celles de Toiles fines connues sous les noms de *Batistes*, de *Batistes claires*, de *demi-Hollandes* & de *Truffêtes*.

Celles de *Linons* qui sont d'une très-belle qualité tant en unis que rayés & brochés.

Celles de *Gazes*, de Fils & de Soies unies, rayées, mouchetées & à fleurs, qui ne le cedent en rien à celles d'Angleterre. Les plus beaux ouvrages en ce genre sont des mouchoirs & des tabliers d'un goût varié, agréable & recherché.

Enfin celles de *Marlis* unis, rayés, brochés & à dessins du meilleur goût.

Toutes ces marchandises se répandent dans les provinces de France, & passent en Allemagne, en Hollande, en Russie, en Italie, en Espagne, en Portugal, dans les échelles du Levant & dans les Isles de l'Amérique.

Quelques-uns des Négocians faisant fabriquer, les plus connus, sont Messieurs :

Aubrié Lefranc.
Bidault.
Boursier.
Cottin & Compagnie.
Cottin & *Fromaget.*
Debrissac Paulet & *Nordingh.*
Dollé, pere & fils, & *Leuba.*
Dumoutier Devatres freres.
Dumoutier (Gabriel) & fils.
Duplessis (Laurent) & *Chatelain.*
Fizeaux (Etienne) & Comp.
Gabet freres.
Gambier. (veuve)
Joly (Samuel) & fils.
Joly l'aîné, veuve *Samuel* & fils.
Le Serrurier & fils.
Le Maire de Sains.
Maréchal.
Paillette.
Pluvinage & *Masson.*
Possel (Barthelemy) & fils.
Quentin Mareuse, Fabricant de Linon & de Batiste.
Reneuse.
Vieville fils.

SAINTES, ville de France, Capitale de la Saintonge sur la Charente, à 105 lieues de Paris.

COMMERCE *de Laines & Fabriques de Molletons cadis & d'étamines connues sous le nom d'étamines de Saintes & de Bordeaux. Elles approchent des camelots de Lille pour la couleur, & des étamines d'Amiens pour la force & la finesse.*

Le Directeur de l'Hôpital.

FABRIQUE *assez considérable d'Etoffes de coton, de petites draperies de la fabrique de Pons, & de serges & droguets sur fil de la fabrique de Jonsac.*

NÉGOCIANS

TOILERIE ET LAINAGE.

NÉGOCIANS *Commissionnaires.*

Charier.
Duchaine.
Favre.
Forés.
Gout.
Laurent.
Marechal.
Savary. (veuve)
Viaud.

SAISSAC, petite ville de France dans le bas Languedoc, près d'Alzonne, où s'adressent les lettres, à 182 lieues de Paris.

MANUFACTURES *de Draps à l'instar de ceux de Carcassonne & de Montaulieu.*

MANUFACTURIERS.

Bosc. (Antoine)
Cavailhés. (J. Pierre)
Marabail (Guillaume)

SALERNES, paroisse de France en Provence, près de Barjols, où s'adressent les lettres, à 197 lieues de Paris.

PRODUCTIONS & *Filature de Soies.*

Les eaux du pays ont la propriété de donner à la Soie de la blancheur & de l'éclat en les rendant plus légeres & plus moëleuses, ce qui les fait rechercher & leur donne une valeur de 4 à 3 liv. de plus sur les autres Soies. Il s'en vend annuellement 25 à 30 quintaux dans les foires de Beaucaire.

NÉGOCIANS, Messieurs;

Agnelly.
Bojer.
Carraine.

SAPTES, paroisse de France en Languedoc, près de Carcassonne, où s'adressent les lettres, à 187 lieues de Paris.

MANUFACTURE *de Draps à l'instar & de même nature que ceux de Carcassonne.*

Sabatier, Entrepreneur.

SAUMUR, ville de France en Anjou, sur la Loire, à 68 lieues de Paris.

COMMERCE *de Soies, Chanvres & Lins.*

NÉGOCIANS *Commissionnaires.*

Boilesve l'aîné.
Boilesve le jeune.
Boutet.
Dupuis & Peret.
Maupassant.
Savatier.

SÉDAN, ville de France en Champagne, sur la Meuse, à 6 lieues de Paris.

Cette ville, célebre dans le commerce par sa fabrique de draps fins de premiere qualité, doit la réputation dont elle jouit à l'attention qu'ont toujours apporté les Fabricans dans le choix des laines, la beauté & la solidité des couleurs, la bonté des apprêts & à l'habilité des ouvriers qui sont employés à les fabriquer.

La Fabrique de cette ville, établie à l'instar de celles d'Espagne, de Hollande, porte le titre de manufacture royale, & les draps qui en sortent ne peuvent être composés que de laines d'Espagne.

Parmi les Manufactures on distingue les privilégiées de celles qui ne le sont pas ; celles-ci ont cependant la réputation de fabriquer d'aussi beaux draps que les premieres. On y consomme les mêmes laines d'Espagne de premiere qualité ; on y donne les mêmes soins ; on y emploie les mêmes ouvriers & l'on ne veille pas moins à ce que les draps aient le même apprêt & le même dégré de teinture. Enfin il regne dans chacune un égal motif d'émulation, les unes pour soutenir un nom avantageusement connu chez toutes les nations depuis plus d'un siecle, & les autres pour s'en faire un & captiver la confiance publique.

MANUFACTURES *privilégiées.*

ENTREPRENEURS MM.

La Bauche (Louis) & fils.
Paignon & Compagnie.
Poupart de Neuflize, (Jean Abraham)
Rousseau fils.

Cette ancienne maison est dans l'usage de faire broder son nom sur les lisieres de ses draps de deux aunes en deux aunes.

MANUFACTURES *non-privilégiées.*

ENTREPRENEURS MM.

Barthelemy freres.
Bechet (P. Jh. & J.) freres.
Bechet (Etienne) & Comp.
Canel freres & Comp.
Chauvel & Comp.
Chardron, pere & fils.
Dautun, (Pierre & Louis) pere & fils.
Drouin. (Paul)
Hurtault & Comp.
Husson. (veuve Laurent)
La Bauche, (J.) pere & fils, & Comp.
Le Gardeur freres.
Mertin (Nicolas) & fils.
Mesmer Brincourt & Comp.
Noel Brincourt.
Pagnon Raulin de Flize, & Comp.
Poupart. (Louis)
Raulin (Nicolas) & fils.
Ternaux (Louis) & fils.

MANUFACTURE *de Draps communs d'un très-bon usé, & dans la fabrication desquels on ne doit pareillement employer que des laines d'Espagne.*

Gridaine, (Etienne) Fabricant.

Outre le Commerce que *Sédan* fait avec les ouvrages de ses manufactures & ses fabriques, il s'en fait un encore assez considérable en *Londres*, *demi-Londres* & Serges larges qui se fabriquent dans les environs.

NÉGOCIANS *Commissionnaires.*

Marotte. (veuve)
Profinet, pere & fils.
Rognon & Comp

TOILERIE ET LAINAGE.

FABRIQUE *de Bas de laines de Bourgogne & de Jarretieres de laines, de Lauxois & des Ardennes.*

Quelques-uns des principaux Fabricans faisant des envois, sont Messieurs :

Clouet, pere & fils. *Olin.* (Denis) *Olin.* (Sébastien)

SENS, ville de France en Champagne, Capitale du Senonois sur l'Yonne, à 24 lieues de Paris.

MANUFACTURE *royale de Velours de coton plein & de canelé, Draps, Molletons, Couvertures de coton, Futaine, Bazins & Toiles de coton à l'instar de celles de Troie, Toiles d'Orange, Indienne, & filature de Cotons à l'instar des filatures Angloises.*

Richard le jeune. *Hall* & Comp. Entrepreneurs.

BLANCHISSERIE *pour les Toiles sur un bras de la petite riviere de* Vanne, *dont les eaux sont très-pures. On y blanchit toutes sortes de Toiles dans tous les dégrés de blancheur que l'on peut désirer.*

Richard le jeune. *Hall* & Comp. Entrepreneurs.

SOISSONS, ville de France, Capitale du Soissonnois, sur la riviere d'*Aisne*, à 24 lieues de Paris.

FABRIQUE *de grosses Toiles de teillis & filature de Laines, établie à l'hôpital, dont une partie sert à la fabrique des Serges, des Ratines, des Tiretaines. Les Corderies fournissent aussi au Commerce & à la Marine des cables & des cordages de toutes especes, dont la majeure partie passe à Rouen & au Havre.*

Latournelle, Négociant, Commissionnaire pour la partie des Toiles.

Sivert, *idem*, & pour tout ce qui est relative au Commerce de Soissons.

Nota. Il existe à Soissons une petite rivierre connue sous le nom de *Crese*, dont les eaux, excellentes pour le dégraissage & la teinture, avoient déterminé MM. *Paignon* & *Rousseau* en 1644 à établir à Soissons leur manufacture de Draps. Quelques difficultés survenues entr'eux & le Corps de ville à l'occasion des exemptions & privileges qu'ils vouloient avoir pour leur manufacture les déterminerent à quitter Soissons pour s'établir à *Sedan*, où on leur accorda toutes les immunités qu'ils désiroient. Nous avons cru devoir rapporter ce fait parce qu'il pourroit faire naître à quelqu'artistes le dessein d'y établir une manufacture, & qu'il y a lieu de présumer qu'un établissement de cette nature y réussiroit parfaitement.

STOLBERG, bourg d'Allemagne dans le duché de Juliers, près d'Aix-la-Chapelle, où s'adressent les lettres, à 84 lieues de Paris.

MANUFACTURE *de Draps dans le même genre que ceux qui se fabriquent à Aix-la-Chapelle.*

Cerbe Stoltenhoff, Fab. *Scheibler.* (J. wilh)

STRASBOURG, ville de France, Capitale de l'Alsace, sur la riviere d'Ill, près du Rhin, à 112 lieues de Paris.

MANUFACTURE *royale de Toiles à sacs & à voiles.*

Gau, Entrepreneur, fait la commission en tous genres.

COMMERCE *considérable de Draperie & d'Etoffes de soie de Lyon, pour l'Allemagne, & d'Etoffes de Suisse pour la France*

Quelques-uns des principaux magasins les plus connus, sont ceux de Messieurs:

Daigues. (Charles)
Jacoud (Claude) & fils.
Kum & *Ruhlmam.*
Labeaume & *Chaton.*
Mennet. (Joseph)
Reckop. (J. Jacq.) la draperie.
Roland.

BANQUIERS *Commissionnaires.*

Franck freres.

SUIPPES, ville de France en Champagne, sur la Marne, à 55 lieues de Paris.

COMMERCE *de Laines & Manufacture considérable de Serges connues sous le nom d'Anversins lorsqu'elles ont un liteau bleu ou noir, & de Serges de Saint Nicolas lorsqu'elles sont sans liteau.*

Quelques-uns des Négocians les plus connus, sont Messieurs:

Aubert.
Devarenne. (Pierre)
Jacquart.
Jacquart. (Jacques)
Jullion Godart. (Pierre)
Jullion. (Jean Bapt.)
Marguet. (Etienne Franç.)
Senart Godart. (veuve)

FABRIQUE *de Jarretieres en laines & soies fort estimées.*

Delamerce. (Eloi Louis)
Delasnerie. (J. Baptiste)
Thiery. (Claude)

TOUL, ville de France en Lorraine, sur la Moselle, à 67 lieues de Paris.

FILATURE *de Coton établie à l'hôpital de la Charité, sous la direction des sœurs Hospitalieres*

TOULON, ville de France en Provence, avec un beau port, à 15 lieues de Marseille & à 208 de Paris.

FABRIQUE *de petites Etoffes connues sous le nom de Pinchinats.*

Dolonne, Nég. *Motet* freres.

TOULOUSE, ville de France, Capitale du Languedoc, à 169 lieues de Paris.

La nature & l'art ont tant fait pour cette ville, qu'il seroit difficile d'imaginer une position plus heureuse; située sur la Garonne & près du canal qui unit les deux mers, elle est aujourd'hui l'entrepôt des productions des Pirenées & d'une partie de celles de la Provence & du Languedoc.

MANUFACTURE *royale d'Etoffes de soie, unies, & mélangées, pour meubles, Damas unis & de trois couleurs, Brocatelles, Moires, Damassades, Satinades en fleuret, Mouchoirs damassés & Taffetas dans le genre de Florence. Gazes pour robes, pour le minoi, la boulangerie & les tamis, &c.*

Liotard, pere & fils, Entrepreneurs.

MANUFACTURE *d'Etoffes pour meubles & pour habits dans le genre de la Manufacture royale.*

COMMERCE *de Draps fins & Soieries.*

Lapene l'aîné, Entrepreneur.

MANUFACTURE *de Draperie Angloise.*

Peterfagues, Entrepreneurs.

COMMERCE *de Draps fins & Soieries.*

Abadie.
Barreau.
Bourniol & *Armengaud.*
Chicot & *Charlein.*
Cossaume l'aîné.
d'Arquier freres.
Desloges Delbose & *Couzié.*
Farjenel & *Lorine* l'aîné.
Francés freres.
Laporte, oncle & neveu.
Panis (de) neveu & Comp.
Trinchant & Bertrand.

COMMERCE *de petite Draperie.*

Amiel & *Ramiere.*
Bedout Bastide & Comp.
Bellegarrique & Compagnie.
Caze & *Pierre Roussillon.*
Maleffette.
Marcoul & Comp.
Tayac & Dardenne.

MANUFACTURE *royale de Couvertures & de Moletons de coton*

Madame *Debru* (veuve) Propriétaire.

FABRIQUE *de Couvertures de coton dans le genre de celles de la Manufacture royale.*

Bearé, Entrepreneur. *Cazals*, *idem.* *Lenoble* fils.

FABRIQUE *de Couvertures de laines.*

Escoffres.
Escoubié.
Iché.
Laffont.
Sales.
Vignolles.

FABRIQUE *de Burats.*

Boyer. (madame)
Conte.
Coraze.
Darquié.
Duffaut.
Fourtané.
Granade.
Lacoste.
Laurence.
Touzé.

COMMERCE *de Laines.*

Cauler.
Clauzade. (Joseph)
Girard freres.
Salva & Compagnie.

DRAPERIE-SOIERIE.

FABRIQUE de *Peignes de Cardes.*

Dedieu.
Flages.
Grouſſac. (veuve)
Grouſſac l'aîné.

MANUFACTURE d'*Indienne.*

Weuillet, Entrepreneur & Propriétaire.

MANUFACTURE de *Toiles peintes.*

Dejan, Prop. *Nogué*, *idem.* *Lacroix*, *idem.*

COMMERCE de *Toiles.*

Barreau freres & *Baſtouil.*
Bruils freres.
Buſquet & *Molas.*
Carol & Comp.
Caſſaing Davaſſe & Com.
Dalbis Pujol & Comp.
Ducos freres & Comp.
Eſquirol Michel & Comp.
Fontes & *Bernet*
Fortes Pech, & Compagnie.
Fromatge Azam & Compagnie.
Gounon. (Jacques)
Pech (Paul) & *le Bret.*
Soulié & Compagnie.
Suau & *Palgez.*
Ville & Compagnie.

FABRIQUE de *Mignonette.*

Bajou.
Cazals,
Lapene.
Marnet freres.

BANQUIERS.

Barreau freres, *Dardigna* & Compagnie.
Bellot.
Deſerres (Paul) & *Marie.*
Jacquier. (Dominique)
Decamp Raby & Compagnie.
Teynier, ancien Capitoul.

TOURS, ville de France, Capitale de la Touraine, ſur la riviere de Loire, à 51 lieues de Paris.

Cette ville peut être regardée comme l'entrepôt du Commerce & de toutes les productions de la province.

On compte parmi ſes principales Fabriques celles de Damas façon de Gênes, de Velours, de Moires, de Gros connus ſous le nom de *Tours*, de Raz de Saint Maur, de Croiſés, de Lampaſſes & de Taffetas, & des Fabriques de Gazes & Rubans unis & façonnés, gauffrés, à rezeaux ſimples & de doubles liſſes, Ceintures de prêtres, &c.

Quelques-uns des principaux Fabricans faiſant des envois, ſont Meſſieurs :

Bacot.
Baudichon. (Louis)
Bourgeot.
Cartier & Comp.
Cartier Doucet.
Chardonneau Roſes.
Cormier. (Jacques)
Daveau Beſlas.
Jahan.
Joncharie.
Julienne & *Teiſſier.*
Laroche.
Leroux Baudichon.
Poyard.
Roſes (Simon) freres.
Rozier.
Serezier du Liepvre.
Simon Baron.

Simon Petit Bois.
Simon (veuve) & fils.
Trezevants.
Tacheraut & Duprat.

NÉGOCIANS *Commissionnaires en Soies, Gazes & Soieries.*

Banchereau.
Barbet l'aîné.
Barbet des Nauderies.
Belisle Belas.
Cabarat Saint Jean.
Delaveau Boursaut & fils.
Lourmand (L.) & Comp.
Moysant Couliau, Mayaut & Compagnie.
Saint Jean Belisle.
Viot Roses. (Nicolas)

FABRIQUES *d'Etamines, Serges, Tremieres, Londres, & Droguets dont la majeure partie se fabrique aux environs de Tours.*

NÉGOCIANS *Commissionnaires dont la plupart font établir ces étoffes, leur font donner l'apprêt nécessaire, & les répandent ensuite dans le Commerce.*

Auger Cabarat & fils.
Baudery & Compagnie.
Bestas Quesnel & Comp.
Breton (Etienne) & *Couezeau.*
Chapelot & Comp.
Chinon.
Daburon.
Dervault l'aîné.
Dubois Lescort. (veuve)
Ducousteaux & Gilles.
Gidouin.
Gouin freres.
Jacotot & Bucheron.
Ladroitiere & Comp.
Laplace. (René.
Latour.
Lourmand. (Louis)
Pelge, pere & fils.
Roeher & Compagnie.
Valette freres.
Viat Baudinot.
Violette & Vauquaire.

TRANS, paroisse de France en Provence, près de Draguignan, où s'adressent les lettres, à 218 lieues de Paris.

MANUFACTURE *pour le tirage & devidage de Soie tord ou organsin.*

Beton, Entrepreneur. *Riccaud, idem.*

TREIGNAC, petite ville de France dans le Limousin, près d'*Uzerches*, où s'adressent les lettres, à 109 lieues de Paris.

FILATURE *de Coton dont l'établissement est dû au zele patriotique & éclairé de M. Degain, Greffier en chef du Bureau des Finances, sous la direction de Mesdemoiselles :*

Boudet. *Decoux.* *Lacroix.*

TRIVALLE, (la) paroisse de France en Languedoc, près de Carcassonne, à 185 lieues de Paris.

MM. *Fornier* & Compagnie, Entrepreneurs.

TROYES, ville de France, Capitale de la Champagne, à 36 lieues de Paris.

Cette ville ne doit le rang distingué qu'elle tient dans le Commerce, qu'à l'industrie de ses habitans.

Parmi les Fabriques & Manufactures les plus importantes, on

distingue deux Manufactures de Toiles peintes, façon d'Orange. On y imprime aussi des Toiles des fil & Coton de toutes qualités, des Draps de coton, Mouchoirs façon de Masulipatan, des Silésies, des Bouracans, des Siamoises & toutes les Etoffes en laine qui sont susceptibles d'impression.

Geoffroy Prieur, Entrep. Mlle. *Morley* & Comp.

FABRIQUES & *Commerce considérable de Toiles de Coton, Basins, de Draps de coton, Futaines, modes, piqués, Toiles à fleurs & coutils satinés, Toiles fines connues sous les noms de Toiles Royales de Hollande, demi-Hollande & Toiles de ménage. Toutes ces marchandises reçoivent à Troies le plus beau blanc possible, & sont répandues dans le Commerce par* MM.

Arnout & *Loizellet*.
Aviat Paulin.
Belly Philbert & *Gervaizot*.
Berthelin Fromageot.
Blonda (veuve) & fils.
Boilletot freres.
Bourgeois Rollin.
Camusat & freres, *Lerouge*.
Camusat (veuve) & fils.
Fromageot.
Gaulard. (veuve)
Guelon.
Jacquet, oncle & neveu.
Lejeune & *Jenson* freres.
Lemaire Truelle & Comp.
Lemuet de Mauroy.
Lombart Petit.
Mitantier.
Pry.
Thezenas de la Porte.
Thibaut.
Truelle l'aîné.
Truelle Balbedat.

FABRIQUES & *Commerce de Serges dites de Saint Nicolas, Frocs, Ratines, Espagnolettes, Beges, &c.*

FABRICANS *faisant des envois*, MM.

Deheurle freres.
Thomassin.

NÉGOCIANS *Commissionnaires pour les même Etoffes*.

Berthelin.
Bodot.
Bourotte.
Chanoine.
Cousin.
Duchatel.
Gillier.
Perrin.

BANQUIERS.

Berthelin Fromageot.
Fromageot.
Mitantier.
Thezenas.

VALENCE, ville d'Espagne, Capitale du royaume du même nom, sur la *Gualdalaviar*, à une lieue de la mer & à 225 lieues de Paris.

Poids. 100 livres de Valence ne font que 73 livres, poids de marc.

On peut regarder cette ville comme une des plus commerçantes de l'Espagne. Les Manufactures d'Étoffes de soie de toute espece

espece entretiennent plus de 4,000 métiers continuellement battans, non compris les Fabriques de Mouchoirs de soie, de gazes, de Ceintures & de Rubans dont les ouvrages annoncent que les arts sont parvenus dans cette ville à un très-haut dégré de perfection.

Quelques-uns des principaux Fabriquans faisant Commerce d'Étoffes riches, de Draps fins & de Toiles, sont Messieurs:

Beiret & Laborde.
Beltras Beiret & Lacoarret.
Delabat (J. Bapt.) & fils.
Olivier & Mayendie.

COMMERCE *de Toiles & petite Draperie.*

Bordalongue, (Pascal) pere & fils.
Bres (Joseph) & *Trinquet.*
Capdepon & Beyeye.
Claverie. (Piere)
Courteges. (Pierre)
Galvin Pelissier & Comp.
Fautre & Lyonce.
Laborde. (Louis)
Milanette & Lanusse.
Premartin (veuve) & fils.
Saint Julia. (Joseph)
Sarthon. (Jean)
Vellier Pierre.
Verger freres.

FABRICANS *d'Etoffes de Soie.*

Angel. (Jean)
Blado Meibrele & Baudroy.
Delabat (J. Bapt.) & fils.
Escot. (Roch)
Faure (Alexandre) & Comp.
Iranze. (Charles)
Lapayesse (Joseph) & *Taussin.*
Manelfos. (Joachim)
Marianne Oriole.
Oliag. (Vincent)
Pastor Felix.
Raimond & Marianne Izanze.
Tamaret. (Vincent)
Valence. (Isaac)

NÉGOCIANS *Spéculateurs en tous genres.*

Cause. (Jean-Bapt.)
Faure (Alexandre) & Comp.
Ferrare. (Bernard)
Vagne François.
Valence. (Jacques)
Verges (Pierre) fils, & *Beigbeder.*

VALENCIENNES, ville de France dans les pays bas, Capitale du Hainaut au confluent de *l'Escaut* & de la *Ronelle*; à 48 lieues de Paris.

Si cette ville ne peut être mise au rang des premieres villes de France pour l'étendue de son Commerce, au moins peut-elle être mise au rang de celles qui honorent le plus les arts par le goût & le fini précieux des ouvrages auxquels on sait sur-tout allier l'utile & l'agréable.

MANUFACTURE *de petites Etoffes de laines connues sous le nom de Cassées & de Tricot.*

Roland, (Jacques) Entrepreneur.

FABRIQUE *de Toiles de Batiste, Linons & Gazes, fonds unis à fleurs à bouquets & rayées.*

Toutes les Toiles sont portées en écru au bureau d'Inspection pour y être examinées, mesurées & marquées, & elles en peuvent passer au blanchissage sans avoir les marques qui prouvent qu'elles ont été visitées.

Quelques-uns des principaux Négocians faisant fabriquer, sont Messieurs :

Brochon. (veuve)
Cambier. (Louis)
Canonne. (Jean)
Canonne fils.
Carré. (Franç.)
Carré (Pierre Jean) fils aîné
Castillion. (G.)
Clarez. (Philippe)
Fizeaux (Jacq.) & Comp.
Lahaye & Compagnie.
Lelievre. (N. D.)
Le Roi. (L. G.)
Locart. (veuve)
Mestivier & *Hamoir.*
Nicodeme. (P.G.)
Pourtales Serret & Comp.
Rhoné Dath.
Serret. (Georges)

FABRIQUE *de Dentelles connues avantageusement dans toute l'Europe & très-recherchées. Les ouvrages qu'on y fait le plus ordinairement sont des Garnitures de femmes complettes, composées d'une coëffure à deux barbes ou pans, d'un bavolet, d'une collerette d'engagemens à trois rangs, & Dentelles pour manchettes d'homme, &c.*

Quelques-uns des Négocians faisant fabriquer, les plus connus, sont Messieurs :

Berne. (Mlle. M. J. J.) & sœurs.
Chauwin.
Doisy. (Mlle. Françoise)
Pillon Chauwin.
Frevot Herault.
Tribout (Mlle.) *Claire.*

FABRIQUE *de Fils retords dont la majeure partie sert à alimenter la Fabrique de Dentelles, & le surplus se répand dans le Commerce.*

Quelques-uns des principaux Négocians faisant fabriquer, sont Messieurs :

Degrelle.
Leclerc. (Mlle.)
Nicodême. (P. J.)

VENDOME, ville de France dans la Beauce, Capitale du Vendomois, à 38 lieues de Paris.

MANUFACTURE *de Broderie en blanc & en couleur, sous la direction de Mademoiselle Germont.*

VENISE, ville considérable d'Italie, Capitale de la République du même nom, avec un beau port sur la mer Adriatique, à 230 lieues de Paris.

Cette ville est située sur un golfe où plusieurs rivieres aboutissent. Son heureuse position la met à portée d'étendre son Commerce dans toute l'Europe.

COMMERCE *considérable d'Etoffes de soie, d'or, d'argent, de Velours en soie brodés en or, & de Dentelles de fil connues*

DRAPERIE-SOIERIE.

sous le nom de Point de Venise.

NÉGOCIANS *Commissionnaires en relation d'affaires avec la France.*

Quelques-uns des plus connus sont Messieurs :

Bonfil (D.) & *Figlio.*
Camby. (Barthelemy)
Fano. (L.)
Lauzallo. (B.)
Pombé. (G.)
Segada & Compagnie.
Trevs (S.) & Compagnie.

VERDUN, ville de France, Capitale du Verdunois sur la Meuse, à 60 lieues de Paris.

FABRIQUE *de Draps communs de demi-aune de large.*

Bizet, Fab.

FABRIQUES *de Flanelles fines & communes d'estamette & de tricots propres à habiller les troupes; Serges façon de Londres & demi-Londre, connues sous le nom d'étoffes de Verdun, & des Kalmouks ou Moletons rayés & croisés.*

Anchelon fils. *Bizet.* *Sauvage* le jeune.

FABRIQUE *de Dentelles & Filature de Coton établie à l'Hôpital général.*

VERNEUIL, ville de France dans le Perche, à 26 l. de Paris.

FABRIQUE *d'Etoffes grossieres en bouracans, de fil & de boure, Flanelles de boure & de fil qui imitent les Flanelles de laine fine, & de Droguets fil & laine de différentes couleurs.*

FABRICANS.

Bissieu.
Deshaie.
Dufresne.
Falampin.
Nion.

VERSAILLES, ville de France, à 4 lieues de Paris.

Cette ville, que le séjour habituel de nos Rois a rendue célebre, figure depuis quelque-tems fort avantageusement dans le Commerce. Elle doit cet avantage à la proximité de Paris qui la rend l'entrepôt d'un Commerce de passage considérable, principalement en Mousselines, Toiles & Mercerie.

COMMERCE *de Toiles peintes.*

Quelques-unes des maisons les plus connues, sont celles de Messieurs :

Bussmann & Comp.
Girard des Coills.
Le Roy.

Principales maisons tenant la Mercerie.

Saladin. (veuve) *Vitry.* (Bertrand)

Principales maisons tenant les Toiles blanche & écrue.

Obcural.
Coessin.
Lecointre, (Laurent) & notamment les Toiles de Cretonne.
Mouroult freres, *idem.*

TOILERIE ET LAINAGE.

Principales maisons tenant les Mousselines, &c.

Babois & Hoguer, & les dentelles & linons.

Bertaud, & les toiles blanches.

Carpentier, & la mercerie.

Debois Landry & Compagnie.

Heurtin & le Tellier, & les toiles peintes.

Jouanne Peigné, & les toiles blanches & la mercerie.

Louard Cingal.

Motée & Poreet, & les toiles

Revil.

Richard & neveu, les mousselines & les toiles peintes.

COMMISSIONNAIRES *pour la réception & le transport des marchandises pour tous les pays.*

Gernon le jeune.

Godard (veuve) & Comp.

VERVIER, ville du pays de Liége dans le marquisat de Franchimont sur la Wese, près de Spa, à 86 lieues de Paris.

MANUFACTURE *de Draps qui ont la réputation d'être mieux fabriqués, d'avoir plus de force & le même dégré de finesse que tous ceux qui se fabriquent dans les environs. Il s'en répand, année commune, dans le Commerce, 25 à 30 mille pieces, dont la majeure partie passe dans l'Allemagne, dans la Russie & dans la Turquie.*

Quelques-uns des principaux Manufacturiers, sont Messieurs,

Biolley (François) & fils.
Biolley, fils de *François.*
Biolley (J. F.) *Junior.*
Biolley freres.
Cherin. Mathieu)
Collet. (J. J.)
Cornet. (Joseph)
Cornet. (les enfans)
Daudeseux. (F. J.)
Dedamseaux. (J. J.)
Delmotte freres.
Dusberg.
Dusberg. (les enfans)
Duvivier freres.
Franquinet. (François)
Franquinet. (Jean)
Franquinet. (Nicolas)
Fyon. (Edmont)
Fromanteau (de) & *Godard.*
Godard Renal.
Godard (Mathieu) *Renatte.*
Godard. (Henri G.)
Henrard. (Nicolas)
Kaison. (J. J.)
Lambert freres.
Leloup & *Meunier.*
Longtent pere.
Longtent fils.
Nizet. (Louis)
Neuville. (Pierre Denise)
Speder Christiane & Comp.
Simonis. (Henri G.)

MAGASINS *de Toiles & Etoffes de soie.*

Arnoldy. (Hubert)
Daniel (J.)
Fraipont (François)
Genein (Nicolas)
George. (veuve)
Grayet. (Nic.)
Lesoin. (Nic.)
Servais (Noël) pere.
Servais (Noël) fils.

VIENNE, ville de France en Dauphiné, à 7 lieues de Lyon & à 117 lieues de Paris.

TOILERIE ET LAINAGE.

FABRIQUE *de Ratines, connues sous le nom de superfines & Dauphines croisées, qui se vendent frisées, pressées & en poil.*

Quelques-uns des principaux Fabricans, faisant le Commerce, sont Messieurs :

Bajard & *Peyrieu*.
Charvet freres.
Donnat, fils aîné.
Donnat, fils cadet.

FABRIQUES *de Toiles communes & Toiles à voiles.*

Donnat, fils aîné, Négociant Commissionnaire.
Jolly.
Merle.

VILLE-FRANCHE, ville de France, Capitale du Beaujolois, sur la Morgan, à 228 lieues de Paris.

MANUFACTURE *de Toiles peintes & Fabriques de Toiles de fil & de coton blanches.*

Broun, Entrepreneur.

VIRE, ville de France dans la basse Normandie, sur la riviere du même nom, à *66* lieues de Paris.

FABRIQUE *de Serges & de Draps communs dont il se fait environ 8,000 pieces par an.*

Quelques-uns des principaux Fabricans sont Messieurs :

Alais. (Jean)
Chemin de Forgues
Dubosq. (Jean)
Goislard de la Droitiere.
Hamel.
Saillofest. (Charles)

VIVIERS, ville de France en Languedoc, Capitale du Vivarais sur le Rhône, à 170 lieues de Paris.

MANUFACTURE *de Draps croisés qui servent à l'habillement des Troupes.*

Ces draps sont propres à être reteints, & ont par-dessus les tricots, & autres étoffes de cette nature, l'avantage d'avoir plus de consistance, & de ne pas laisser appercevoir à l'usé une corde grossiere.

Aureſche, Entrepreneur.

VOIRON, ville de France en Dauphiné, près de Grenoble, à 137 lieues de Paris.

FABRIQUE *de Toiles de chanvre.*

NÉGOCIANS *faisant fabriquer.*

Perrier, pere & fils.

UZES, ville de France dans le Languedoc, à 172 lieues de Paris.

COMMERCE *de petites Draperies connues sous les noms de molletons, de Sommieres, Dandaluzes & de Saint Felix, de Pessots, de Cadis, façon de Montauban, & de Serges d'Alais.*

Abargit, Négociant.
Roussel, oncle & neveu, *idem.*
Verdier freres, *idem.*

YPRES, ville des pays bas, Capitale de la Flandre Autrichienne, à 62 lieues de Paris.

FABRIQUE *de Cordon & de Passemens, & Magazin de Toiles, de Dentelles & d'Etoffes d'Angleterre.*

Debouck. | *Destikère.* (D. F.)
Degobard. (Van) | *Pille.*

YVETOT, gros bourg de France en Normandie, à 36 lieues de Paris.

MANUFACTURE *de Velours de coton, Canelés sur coton, Basins à petite & grande raies, à fleurs & à petits bouquets de toutes couleurs, de très-belles Siamoises bejonées, unies, rayées & flammées, des Coutils de toutes especes & des Toiles cadrillées & mouchetées.*

Quelques-uns des principaux Fabricans de Siamoises sont MM.

Breard. *Dubois.* *Gerard.* *Leveque.* *Pepin.* *Rouillard.*

NÉGOCIANS *Commissionnaires.*

Laleur. *Lenoir.* *Lezard.* *Toriot.*

ZURICH, ville de France, Capitale du canton du même nom, à 118 lieues de Paris.

Cette ville, que l'on peut regarder comme une des plus commerçante de la Suisse, fournit au Commerce des Soies & des Etoffes de soies de toutes especes.

Quelques-uns des principaux Négocians, sont Messieurs :

Bodner, (Christophe) les étoffes de soie & mi-soie, cotons, mousselines & toiles de coton.

Escher Lejeune, freres, les soies & cotons en laines, & fabrique de crepes façon de Bologne.

Mayer, (Melchior) les rubans & toiles de coton.

Neuscheles & fils, (Léonard) *Vogeli* & Compagnie, coton filés, mousselines & toiles de coton.

Orell & fils, les mousselines en tous genres.

Ott, (Gaspard) les étoffes de soie, mi-soie, coton, mousselines, rubans & toiles de coton.

Reuttinger, (P.) *Felix Ilouser*, les crepes, flots & étoffes de soie.

Ronler, les toiles de coton, mousselines, fabrique d'étamines.

Scultheff, (Jean Conrard) les soies de Nankin, cotons filés, toiles & mousselines.

Stoker, (Jean Courard) les soies de Nankin, grenadins noirs, mousselines & toiles de coton.

Wermuller, (veuve) de *Jean Gaspard* & *Cramer*, les mousselines, étoffes de soie & demi-soie, & coton, mouchoirs de soie & de gazes.

Vogely & comp., les cotons, toiles de coton & mousselines.

CORRESPONDANCE

De la BONNETERIE et CHAPELLERIE

du Royaume & des Pays Etrangers.

AMIENS, ville de France, Capitale de la Picardie sur la Somme, à 29 lieues de Paris.

FABRIQUE DE BONNETERIE *qui comprend toute la Bonneterie de Santerre, connue depuis long-tems dans le Commerce & fort renommée.*

Quelques-uns des principaux Négocians, sont Messieurs:

Daire, (Jacq.)
Damiens (J. Bapt.) & *Gorlier.*
Dantin, (veuve) *Devisme* & Compagnie.
Josse l'aîné.
Josse, (Hyacinthe.)
Florimond Josse.
Pollet & *Mollier.*

Et en général toutes les maisons qui font le commerce des Etoffes.

ANNONAY, petite ville de France, dans le haut Vivarais, sur la *Deume*, à 2 lieues du Rhône, 11 lieues de Lyon & à 115 lieues de Paris.

FABRIQUE DE BONNETERIE *dont la majeure partie passe dans le levant. La principale Fabrique est à l'Hôpital.*

Quelques-uns des autres Fabricans les plus connus, sont MM.

Aulagne.
Rignol.
Rhevenet pere.
Tollon cadet.

ARC EN BARROIS, ville de France, en Bourgogne, près de Château-Vilain, où il faut adresser les lettres, à 60 l. de Paris.

FABRIQUE DE BONNETERIE *à l'éguille.*

On y fait des bas fins & communs, unis & à côtes, pour hommes & pour femmes, des chaussons & des bonnets de coton. Veuve *Mortet*, Nég. fait fabriquer & fait des envois.

ARCIS SUR AUBE, ville de France en Champagne, à 36 lieues de Paris.

FABRIQUE DE BONNETERIE.

Colas, Fabricant, fait des envois.
Guillaume, pere & fils, *idem.*
Simon, *idem.*

ARPAJON, petite ville de France, à huit lieues de Paris.

MANUFACTURE *royale de Filature de Cotons pour la Fabrique des Mousselines & autres étoffes en Coton.* MM. *Martin Fressele & Lamy*, Entrepreneurs.

A

YPRES, ville des pays bas, Capitale de la Flandre Autrichienne, à 62 lieues de Paris.

FABRIQUE *de Cordon & de Passemens, & Magazin de Toiles, de Dentelles & d'Etoffes d'Angleterre.*

Debouck. | *Destikere.* (D. F.)
Degobard. (Van) | *Pille.*

YVETOT, gros bourg de France en Normandie, à 36 lieues de Paris.

MANUFACTURE *de Velours de coton, Canelés sur coton, Basins à petite & grande raies, à fleurs & à petits bouquets de toutes couleurs, de très-belles Siamoises bejonées, unies, rayées & flammées, des Coutils de toutes especes & des Toiles cadrillées & mouchetées.*

Quelques-uns des principaux Fabricans de Siamoises sont MM.

Breard. Dubois. Gerard. Leveque. Pepin. Rouillard.

NÉGOCIANS *Commissionnaires.*

Laleur. Lenoir. Lezard. Toriot.

ZURICH, ville de France, Capitale du canton du même nom, à 118 lieues de Paris.

Cette ville, que l'on peut regarder comme une des plus commerçante de la Suisse, fournit au Commerce des Soies & des Etoffes de soies de toutes especes.

Quelques-uns des principaux Négocians, sont Messieurs:

Bodner, (Christophe) les étoffes de soie & mi-soie, cotons, mousselines & toiles de coton.

Escher Lejeune, freres, les soies & cotons en laines, & fabrique de crepes façon de Bologne.

Mayer, (Melchior) les rubans & toiles de coton.

Neuschelès & fils, (Léonard) *Vogeli* & Compagnie, coton filés, mousselines & toiles de coton.

Orell & fils, les mousselines en tous genres.

Ott, (Gaspard) les étoffes de soie, mi-soie, coton, mousselines, rubans & toiles de coton.

Reuttinger, (P.) *Felix Ilouser*, les crepes, flots & étoffes de soie.

Ronier, les toiles de coton, mousselines, fabrique d'étamines.

Scultheff, (Jean Conrard) les soies de Nankin, cotons filés, toiles & mousselines.

Stoker, (Jean Courard) les soies de Nankin, grenadins noirs, mousselines & toiles de coton.

Wermuller, (veuve) de *Jean Gaspard* & *Cramer*, les mousselines, étoffes de soie & demi-soie, & coton, mouchoirs de soie & de gazes.

Vogely & comp., les cotons, toiles de coton & mousselines.

CORRESPONDANCE

De la BONNETERIE et CHAPELLERIE

du Royaume & des Pays Etrangers.

AMIENS, ville de France, Capitale de la Picardie sur la Somme, à 29 lieues de Paris.

FABRIQUE DE BONNETERIE *qui comprend toute la Bonneterie de* Santerre, *connue depuis long-tems dans le Commerce & fort renommée.*

Quelques-uns des principaux Négocians, sont Messieurs :

Daire, (Jacq.)
Damiens (J. Bapt.) & *Gorlier.*
Dantin, (veuve) *Devisme* & Compagnie.
Josse l'aîné.
Josse, (Hyacinthe.)
Florimond Josse.
Pollet & *Mollier.*

Et en général toutes les maisons qui font le commerce des Etoffes.

ANNONAY, petite ville de France, dans le haut Vivarais, sur la *Deume*, à 2 lieues du Rhône, 11 lieues de Lyon & à 115 lieues de Paris.

FABRIQUE DE BONNETERIE *dont la majeure partie passe dans le levant. La principale Fabrique est à l'Hôpital.*

Quelques-uns des autres Fabricans les plus connus, sont MM. :

Aulagne.
Rignol.
Rhevenet pere.
Tollon cadet.

ARC EN BARROIS, ville de France, en Bourgogne, près de Château-Vilain, où il faut adresser les lettres, à 60 l. de Paris.

FABRIQUE DE BONNETERIE *à l'éguille.*

On y fait des bas fins & communs, unis & à côtes, pour hommes & pour femmes, des chaussons & des bonnets de coton. Veuve *Mortet*, Nég. fait fabriquer & fait des envois.

ARCIS SUR AUBE, ville de France en Champagne, à 36 lieues de Paris.

FABRIQUE DE BONNETERIE.

Colas, Fabricant, fait des envois.
Guillaume, pere & fils, *idem.*
Simon, *idem.*

ARPAJON, petite ville de France, à huit lieues de Paris.

MANUFACTURE *royale de Filature de Cotons pour la Fabrique des Mousselines & autres étoffes en Coton.* MM. *Martin Fressele* & *Lamy*, Entrepreneurs.

A

BONNETERIE ET CHAPELLERIE.

AUBENAS, ville de France en Languedoc, sur la riviere *d'Hardeche*, à 150 lieues de Paris.

FABRIQUES *pour ouvrer & dévider les Soies. Celles qui en sortent sont si estimées qu'elles se vendent à Lyon un écu par livre au-dessus des plus hauts prix des autres.*

Madame veuve *Deydier*, Propriétaire.

ARDRES, petite ville de France en Picardie, à 64 l. de Paris.

Dupont, Fab. de Chapeaux. *Lefevre*, Nég. en Cotons, &c.

AUMALE, ville de France en Normandie, à 28 l. de Paris.

FABRIQUES DE BONNETERIES, *Négocians faisant fabriquer.*

Dufour. *Merlier l'aîné.* *Merlier le jeune.*

BAGNOLS, petite ville de France dans le bas Languedoc, à 2 lieues du Rhône & à 166 lieues de Paris.

PRODUCTIONS *& Commerce considérable de Soie écrue & préparée en organsins, en trame & en poil.*

Quelques-uns des Commerçans les plus connus, sont MM.

Gensoul. (Ant.) *Marsial.* (Franc.) *Rigaud.* (J. Bapt.)

BAPAUME, ville de France en Artois, à 5 lieues d'Arras & à 36 lieues de Paris.

FABRIQUE *& Commerce considérable de Fils pour la fourniture des Fabriques de Toiles & de Batiste.*

Quelques-uns des Commerçans les plus connus sont MM.

Bedu. (Louis)
Berly. (Pierre)
Cattin. (J. Bapt.)
Deguersonniere. (Michel)
Duquesne. (Dominique)
Izambart Thuilliez.
Lefébure. (Joachim)
Le Maire. (Louis)

BARLEDUC, ville Capitale du Duché de même nom sur la petite riviere d'Ornain, à 60 lieues de Paris.

FILATURE *de Coton, Commerce de Chanvre & Fabrique de Bonneterie.*

On y fabrique des bas & des bonnets à trois fils qui paroissent ne le ceder en rien à ce qu'on fait à Troyes & à *Arcis-sur-Aube*, & des pieces d'habits & de culotte de Tricot de toutes sortes de couleurs, bon teint & aux meilleures conditions possibles.

MM. les Directeurs de la Manufacture des Pauvres.
Robert, freres, Négocians, Commissionnaires.

BARMEN, ville d'Allemagne en Westphalie, dans le Duché de Berg. près Elberfeld.

FABRIQUES de Fils.

Beckmann, Fabricant.
Beckmann, freres.
Bouger. (Nic.)
Brommersfeld. (Pierre)
Dopper. (P. G.)
Henneckse.
Honsberg. (P. G.)
Honsberg. (J. G.)
Krebs, freres.
Lutringhaus.
Engels. (G.)
Von Lineren & wolff.

BONNETERIE ET CHAPELLERIE.

Henneokes. (Veuve) | *Wofwinckel.*
Honfberg. (P. G) | *Van Carnap.*

Commiffionaire, *Braus.* (J. P.)

BASLE, ville de Suiffe, Capitale du Canton, du même nom fur le Rhin qui le partage en deux, à 100 lieues de Paris.

Cette ville peut être confidérée, par fa fituation, comme l'entrepôt des marchandifes qui, des Provinces occidentales de la France, paffent en Suiffe, & de celles qui de la Suiffe paffent dans ces mêmes Provinces. C'eft fans doute à cette heureufe fituation & à l'activité des habitans qu'ils doivent le commerce étendu qui s'y fait, & l'aifance dans laquelle ils vivent tous.

FABRIQUES *de bas de Laine.*

Négocians faifant fabriquer & des envois.

Brener (Jean) l'aîné.
Preifwerck. (Rodolphe)
Preifwerck (Jean) & fils.
Ritter. (Rodolphe)
Schœnaver. (Daniel)
Steiger. (Elie)
Zefling. (Daniel)

BAUGENCY, ville de France dans l'Orléanois; à 41 lieues de Paris.

COMMERCE *confidérable de Laines.*

Delanone.
Duchalais.
Gouthiére des Ifles.
Locatelly.
Rouffeau.

BERG SAINT VINOX, ville de France, dans la Flandre-Maritime, à 68 lieues de Paris.

FABRIQUE *de Fils & Commerce de Lin, &c.*

Backer, Nég. Com. *Chapelire.* *Loriuffe.*

BEZIERS, ville de France en Languedoc, à 205 l. de Paris.

FABRIQUE *& Commerce confidérable de Soie écrue.*

Cofte, Négociant.
Boadieu, *idem.*
Heriffon, *idem.*
Mafcon, *idem.*
Palouffier, *idem.*
Pellet, *idem.*
Salvan, freres, *idem.*

BILBAO, ville commerçante d'Efpagne, Capitale de la Bifcaye, à 210 lieues de Paris.

COMMERCE *de Laines.*

NEGOCIANS *Commiffionnaires.*

Duat & Compagnie *Dom*, (L-César) *idem.*

BLOIS, ville de France fur la Loire, Capitale du Blefois, à 52 lieues de Paris.

FABRIQUES *de Bonneteries.*

Chiquet, pere.
Chiquet, *fils.*
Maffot.
Métivier.

BOURGES, ville de France, Capitale du Berry, fur les

rivieres d'Auron & d'Yevre, à 58 lieues de Paris.

PRODUCTIONS & *Commerce considérable de Laines qui passent pour être des plus belles de France.*

Le Clerc, Nég., Commissionnaire.

CAEN, ville de France, Capitale de la Basse-Normandie, au confluent de l'*Orne* & de l'*Adon*, à 51 lieues de Paris.

BONNETERIE; *Fabrique & Commerce de Bas de Laine, de Fil & de Coton.*

Hamelin, Fab., fait des env. *Desroziers*, *idem.*

CASTRES, ville de France, dans le haut Languedoc, à 18 lieues de Toulouse & à 165 lieues de Paris.

BONNETERIE, *Fabrique de Bonnets, Bas drapés & Bas au métier de Fil & de Coton.*

Azaïs, Fab., fait des envois.
Rigaud, *idem.*
Vila, (Pierre) *idem.*
Villeneuve & Compagnie.

BANQUIER *Commissionnaire.*

Beaudecourt. (Jacob)

CHARTRES, ville de France, Capitale de la Beauce, sur la riviere d'Eure, à 15 lieues de Paris.

FABRIQUE *de Bas à l'éguille.*

NÉGOCIANS *faisant fabriquer & des envois*, MM.

Bruant, freres. *Garnier.* *Juteau*, freres.

BANQUIERS *& Commissionnaire.*

Charles. *Girault.* *Le Vassor d'Ormoy.*

CHATEAUX-ROUX, ville de France en bas Berry, à 60 lieues de Paris.

PRODUCTIONS *& Commerce considérable de Laines de premiere qualité, & qui passent pour les meilleures du Berry.*

PARCHEMINIERS *faisant le Commerce du Plì ou des Laines qui proviennent des bêtes mortes, & dont ils font des envois à Orléans, Reims, Elbeuf & d'Arnetal.*

Claveau.
Defond.
Etienne Lucas.
Passajon.

CHATEAU-SALINS, ville de France en Lorraine, sur la Seille, à 5 lieues de Nancy & à 78 lieues de Paris.

FABRIQUES *& Commerce considérable de Bonneterie;* Connue depuis long-tems sous le nom de Bonneterie de *Vic.*

On y fait des bas, des bonnets & des gants tricotés à l'éguille & drapés fins, demi-fins & ordinaires pour homme & pour femme.

Grillet, Négociant, Commissionnaire en tout genre.

CHATENAY, bourg de France dans la Beauce, près d'Angerville, où s'adressent les lettres, à 23 lieues de Paris.

FABRIQUE *de Bas d'estame drapés au tricot, gris & blancs, dans laquelle on n'employe que des Laines du Berry.*

Marcille, Fab., fait des envois.

BONNETERIE ET CHAPELLERIE.

CHAUMONT en Baſſigny, ville de France en Champagne, ſur la Marne, à 57 lieues de Paris.

FABRIQUE *& Commerce de Bonneterie, Ganterie, &c. les Gants ſur-tout ſont très recherchés à cauſe de l'apprêt & de la beauté de leurs couleurs.*

Boudard Gantier, *Collet, idem.* *Devalle, idem.*

DOURDAN, petite ville de France; Capitale du Hurepoix, ſur la riviere d'Orge, à 9 lieues de Paris.

FABRIQUE *conſidérable de Bas de Soye & de Laine au tricot & au métier; & Commerce de Laines dont la majeure partie paſſe en Normandie & en Touraine.*

NÉGOCIANS, *Commiſſionnaires en Laines.*

Delaplace. *Guenée.* *Henriaut.* *Laurençon.*

FABRIQUE *de Bas de Soie très renommés.*

COMMERÇANS *faiſant fabriquer & des envois.*

Buſſy. (veuve)
Flabée.
Lambert.
Lefort.
Lequeux.
Vaillant.

GANGES, ville de France, dans le bas Languedoc, ſur la riviere d'Héreull; à 7 lieues de Montpelier & à 182 lieues de Paris.

COMMERCE *conſidérable de Soie écrue, & Fabrique de Bas de Soie renommés dans toutes les provinces du royaume chez l'étranger, & principalement dans les différentes Cours de l'Europe, par l'attention que les Négocians qui ſont à la tête de cette Fabrique ont à ne faire uſage que des plus belles Soies, par la préparation, le luſtre & le dégré de blancheur qu'ils ſavent leur donner, à la faveur des eaux de la riviere d'Hérell, & par le choix qu'ils ont toujours fait des meilleurs Ouvriers pour les metre en œuvre.*

Cette Fabrique eſt compoſée d'environ 1,000 métiers.

Quelques-uns des Fabricans de la premiere claſſe, ſont MM.

Caucana Baral, & Com.
Ducros.
Fabre (J.)
Ferrier.
Gervais.
Mairucis & *Berrieres.*
Mejan, pere.

GENES, ville des plus conſidérables d'Italie, Capitale de la République du même nom, avec un bon port; à 182 lieues de Paris.

COMMERCE *conſidérable de Soie grezes et en matoſſe que les Génois tirent des différens ports de la Sicile, et dont ils emploient la majeure partie à la fabrication des étoffes de leurs Fabriques, &c.*

Quelques-uns des Négocians Commiſſionnaires les plus connus, ſont Meſſieurs:

Aubert. (Pierre) *Bagnasco.* (Jérôme)

BONNETERIE.

Boissier.
Kregt Niz & Comp.
Leopoldi & *Conticci.*
Paumer, (les héritiers de Jean Gaspard.)
Panago. (Antoine)
Selapffer & Compagnie.

GRANDVILLIERS, bourg considérable de France en Picardie, à 22 lieues de Paris.

COMMERCE *considérable de Laine, dont une partie sert à alimenter les Fabriques du lieu, & le surplus passe à Amiens, Beauvais & autres villes des environs.*

NÉGOCIANS *Commissionnaires tenant la partie des laines.*

Bazin.
Caudriller, fils aîné.
Deladreue. (veuve)
Langlier, fils aîné.

FABRIQUE & *Magasins de Bonneterie.*

Mangard. (Nicolas)
Mangard. (neveu)

Voiture publique. Il y a un chariot qui passe par Beauvais, & qui loge à Paris, fauxbourg Saint Denis, au Mouton.

JANVILLE, petite ville de France dans la Beauce, près Toury, où s'adressent les lettres, à 20 lieues de Paris.

FABRIQUE *considérable de Bonneterie en Bas, Gants & chaussons de Laine de toutes grandeurs, drapés & étamés, fins & communs.*

Mitoufflet, pere & fils, Entrepreneurs

LYON, ville de France, Capitale de Lyonnois, au confluent du Rhône & de la Saône, à 100 lieues de Paris.

Poids & mesures. La livre dont on se sert communément est de 14 onces, & pour la soie de 15 onces.

La mesure pour les grains s'apelle *ânée*, quatre équivalent à cinq setiers de Paris.

Cette ville est une des plus commerçantes. Elle doit cet avantage à sa position qui la rend l'entrepôt d'un commerce de passage considérable, & à l'industrie de ses habitans qui fixe sur elle l'attention de toutes les nations. Il n'y a pas en effet de ville dans l'univers où l'industrie des hommes se soit manifesté sous des formes plus agréables & plus variées

FABRIQUE *de Bonneterie.*

Alhumbert & *Vespres.*
Chaize, freres.
Chanlet. (Saurin)
Humbert.
Labaume.
Rian & *Martel.*
Merlin & *Molin.*
Vedel.

FABRIQUES *considérables de Chapellerie.*

Il s'en fait immensément, sur-tout pour la Suisse.

Bubaton Archambault & Com.
Canouville & *Delormes.*
Emery.
Donnet freres.
Guetant & Comp.
Mausiur, pere & fils.
Maisonneuve & Comp.
Maisonneuve, (veuve) & fils.

BONNETERIE.

Pascal Neveu & Compagnie.
Recamier freres.
Rocoffort freres.
Roblin & Compagnie.
Tollet. (Claude Henry)

NEGOCIANS, *Banquiers & Commissionnaire en Soies.*

Anthony.
Auriol David & fils.
Braun Bergasse, freres & Compagnie.
Brun. (Jean Bapt.)
Clerjon & *Cramail Jacond*, pere & fils.
Coudere, pere & fils, & *Passavant.*
Delessert & fils.
Finguerlin & *Scherer.*
Felissent, pere & fils, & *Rossevier*, tiennent le dépôt général des laines du Comtat & du Dauphiné.
Fulchiron, freres.
Gaillard (Philippe) grenus.
Grenus& Compagnie.
Jacquier Regny fils & Comp.
Jordan. (Henry)
Maurice. (François)
Nantas & compagnie.
Pomaret Rilliet & Comp.
Pourra (François) & fils.
Scheideling & *Fingrelin.*
Scherer. (Henry)
Sellonff freres.
Steinman, *Tatansard* l'aîné *Bianchi* & Compagnie.
Vincent *Claude aimé.*

Nota. L'ouverture des paiemens en foires de Lyon, se fait les premiers mars, juin, septembre & décembre, hors de paiemens en foires; il n'y a aucun jour de grace, les lettres doivent être payées le jour de l'échéance.

MONNERVILLE, bourg de France dans la Beauce, à 17 lieues de Paris.

FABRIQUE *de Bas drapés au tricot, gris & blancs, de pure Laine de Berry.*

Marcilles, Fabricant, fait des envois.

MONTAUBAN, ville de France dans le Quercy, à 140 lieues de Paris.

FABRIQUE *considérable de bas de Soie.*

Godoffre, pere & fils. *Mariette.* *Soulier.* (Jacq.)

MOULINAGE *de la soie en organcin, trame, poil, cordonnet, point de fil, & toutes sortes de grenadins.*

Soulier, (Jacq.) Entrepreneur. Il joint au commerce des Soies qu'il fait ouvrer celui des Soies grezes.

MONTDIDIER, ville de France en Picardie, à 28 lieues de Paris.

FABRIQUE *de Bas.*

Seillier.

NEUILLANTEL, paroisse de France dans le Beauvoisis près de Beaumont-sur-Oise, où s'adressent les lettres, à 8 lieues de Paris.

FABRIQUE *de Poil de chevre.*

Lemaire, (Pierre) Fabricant.

BONNETERIE.

NIORT, ville de France en Poitou, à 80 lieues de Paris.

COMMERCE de *Laine considérable.*

Bernard, (Aug.) Fabricant.
Bernard freres.
Martin Monteuil.
Orillac.
Taillefert, fils aîné.

NISMES, ville de France dans le bas Languedoc, à 150 lieues de Paris.

COMMERCE *considérable de Soie ouvrées en trame ou en organsin, dont une partie s'emploie dans les Fabriques de la ville, & le surplus se répand dans le Commerce.*

Quelques-uns des principaux Négocians les plus connus en cette partie, sont Messieurs :

Atbus & Compagnie.
Bresson pere & Compagnie.
Monraud & Compagnie.
Vincens & Compagnie
Vincens. (Isaac)

FABRIQUES *considérables de Bas en soie, en laine & en coton, dont il se fait un commerce & des envois immenses tant dans la France que dans l'Allemagne, la Russie, l'Italie, l'Espagne, le Portugal & en Amérique.*

Quelques-uns des principaux Fabricans faisant le Commerce, sont Messieurs :

Barre & Compagnie.
Bousquec (Alex) & Comp.
Boyer de Villas, vincens & Compagnie.
Chabanel, (Jean) l'aîné, & Compagnie
Colomb (Antoine) & fils.
Devillas freres.
Domas & *Sabonadiere.*
Gas & Compagnie.
Jauffaud (J. L.) & Comp.
Levant, freres.
Meynadiere & Compagnie.
Truchmu & *Bouviere.*

Maigre (Louis) & Comp,
Mattre & *Quinquec.*
Veyrn, freres, & Comp.

BANQUIERS.

Bourguet (Salomon) & Comp. *Cazing* freres.

NOYON, ville de France, à 22 lieues de Paris.

FABRIQUE *de Bonneterie, de Laines & de Coton sous la direction de* MM.

Les Administratents des Hôpitaux.

ORLÉANS, ville de France, Capitale de l'Orléanois sur la Loire, à 30 lieues de Paris.

MANUFACTURE *royale de Bonnets, façon de Tunis, Bas & autres ouvrages.*

Michel freres & *Boyetel* freres Entrepreneurs.

OYSONVILLE, bourg de France dans la Beauce, à 9 lieues de Paris.

FABRIQUE *de Bas d'estame & drapés en tricot.*

Dromar, Fab.

BONNETERIE.

POITIERS, ville de France, Capitale du Poitou, à 72 lieues de Paris.

FABRIQUE *de Bas & Bonnets à la grosse broche.*

Bertaud. | *Peraux*, pere & fils.
Lavigne. | *Sabourin.*

NÉGOCIANS *Commissionnaires.*

Guerineau. *Maltête.* *Minoret* pere & fils.

BANQUIERS.

Chaboisseau. (veuve) *Coullaud & Cremiere.* *Laurence.*

PUSSAY, paroisse de France dans la Beauce, près de Monnerville, où s'adressent les lettres, à 17 lieues de Paris.

FABRIQUE *de Bas d'estames & drapés, gris & blancs.*

Luziestrand, Fabriquant, fait des envois.

RAGUSE, ville de Dalmatie, capitale de la république du même nom, avec un bon port sur la Méditerranée, les lettres s'adressent & passent par Naples, à 360 lieues de Paris.

PRODUCTIONS *& Commerce considérable de Laines.*

Il s'en exporte annuellement environ 15 à 20 mille balles. Les marchandises que les François y portent en échange se paient comptant, vu que l'argent y est fort commun.

D'Herculez, (Maison Françoise) fait la banque & Commission.

RENNES, ville de France, capitale de la Bretagne, sur la *Vilaine*, qui la divise en deux parties, à 78 lieues de Paris.

MANUFACTURE *royale de Chapeaux fins.*

MM. Antheaume & Compagnie.

SAINTES, ville de France, Capitale de la Saintonge sur la *Charente*, à 105 lieues de Paris.

FABRIQUE *de Bas fins drapés à la broche en toutes couleurs.*

FABRICANS, MM.

Février (Fr.). *Taunay* (Jean). *Violland* [Pierre].

SALERNES, paroiſſe de France en Provence, près de Barjols, où s'adreſſent les lettres, à 187 lieues de Paris.

PRODUCTIONS *& filature de Soie auxquelles les eaux du pays ont la propriété de donner plus de blancheur & d'éclat, de légéreté & de moëleux; il s'en vend annuellement 25 à 30 quintaux à la foire de Beaucaire.*

NÉGOCIANS.

Agnelli. *Boſel.* *Carraine* [Joſep .]

SAUMUR, ville de France en Anjou, ſur la Loire, à 68 l. de Paris.

FABRIQUE *de Bonneterie en fil & coton.*

Levêque, Négociant commiſſionnaire.

SÉES, ville de France en Normandie; à 40 lieues de Paris.

FABRIQUES *de bas tricotés ordinaires.*

FABRICANS *faiſant des envois.*

Gouyer l'aîné. *Gouyer* le jeune.

SENS, ville de France en Champagne, Capitale du Senonois, ſur *l'Yonne*, à 24 lieues de Paris.

MANUFACTURE *de Bas de ſoie & de coton de toutes qualités, établie à l'Hôpital-Général.*

Darnel, Entrepreneur.

TOULOUSE, ville de France, capitale du Languedoc, à 169 lieues de Paris.

COMMERCE *de bas de ſoie & laine.*

Lafond & Comp., Negociant. *Marſeille*, idem.

BONNETERIE.

COMMERCE *de Laines.* MM.

Clauzade [Jos.]
Girard.
Jacquier [Dom.], & comp.
Joulla freres, & comp.
Laborde-Roucal.
Salva & compagnie.

TROIES, ville de France, Capitale de la Champagne, à 36 lieues de Paris.

FABRIQUES *de Bonneterie qui répandent dans le commerce une très-grande quantité d'objets, principalement en bas de toutes qualités ; la plus considérable est à l'Hôpital-général.*

De Montmau, Directeur.

FABRICANS *faisant le commerce & des envois.*

Alexandre.
Barbier.
Brelet.
Camnut [Alexandre].
Coutan.
Dallemagne.
Gumin.
Huot freres.
Laneret [Pierre].
Lievre.
Maître.
Massé, les petits bas en tous genres.
Prin le jeune.
Vafflard.

NÉGOCIANS *Commissionnaires en ce genre.*

Aubri.
Charpy & Gilain.
Deheurle.
Gerard.
Jacquinot.
Thiebaut.

COMMERCE *de Laines & Chanvre.*

Coquet.
Deheurle freres.
Garnier pere & fils.
Gombault Pillon.
Lalaisse.
Leblanc.
Montmont [de].
Pillon l'aîné.
Rousselet (veuve).
Thomassin.

FABRIQUE *de fil bis, bué à relieure, en 3, 4 & 5.*

NÉGOCIANS *Commissionnaires.*

Boillot.
Lalobe.
Ventrillon.

BONNETERIE.

VALENCE, ville d'Espagne, Capitale du Royaume du même nom, à 225 lieues de Paris.

COMMERCE *de Laines.*

Valtifore (Jean Bapt.), pere & fils.
Ducasas, (Pierre-Michel) pere & fils.
Galabert.
Milanette & Lanusse.
Peyroulon (Pierre).
Saint Juliena (Joseph)

CORRESPONDANCE
DE LA
PELLETERIE,
TANNERIE, GANTERIE, PAFUMERIE, &c.
du Royaume & des Pays étrangers.

ALAIS, ville de France dans le bas Languedoc, à 173 l. de Paris.

TANNERIES *considérables.*

Bonnal cadet. *David Olive.*

ANNONAY, petite ville de France dans le haut Vivarais, sur la Deume, à 2 lieues du Rhône, à 11 lieues de Lyon & à 115 lieues de Paris.

CHAMOISERIE.

On y prépare des peaux de Chamois, de Boucs, de Chevres, de Chevreaux, de Moutons & d'Agneaux. Celles de Chevreaux & d'Agneaux s'employent presque toutes par les Fabricans de Gants de Grenoble.

Quelques-uns des Chamoiseurs les plus connus, sont Messieurs;

Desglenes l'aîné.
Escomel l'aîné.
Faujas.
Montagnon l'aîné.
Pervenché.

ARGENTAN, ville de France en Normandie, à 31 l. de Paris.

COMMERCE *considérable de Cuirs fabriqués qui se tirent des Boucheries de Paris, d'Angleterre & d'Affrique. Ces Cuirs sont fort estimés & passent pour être des meilleurs du Royaume. Il s'en vend une très-grande quantité aux Foires de Caen & de Guybray.*

Delaunay & Bouley.
Dumesnil Tirmois.
Sennegon.
Treville.

AUMALE, ville de France en Normandie, à 28 l. de Paris.

TANNERIES *assez considérables.*

Presque tous les Cuirs qui en sortent passent à Paris.

Dumarché, Tanneur. *Obry*, *idem.* *Thiébault*, *idem.*

BLOIS, ville de France sur la Loire, Capitale du Blesois, à 52 lieues de Paris.

FABRIQUE & *commerce considérable de Gants très-renommés en toutes couleurs & qualités. On en fait de si délicats qu'ils peuvent être enveloppés & cachés dans une noix.*

A

PELLETERIE-TANNERIE.

Amaury Papiau.	*Guillots.*
Colineau.	*Talbert.*

TANNERIES.

Crouteau *Tinquart* le jeune.

CORROYERIES.

Gouté. *Gouté* (veuve) *Regratier.*

BOLBEC, bourg de France en Normandie, dans le pays de Caux, à 40 lieues de Paris.

TANNERIES.

Quelques-uns des Tanneurs, faisant le commerce, les plus connus, sont Messieurs:

Caron (Louis) pere.	*Ignon.* (Jean Bapt.)
Caron (Louis) fils.	*Lavotte.* (Louis)
Caron. (Daniel)	*Pouchet.* (Jacques)
Ignon. (Guillaume)	

CORROYEURS *faisant aussi le Commerce.*

Bellanger. (Daniel)	*Lavotte.* (Nicolas)
Goubé, (Louis)	

BRIGNOLLE, ville de France en Provence, à 10 lieues de Marseille, & à 203 lieues de Paris.

TANNERIE *&commerce considerable de Cuirs qui sortent des Boucheries de Marseille, d'Aix & de Toulon.*

Quelques-uns des Commerçans & Commissionnaires en Cuirs les plus connus, sont Messieurs :

Barberou.	*Rousselin* l'ainé.
Bayle.	*Rousselin* Cadet.

Chartres, ville de France, Capitale de la Beauce sur la riviere d'Eure, à 15 lieues de Paris.

TANNERIES.

Beaulieu, Fabriquant, faisant des envois.

Brochand.	*Doulay.*
Brochand du Luat.	*Guerinot.*

GOURNAY en Brie, ville de France en Normandie, à 20 lieues de Paris.

TANNERIES.

Beauquaire, Fabr. *Feré*, *idem.*

GRASSE, ville de France en Provence, à 173 lieues de Paris.

PRODUCTIONS & *Commerce d'Oranges, Citrons, Bergamottes, Huiles, Amandes, Figues &* FABRIQUES *de Parfums excellents, d'Eaux d'Odeurs, Quintessences, Savonettes & Pommades de toutes especes.*

On y travaille supérieurement les écorces d'oranges, de citrons, & de bergamottes, & l'on en fait des étuis de toutes especes, bombonieres, boites, toilettes & autres ouvrages très-recherchés, dont il se fait des envois & un débit immense dans toute l'Europe.

Quelques-uns des Négocians-Commissionnaires les plus connus, sont Messieurs :

Artaud.	*Luce.*
Berard.	*Puguaire* (L.)
Bonin.	*Ricord.*
Gerard fils.	

TANNERIES.

Berage cadet, tient la partie des Cuirs, &c.

GRENOBLE, ville de France, Capitale du Dauphiné sur Lisere, très-renommée pour la Ganterie, à 124 l. de Paris.

FABRIQUES *de Ganteries.*

On peut regarder la Fabrique de Grenoble comme une des premieres en ce genre, par la beauté de l'apprêt des peaux qu'elle emploie. Cette Fabrique occupe plus d'un tiers des habitans de la ville, & les Gants qu'on y fait s'envoient à Paris, en Angleterre, en Italie, en Espagne & dans toutes les principales villes de France & de l'Europe.

Quelques-uns des principaux Fabricans faisant des envois, sont Messieurs :

Balastron.	*Laville.*
Bovier.	*Rivet.*
Charles Robert.	*Romans.* (Laurent)
Gaudoz.	*Souveran.*

FABRIQUES *de Chapelleries.*

Les Fabriques de Grenoble fournissent plusieurs régimens : la Savoye, le Gapençois, l'Embrunois & le Briançonnois.

Quelques-uns des principaux Négocians, sont Messieurs :

Chagniez.	*Rosset.*
Charavel.	*Sandrot.*
Olieu.	

LA FLECHE, ville de France en Anjou, sur la riviere de Loir, à 56 lieues de Paris.

TANNERIES *où l'on prépare des Cuirs de toutes especes, & notamment beaucoup de Cuirs d'Irlande.*

TANNEURS *faisant le Commerce & des envois.*

Couet,	*Leroy.*
Jamin freres.	*Pion.*
Lemercier.	

L'AIGLE, ville de France dans la haute Normandie, sur la riviere de Rille, à 32 lieues de Paris.

FABRIQUE *de Peaux de veaux d'Alun ou Bazanne pour la relieure des livres.*

Portien Camus, Fabricant.

BONNETERIE.

VALENCE, ville d'Espagne, Capitale du Royaume du même nom, à 225 lieues de Paris.

COMMERCE de Laines.

Baltifore (Jean Bapt.), pere & fils.
Ducasfas, (Pierre-Michel) pere & fils.
Galabert.
Milanette & Lanusse.
Peyrouton (Pierre).
Saint Julieya (Joseph)

CORRESPONDANCE
DE LA
PELLETERIE,
TANNERIE, GANTERIE, PAFUMERIE, &c.
du Royaume & des Pays étrangers.

ALAIS, ville de France dans le bas Languedoc, à 173 l. de Paris.

TANNERIES *considérables.*

Bonnal cadet. *David Olive.*

ANNONAY, petite ville de France dans le haut Vivarais, sur la Deume, à 2 lieues du Rhône, à 11 lieues de Lyon & à 115 lieues de Paris.

CHAMOISERIE.

On y prépare des peaux de Chamois, de Boucs, de Chevres, de Chevreaux, de Moutons & d'Agneaux. Celles de Chevreaux & d'Agneaux s'employent presque toutes par les Fabricans de Gants de Grenoble.

Quelques-uns des Chamoiseurs les plus connus, sont Messieurs:

Desglenes l'aîné.
Escomel l'aîné.
Faujas.
Montagnon l'aîné.
Pervenché.

ARGENTAN, ville de France en Normandie, à 31 l. de Paris.

COMMERCE *considérable de Cuirs fabriqués qui se tirent des Boucheries de Paris, d'Angleterre & d'Affrique. Ces Cuirs sont fort estimés & passent pour être des meilleurs du Royaume. Il s'en vend une très-grande quantité aux Foires de Caen & de Guybray.*

Delaunay & Bouley.
Dumesnil Tirmois.
Sennegon.
Treville.

AUMALE, ville de France en Normandie, à 28 l. de Paris.

TANNERIES *assez considérables.*

Presque tous les Cuirs qui en sortent passent à Paris.

Dumarché, Tanneur. *Obry*, *idem.* *Thiébault*, *idem.*

BLOIS, ville de France sur la Loire, Capitale du Blesois, à 52 lieues de Paris.

FABRIQUE *& commerce considérable de Gants très-renommés en toutes couleurs & qualités. On en fait de si délicats qu'ils peuvent être enveloppés & cachés dans une noix.*

A

PELLETERIE-TANNERIE.

Amaury Papeau. | *Guillots.*
Collneau. | *Talbert.*

TANNERIES.

Crouteau | *Tinquart* le jeune.

CORROYERIES.

Gouté. *Gouté* (veuve) *Regratier.*

BOLBEC, bourg de France en Normandie, dans le pays de Caux, à 40 lieues de Paris.

TANNERIES.

Quelques-uns des Tanneurs, faisant le commerce, les plus connus, sont Messieurs:

Caron (Louis) pere. | *Ignon.* (Jean Bapt.)
Caron (Louis) fils. | *Lavotte.* (Louis)
Caron. (Daniel) | *Pouchet.* (Jacques)
Ignon. (Guillaume)

CORROYEURS *faisant aussi le Commerce.*

Bellanger. (Daniel) | *Lavotte.* (Nicolas)
Goubé, (Louis)

BRIGNOLLE, ville de France en Provence, à 10 lieues de Marseille, & à 203 lieues de Paris.

TANNERIE *&commerce considerable de Cuirs qui sortent des Boucheries de Marseille, d'Aix & de Toulon.*

Quelques-uns des Commerçans & Commissionnaires en Cuirs les plus connus, sont Messieurs :

Barberou. | *Rousselin* l'aîné.
Bayle. | *Rousselin* Cadet.

Chartres, ville de France, Capitale de la Beauce sur la riviere d'Eure, à 15 lieues de Paris.

TANNERIES.

Beaulieu, Fabriquant, faisant des envois.
Brochand. | *Doulay.*
Brochand du Luat. | *Guerinot.*

GOURNAY en Brie, ville de France en Normandie, à 20 lieues de Paris.

TANNERIES.

Beauquaire, Fabr. *Feré, idem.*

GRASSE, ville de France en Provence, à 173 lieues de Paris.

PRODUCTIONS *& Commerce d'Oranges, Citrons, Bergamottes, Huiles, Amandes, Figues &* FABRIQUES *de Parfums excellens, d'Eaux d'Odeurs, Quintessences, Savonettes & Pommades de toutes especes.*

On y travaille supérieurement les écorces d'oranges, de citrons, & de bergamottes, & l'on en fait des étuis de toutes especes, bombonieres, boîtes, toilettes & autres ouvrages très-recherchés, dont il se fait des envois & un débit immense dans toute l'Europe.

Quelques-uns des Négocians-Commissionnaires les plus connus, sont Messieurs :

Artaud.
Berard.
Bonin.
Gerard fils.
Luce.
Puguaire (L.)
Rivord.

TANNERIES.

Berage cadet, tient la partie des Cuirs, &c.

GRENOBLE, ville de France, Capitale du Dauphiné sur Lisere, très-renommée pour la Ganterie, à 124 l. de Paris.

FABRIQUES *de Ganteries.*

On peut regarder la Fabrique de Grenoble comme une des premieres en ce genre, par la beauté de l'apprêt des peaux qu'elle emploie. Cette Fabrique occupe plus d'un tiers des habitans de la ville, & les Gants qu'on y fait s'envoient à Paris, en Angleterre, en Italie, en Espagne & dans toutes les principales villes de France & de l'Europe.

Quelques-uns des principaux Fabricans faisant des envois, sont Messieurs :

Balastron.
Bovier.
Charles Robert.
Gaudoz.
Laville.
Rivet.
Romans. (Laurent)
Souveran.

FABRIQUES *de Chapelleries.*

Les Fabriques de Grenoble fournissent plusieurs régimens : la Savoye, le Gapençois, l'Embrunois & le Briançonnois.

Quelques-uns des principaux Négocians, sont Messieurs :

Chagniez.
Charavel.
Olieu.
Rosset.
Sandrot.

LA FLECHE, ville de France en Anjou, sur la riviere de Loir, à 56 lieues de Paris.

TANNERIES *où l'on prépare des Cuirs de toutes especes, & notamment beaucoup de Cuirs d'Irlande.*

TANNEURS *faisans le Commerce & des envois.*

Couet,
Jamin freres.
Lemercier.
Leroy.
Pion.

L'AIGLE, ville de France dans la haute Normandie, sur la riviere de Rille, à 32 lieues de Paris.

FABRIQUE *de Peaux de veaux d'Alun ou Bazanne pour la relieure des livres.*

Portien Camus, Fabricant.

PELLETERIE-TANNERIE.

LANDERNEAU, ville de France en basse Bretagne, avec un port de mer sûr & propre à contenir de gros vaisseaux marchans, à 4 lieues de Brest & à 125 lieues de Paris.

COMMERCE *considérable de Cuirs verds, dont la négociation se fait principalement avec Bordeaux, Montpellier, Lisbonne & Bilbao.*

NÉGOCIANS *Armateurs faisant la commission.*

Duclos Legris l'aîné,
Duthoya. (Jean)
Duval Legris.
Kros. (Barthelemy)
Leyer. (Louis)
Mazurier l'aîné, fait aussi la banque.
Roulain. (Jean Bapt.)

LIEGE, ville libre & impériale d'Allemagne, dans le cercle de Westphalie, Capitale de l'Evêché du même nom, sur la Meuse, à 75 lieues de Paris.

FABRIQUE *de Tannerie très-renommée.*

Les Tanneurs ont une méthode avantageuse de tanner & d'apprêter leurs cuirs qu'on prétend leur être particuliere.

Dehaime & de Bomal.
Dieudonné Libert.
Dozin.
Gausset.
Hogge. (T. J.)
Honbotte. (Nic.)
Jacoby. (J. Nic.)
Kinable. (L.)
L'Empereur. (L)
L'Enfant. (J. C.)
Libert. (H.)
Malherbe.
Moxhon.
Scronce. (M.)
Scrons. (N.)

LISIEUX, ville de France dans la haute Normandie, au confluent de la riviere d'Orbec, à 5 lieues de la mer & à 37 lieues de Paris.

TANNERIE *assez considérable.*

Deneuville & fils, Banquier Comm. *Thillay, idem.*

MALMEDI, ville d'Allemagne, près de Spa, où s'adressent les lettres, à 86 lieues de Paris.

TANNERIES & *Commerce considérable de Cuirs.*

Quelques-uns des principaux Tanneurs faisant des envois, sont Messieurs :

Alard. (J. Philippe)
Alard. (Henri Joseph)
Alard. (Dieudonné).
Bodson. (Godefroy.)
Cavens. (Cavans)
Cavens. (Pierre)
Closse. (freres)
Crepu (J. Quirin)
Crepul. (J. Nic.)
Darimont. (veuve)
Darimont (Gilles)
Darimont. (Aubert)
Delboru & fils.
Doutrelepont. (J. Léonard)
Doutrelepont. (Louis)
Doutrelepont. (J. Quirin.
Doutrelepont. (Ve. Renieze)
Doutrelepont. (Renieze Jos.)
Dreré. (Servais)
Dresse. (Gillet)

GANTERIE-PARFUMERIE.

Faimonville. (J. Franç.)	*Liberté* (Henr.)
Faimonville. (Pierre-Ant.	*Moster.* (Nicolas)
Fraimonville. (J. Quirin)	*Neuray.* (Hubert)
Franc. (Jean)	*Paquai.* (Henri)
Gautoie. (Jean Joseph)	*Piette.* (Piere)
Gautoie. (Quirin)	*Ponsard.* (Antoine)
Gautoie. (Olivier)	*Renetto.* (veuve)
Lang. (veuve)	*Steinbach.* (veuve)
Lefevre. (André)	*Steinbach.* (Quirin)
Leloup. (Gabriel).	*Villers.* (veuve)
Leloup. (Hubert)	*Villers* (Quirin Joseph)
Lienne. (Antoine)	

CORROYEURS *faisant le Commerce.*

Drossé. (Gelles)	*Kinon.* (André)
Droudonne. (Joseph)	*Laroche.* (Mathias)
Etienne. (Joseph)	*Leloup.* (Hubert)
Kinon. (Gerard)	*Velssenfeld.* (Henri Joseph)

MEHUN sur Loire, ville de France dans l'Orléanois, à 34 lieues de Paris.

TANNERIES *considerables.*

Quelques-uns des Tanneurs faisant le Commerce les plus connus, sont Messieurs:

Ami Chicoineau.	*Chicoineau Rimbault.*
Bertin (Hubert)	*Chicoineau*, (Paul) pere.
Chicoineau. (Ant.)	*Chicoineau* (Richard)
Chicoineau Dubois.	*Lardier* fils.

METZ, ville de France, Capitale du pays Messin, au confluent de la *Mozelle* & de la *Seille*, à 72 lieues de Paris.

TANNERIES *considérables & fort estimées. La majeure partie des Cuirs qui s'y préparent est en veau grené.*

Quelques-uns des Tanneurs faisant le Commerce les plus connus sont Messieurs:

Aubertin. *Roupeur.* *Veber.*

MILHAUD, ville de France en Rouergue, à 170 l. de Paris.

FABRIQUE *de Chapeaux, de Peaux de Chamois, de Gants de chevreaux.*

Salter, Négociant Commissionnaire.

MONTPELLIER, ville de France dans le bas Languedoc, renommée pour les liqueurs, parfums & eaux de senteur.

FABRIQUES *considérables de Tanneries, dont les Cuirs sont fort estimés & très-recherchés.*

On évalue annuellement cette branche de Commerce à plus de 200,000 liv.

Quelques uns des Négocians spéculateurs, Banquiers & Commissionnaires en tous genres, les plus connus, sont Messieurs:

PELLETERIE-TANNERIE.

Allut le cadet.
Blouquier le pere.
Bourrely Fuech & Comp.
Dinand (veuve) & fils.
Fajon freres.
Lajard Brunet & Comp.
Martin (Pierre)
Picot, *Fari Sue* & Comp.
Pomier freres.

MORLAIX, ville de France dans la basse Bretagne, avec un port sur la Manche qui rend son Commerce très-florissant en tous genres, à 114 lieues de Paris.

FABRIQUES *& Commerce de Peaux de veaux de génisse & de vaches tannées & corroyées, & de Peaux de moutons passés en blanc & en gris.*

Quelques-uns des Negocians & Commissionnaires les plus connus sont Messieurs :

Berrere & *Behic*.
Beau, freres.
Bernard.
Cornic, veuve & fils.
Descombes, veuve *Laneaux* & *le Bras*.
Dessaux.
Guen.
Hamelin.
Lamothe & *Birée*.
Lange, pere & fils.
Lannux freres.
Larrault (veuve) & comp.
Mazurcé.
Miron.
Pitot. (Pierre Louis)
Rannou.
Sermansan.
Villard (veuve) *Macé de Richebourg* & Comp.

BANQUIERS.

Hamelin.
Sermansan.

MORTAGNE, ville de France dans le Perche, à 34 lieues de Paris.

FABRIQUES *de Basanne pour tapisserie de cuirs dorés, relieure & couverture de talons de souliers.*

Ces peaux se consomment presque toutes à Paris, & s'envoient en croute, c'est-à-dire, telles qu'elles sortent de la Tannerie.

Teissier Reculard, Négociant Commissionnaire.

NIORT, ville de France au Poitou, à 89 lieues de Paris.

FABRIQUE *de Peaux de Chamois, de Chevreuils, de daims, de cerfs & d'élans, qu'on y apporte de la Louisianne par les vaisseaux qui arrivent au port de la Rochelle ; ces peaux servent à faire des culottes & des bufles ; & l'apprêt produit un dégrat pour les Tanneries qui est fort estimé.*

Quelques-uns des Chamoiseurs faisant le Commerce, les plus connus, sont Messieurs :

Barré Desprez. (veuve)
Barré Desprez fils.
Barré Belgarde.
Champanois.
Haury Barré.
Lavault,
Main, freres.

GANTERIE-PARFUMERIE.

NISMES, ville de France dans le bas Languedoc, à 150 l. de Paris.

TANNERIE *& Chamoiserie dont les Cuirs préparés forment une branche de Commerce assez considérable avec les différentes provinces du royaume, l'Italie, l'Espagne & la Savoye.*

NÉGOCIANS, *Banquiers, Commissionnaires.*

Bourguet (Salomon) & Comp. *Cazing* freres.

ORLÉANS, ville de France, Capitale de l'Orléanois, à 30 lieues de Paris.

TANNERIE *dont les Cuirs qu'on y apprête se tirent de Paris & de la province, & s'exportent en partie chez l'étranger.*

NÉGOCIANS *faisant le Commerce.*

Lemoine Mombrun. *Miron* (François) & *Verger.*

TANNEURS *faisant aussi le Commerce.*

Barault.
Fogier.
Girard.
Larue.
Lamy.
Levassor.
Pataud.

MÉGISSERIE *où se fabriquent des Peaux de mouton à fleur & des Peaux d'Agneaux en Couleurs.*

Quelques-uns des principaux Mégissiers-Corroyeurs les plus connus, faisant des envois, sont Messieurs.

Besnier.
Bellecourt.
Creusillet.
Girard Foucher.
Girard Pelletier.
Girard Vallerant.
Hue.
Huet.
Laloge, (de)
Pelletier fils.
Pelletier Croyet.
Pelletier Perdereau.
Rouhault, & fait la Comm.

PARTENAY, ville de France dans le Poitou, à 75 lieues de Paris.

TANNERIE *& Fabrique de Cuirs forts, Beauderies, Peaux de veaux & de chevres, dont l'apprêt en noir & en gris est fort estimé. Il se débite annuellement plus de 3 à 4,000 Peaux de chevreaux en poil & beaucoup de Peaux de Sauvagines.*

Quelques-uns des principaux Tanneurs faisant le Commerce & des envois; sont Messieurs:

Bernard.
Chaigneau.
Lacour.
Moricet.
Ridouart.
Le Feron, Nég. Commiss.

PUY, (le) en Velay, ville de France en Languedoc, Capitale du Velay, 118 lieues de Paris.

TANNERIE *& Fabrique considérable d'Outres en cuirs qui servent au transport, à dos de mulets, des marchandises li-*

quides du Vivarais, de l'Auvergne, du Limofin & du Dauphiné.

Affezat. (veuve) | *Deffaignes.*
Balme. | *Maigne.* (veuve)

RAGUSE, ville de Dalmatie, Capitale de la République du même nom, avec un bon port fur la Méditerranée, les lettres s'adreffent & paifent par Naples, à 368 lieues de Paris.

PRODUCTIONS *&* *Commerce confidérable de Maroquin, de Peaux de chevres & de lievres.*

Les marchandifes que les François y portent en échange, fe paient comptant, vu que l'argent y eft fort commun.

d'Hercullez, (Maifon François) Négociant, fait la Banque & Commiffion.

REMBERVILLIERS, ville de France en Lorraine, près Luneville, où s'adreffent les lettres, à 81 lieues de Paris.

TANNERIE, *Fabrique de Cuirs de toutes efpeces, dont la majeure partie paffe en Allemagne.*

Quelques-uns des principaux Tanneurs faifant des envois, les plus connus, font Meffieurs,

Degnerre pere. | *Drouel* (Nc.) & fils.
Douet. (Criftophe) | *Peterlin.*

NÉGOCIANS *Commiffionnaires.*

Balte. (Nicolas)

SAINT GALMIER, ville de France dans le Forez, près de Lyon, où s'adreffent les lettres, à 92 lieues de Paris.

MANUFACTURE *de Chamoiferie & de Mégifferie.*

NÉGOCIANS *faifant fabriquer.*

Odin. | *Tillon & Girard.*
Ramel. |

SAINT GERMAIN-EN-LAYE, ville de l'ifle de France, à 4 lieues de Paris.

TANNERIE *confidérable où l'on fabrique des Cuirs forts & des Peaux de veau & de chevre qui imitent le Maroquin.*

Milon, freres, Tanneurs, font des envois.

SAINT-LO, ville de France dans la baffe Normandie, fu la Vire, à 66 lieues de Paris.

TANNERIE, *Fabrique de Cuirs renommée fur-tout pour l'apprêt de ceux qu'on nomme Cuirs d'empeigne, qui ne le cedent en rien aux Peaux de veaux d'Angleterre pour la fineffe & le mollec.*

Dubuiffon, Négociant, Banquier-Commiffionnaire.

SENS, ville de France en Champagne, Capitale du Senonois fur l'Yonne, à 24 lieues de Paris.

FABRIQUE

PELLETERIE.

FABRIQUES *de Tannerie & de Mégisserie fort estimées & qui forment une des principales branches du Commerce de Sens.*

Cornisset, Marchand Tanneur, fait des envois. | *Leveque*, *idem*.

STRASBOURG, ville de France, Capitale de l'Alsace sur la riviere d'Ill, près du Rhin, à 112 lieues de Paris.

COMMERCE *de Pelleterie.*

Stroolk, Négociant, Commissionnaire en Pelleterie.

BANQUIERS.

Franck freres.

SUIPPES, ville de France en Champagne, sur la *Marne*, à 55 lieues de Paris.

TANNERIE *considérable & très-estimée.*

Dupuy, (Jacques) Fabriquant.

TARARE, bourg considérable du Lyonnois, à 6 lieues de Lyon, & à 100 lieues de Paris.

TANNERIES *considérables.*

Foretz.
Perrin, (Pierre)
Perrin, (François)
Roure, (Claude)

TOURS, ville de France, Capitale de la Touraine, à 58 lieues de Paris

COMMERCE *considérable de Cuirs.*

NÉGOCIANS *faisant la Commission.*

Audebert, (Gatien) & compag.
Cartau, l'aîné.
Cartau, (veuve Benoist)
Delavau, *Bourcault* & fils.
Pelgé & Compagnie.
Pouget & Comp.

TREIGNAC, petite ville de France dans le Limosin, près d'Uzerches, à 209 lieues de Paris.

FABRIQUE *de Chapeaux de Laines d'agneaux.*

Desal, (Pierre) Fab.
Doucet, *idem.*
Surdols. (Franç.)

TROIES, ville de France, Capitale de la Champagne, à 36 lieues de Paris.

FABRIQUE *de Parchemin & de Vélin de toutes especes, Maroquin de différentes couleurs, & Peaux de tambours.*

Mignlot, Fabriquant.

COMMERCE *de Pelleterie de France, &c. Peaux de Renard, de Fouines, Pitois, de Lapins Riches & de Martre, de Peaux de Lievres & de Lapins pour la Chapellerie.*

Arsonavalle, Négociant. *Descaves.* *Vigneron.*

PELLETERIE.

VENDOME, ville de France dans la Beauce, Capitale du Vendomois, à 38 lieues de Paris.

FABRIQUE *de Gants*.

Quelques-uns des principaux Fabriquans faisant des envois, sont Messieurs :

Adam.
Beaussier. (veuve)
Boutrais Courtain.
Boutrais Germond.
Chapeau.
Chapeau (fils).
Cheminais.
Gerard.
Guiller.
Hamard Fortin.
Hamard Piednoir.
Noury. (veuve)
Thoisnier.
Vaslet le jeune.
Vaslet Marganne.

VERNEUIL, ville de France dans le Perche, à 26 lieues de Paris.

TANNERIES *très-renommées, pour la préparation du veau & de la basanne, pour la relieure des livres*.

Gibourdet, Fabriq.
Loche, idem.
Queru, fils.
Vaucanet.

VERSAILLES, ville de l'Isle de France, à 4 lieues de Paris.

NÉGOCIANS *Commissionnaires pour la réception & transport de toutes sortes de marchandises*. MM.

Germont, le jeune.
Godard, (veuve) & Compag.
Lanoue, (veuve) J.-Bapt.

VERVIER, ville du pays de Liege, dans le marquisat de Francgimont, près de Spa, à 86 lieues de Paris.

TANNERIES *considérables*.

Cruppel. (J. J.)
Winandy. (veuve)

DÉPART ET ARRIVÉE

DES DILIGENCES, CARROSSES, BERLINES ET MESSAGERIES ROYALES DE FRANCE,

POUR LES PRINCIPALES VILLES DU ROYAUME;

Avec le prix des Places, celui du Port des Paquets, & le nombre de Jours en route.

LES voitures publiques doivent leur origine à l'utilité du commerce, & leur établissement à l'Université de Paris. On en fixe l'époque sous l'Empereur Charlemagne, en 768.

Elles furent d'abord établies pour conduire à Paris les personnes de province qui vouloient y venir étudier, & servoient conséquemment à entretenir un commerce réglé entre les étudians, leur famille & les messagers connus sous le nom de *Suppôts de l'Université.* Ils étoient responsables de leur conduite au Recteur de l'Université & aux Procureurs des nations qui la composent.

Ces Messagers s'aquittant fidelement de leurs commissions, le Public prit confiance en eux pour faire porter ses hardes, paquets & lettres, & ils devinrent insensiblement les Messagers de l'État qui augmenta leurs priviléges de l'exemption des péages dûs au Roi & aux Seigneurs, sur les fiefs desquels ils passoient.

En 1632, Louis XIII permit à ses Couriers par une déclaration, de joindre à ses dépêches les lettres des particuliers deux fois la semaine seulement.

En 1676, les offices de Messagerie furent supprimés & remboursés par la ferme générale des Postes, qui fut subrogée aux baux de l'Université jusqu'en 1719, que les Messageries de l'Université ont été réunies à la ferme générale des Postes & Messageries, moyennant un vingt-huitieme effectif du bail général de ladite ferme, payé chaque année à l'Université.

L'administration des Postes & Couriers est absolument distincte de celle des Messageries. La premiere est spécialement chargée des dépêches de la Cour & des lettres du Public. La seconde n'est établie que pour le transport exclusif des voyageurs, de l'or, de l'argent, & ne peut se charger d'aucune dépêche, mais seulement de toutes especes de paquets, bagages, malles, balles & balots, même au-dessous de 50 livres.

Avis et Observations.

Il y a des Entrepôts aux environs de Paris qui correspondent à toutes les routes du royaume, d'où ces marchandises expédiées en *passe de bout* sont transportées à leur destination, avec la plus grande exactitude. Au moyen de ces Entrepôts, on évite les droits de commission, de réexpédition, de magasinage & souvent même l'inconvénient de différentes avaries qui étoient inévitables avant leur établissement.

MM. les négocians peuvent donc mettre au besoin leurs marchandises en passe-debout dans les bureaux des Messageries de province, avec des adresses directes & *marques d'usage* dans le commerce & une seconde adresse à M. le Directeur général des Entrepôts des Messageries de France.

Il y a six Entrepôts qui sont situés dans la banlieue de Paris, sçavoir : à Saint Mandé, à la Croix de Bernis, à la Villette, à S. Denis, à Saint Germain-en-Laye & à Versailles.

Pour le transport de l'un de ces Entrepôts à un autre, on ne paye qu'un simple droit de *6* deniers par livre pesant, & 30 sols par cent de ceux pour lesquels il y a composition convenue.

Le prix des places, y compris le sac de nuit évalué 10 liv. pesant, est fixé pour les voitures à journées réglées, sçavoir :

Les Diligences à 16 sols par lieue de Poste.

Les Carrosses & Cabriolets à 10 s.

Et les Panniers & Fourgons à *6* s.

DES VOITURES PUBLIQUES.

Celui des places dans les diligences de Paris à Lyon & de Lyon à Paris, est fixé à 114 liv. y compris la nourriture, & celui de l'Impériale à 50 liv. sans nourriture.

Il est expressément enjoint aux voyageurs de ne point mettre d'or ni d'argent dans leurs porte-manteaux, valises ou sacs de nuit.

Les voyageurs doivent être très-attentifs à ne point arher leur place avant de s'assurer du jour & de l'heure précise du départ, & ne pas être moins exacts à se rendre une demi-heure avant l'heure indiquée par le billet imprimé qu'on doit leur remettre, faute de quoi les arhes seront perdus.

ENVOIS D'EFFETS ET MARCHANDISES.

Formalités à remplir, & précautions à prendre pour l'envoi & l'emballage des effets & marchandises, pour l'intérieur & hors du Royaume.

Les caisses, malles & paquets, doivent être emballés & couverts d'une serpilliere bien cordée, ou d'une toile cirée pour les effets précieux, & envoyés au bureau la veille du départ avant 5 heures du soir, faute de quoi lesdits effets courent risque de ne partir que par la voiture suivante.

Il faut envoyer en outre une déclaration de ce que contiennent les caisses, malles, balles ou ballots, pour les villes frontieres du royaume où il y a Douane, & à l'égard des marchandises & autres effets destinés pour la Flandre Autrichienne, il faut y joindre une autre déclaration signée de la quantité, qualité, poids, aunages & valeur intrinseque, argent de France, des effets en soie ou en laine, sans quoi lesdits effets seroient détenus à la Douane de *Kievrin*, par ordre de l'Empereur, & en cas de fausse déclaration la saisie s'ensuivroit infailliblement.

Il n'est pas moins essentiel aux voyageurs de se munir de passe-port pour sortir du Royaume par Valenciennes.

ENVOI D'ARGENT.

Précautions à prendre pour l'envoi d'argent, bijoux, pierreries, dentelles & étoffes précieuses.

Par arrêt du Conseil d'Etat, du 22 octobre 1785, le transport de l'argent est expressément & exclusivement attribué aux

DÉPART ET ARRIVÉE

Fermiers-généraux des Postes & Messageries du Royaume, Il est défendu à tous Rouliers & autres Voituriers de se charger d'aucunes matieres d'or ou d'argent. Il est aussi enjoint à tous voyageurs de n'en point exposer dans aucune malle, valise ou sac de nuit, qu'en présence des Fermiers ou autres préposés, & d'en faire charger le registre, à peine de perdre son recours sur le Fermier.

Le port des étoffes d'or, d'argent, dentelles, pierreries & autres effets ou bijoux précieux, se paye sur le pied fixé pour l'argent monoyé, sçavoir : 20 sols pour 500 liv. & 5 sols par 100 liv. ensus jusqu'à 1000 liv., & doit être énoncé à peine de perdre son recours contre le fermier.

ENVOIS DE VOLAILLE ET GIBIER.

Précautions à prendre.

On doit avoir l'attention de mettre la volaille ou le gibier dans les boëtes ou panniers d'osier bien conditionnés, & fournir une déclaration signée qui contiendra les noms, demeures & qualités lisiblement écrites des personnes auxquelles on fait l'envoi, en désignant la quantité & l'espece des objets, avec deux adresses particulieres, l'une sur la boëte ou pannier, & l'autre dedans, afin d'y avoir recours au besoin, dans le cas où la premiere se trouveroit perdue ou altérée.

AVIS AU PUBLIC.

Les voyageurs sont quelquefois mécontens dans leur route, soit de la lenteur des relais qui conduisent les diligences, soit des commis conducteurs, soit des auberges.

L'intention de l'Administration des Messageries, est que son service soit bien fait dans touts ses points, & malgré l'attention qu'elle y apporte, elle ne peut pas parer à tous les abus, & encore moins les corriger lorsqu'on les lui laisse ignorer.

Le Public est prié d'écrire à l'Administration toutes les fois qu'il aura quelques sujets de plainte à porter. Elle aura la plus grande exactitude à répondre aux avis qu'on voudra bien lui donner, & mettra tous ses soins à remédier au mal qui aura été fait.

ABRÉVIATIONS.

T. l. j. *signifient* . . . . tous les jours.
L. . . . . Lundi.
M. . . . . Mardi.
Merc . . . . Mercredi.
J . . . . Jeudi.
V. . . . . Vendredi.
S. . . . . Samedi.
D. . . . . Dimanche.
H. du mat. . . . . . . Heures du matin.
H. du s. . . . . Heures du soir.
Dilig . . . . Diligence.
Berl . . . . Berlines.
Cabr. . . . . Cabriolet.
Car. . . . . Carosse.
Coch. . . . . Coche.
Fourg. . . . . Fourgon.
Guimb. . . . . Guimbarde.
Char. . . . . Charrette.
Pl. . . . . Place.
Comm. . . . . Communication.
Liv. . . . . Livre.
S. . . . . Sols.
Den . . . . Deniers.
R. Route.
Voy. . . . . Voyez.

A.

Abbeville, Diligence lundi, mercredi, vendredi, dimanche, à 11 heures & demi du matin en *Eté*, 1 jour & demi de route. Lundi, mercredi, jeudi, vendredi à midi en *hyver*, 3 jours & demi de route. Place 33 liv 12 sols. Carrosse & Cabriolet 21 liv. Fourgon & Pannier 12 liv. 12 s. Port de hardes, &c. 2 sols. 3 d. la livre.

Aire, Dil. d. à 11 h. du mat., 2 j. & demi, pl. 46 liv. Car. & Cabr. 28 liv. 15 s. port 3 s. la livre.

Aix, Dil. l. merc. j. s. à minuit en *Eté*. l. m. merc. v. s. à 3 h. du mat. en *hyver*, 11 à 12 j. de r. Place 133 liv. Cabr. & Car. 96 liv. port 6 den. la liv.

DÉPART ET ARRIVÉE

Alençon, Dilig. s. à 8 h. du s., 2 j. Pl. 36 liv. 8 s. Fourg. merc. d. à 5 h. du mat. 4 j. pl. 13 liv. 10 s. port 2 s. 6 den.

Amiens, Dilig. m. s. à 11 h. demi du matin., 1 j. Pl. 25 liv. 4 s. Cabr. 15 liv. 15 s. Port, 1 s. 9. den.

Andouville, Bureau Cloître N. D. Charrette v. s. midi. Pl. 3 s. par lieue.

Angers, Dilig. merc. s. à 9 h. du s., 3 j. Pl. 25 liv. 4 s. Cabr. 15 liv. 15 s. Fourgon m. à midi, 7 jours & demi. Port, 3 s. 9 den.

Angerville, Bureau rue des Prêcheurs, à la Pomme de Pin, Char. j. s. 4 j. Pl. 4 liv. port 1 s.

Angoulême, Fourg. 3 h. du mat., 10 j. Pl. 85 liv. 14 s. port 6 den.

Anvers, voyez *Bruxelles*.

Arpajon, berl. t. l. j. à 7 h. du mat., demi journée. Prix 6 l. 8 s., Port 6 den.

— *Idem.* Char. à 15 pl. rue d'Enfer, Place S.-Michel, 8 h. du matin.

Arras, Dilig. d. 11 h. demi du mat., 1 j. & demi. Prix 35 liv. 12 s. Port 2 s. 6 den.

Avignon, Dilig. d. l. merc. j. s. à minuit en *Eté*, & d. m. merc. v. s. en *hiver*, 10 j. demi. Prix 129 liv. Cabr. & Car. 86 liv. Port 8 s. 9 den. la liv.

Aumale, bureau rue du jour S.-Eustache.

Auxerre, Dilig. d. l. merc. j. s. à minuit, 2 j. en *Eté*, & d. m. merc. v. s. 3 h. du mat. en *hiver*, 2 j. demi. Pl. 35 liv. Port 3 s. la liv. Guimb. merc. sam. 4 h. du mat. 4 j. de route. Port 20 s. du cent.

Auxonne, Car. l. à minuit, 3 j. demi en *Eté*, j. 4 heures du mat. en *hiver*, 4 j. demi. Pl. 42 liv. Fourg. & pan. 25 liv. 4 s. Port 4 s. 3 deniers la livre.

B.

BAR-LE-DUC, l. merc. v. s. 7 h. du mat., 2 j. demi, Pl. 49 liv. 12 s. Fourg. s. 6 h. du mat., 6 j. Pl. 18 liv. 12 s. Port 3 s. 3 d.

Basle, Car. m. en *Eté*, d. en *hiver* 5 h. du mat., 8 j. de route. Pl. 58 liv. 15 s. Fourgon & panniers 35 liv. 2 s. Port 6 den. la livre.

Bayeux, Dilig. m. s. d. 6 heures du mat., 3 j. Pl. 45 liv. 18 s. Fourg. d. à midi, 5 j. Pl. 18 liv. Port 3 s. la liv. Cab. Car. 30 liv.

Bayonne, Dilig. l. m. merc. d. à 10 h. du s. 11 j. de route. Pl. 160 l. 8 s. Car. & Cabr. 113 l. 10 s. Fourg. merc. à midi, 20 j. de route, Place 44 liv. 14 s. Port 10 sols 3 deniers la livre.

Beaucaire, Dilig. d. l. merc. j. s. à minuit en *Eté*, & d. m. merc. v. s. 3 h. du mat. en *hiver*; 8 jours de route. Pl. 114 liv. jusqu'à Lyon. Cabr. & Car. 50 liv. Port 8 s. 9 den. la liv.

Beauvais, Dilig. m. j. D. 7 h. du soir en *Eté*. l. merc. v. 6 h. du mat. *en hiver*. 1 j. de route. Place 8 liv. Port 1 sol 6 deniers la liv.

—— *Idem*, rue de Vendôme au Marais, N°. 12.

Beffort, Car. merc. en *Eté*, d. en *hiver* 5 h. du mat. 7 j. de route. Place 50 livres 5 sols. Fourgon, paniers 30 liv. Port 5 s. la livre.

Bergerac, Dilig. l. m. merc. d. 10 h. du s., 7 j. de route, Pl. 136 liv. 8 s. Fourg. merc. à midi, 15 j. de route. Pl. 38 liv. 15 s. jusqu'à Bordeaux. Port 8 s. 9 den. la liv.

Besançon, Dilig. j. par la Bourgogne, & d. par la Champagne, à minuit en *Eté*. l. par la Bourgogne & merc. par la Champagne à 5 h. du mat. en *hiver*, 4 à 5 j. de route. Pl. 79 liv. 4 s. Cabr. & Car. 49 l. Port 5 s.

Blois, Dilig. t. l. j. 10 h. du s., 2 j. de route. Pl. 34 liv. Port 2 s. 6 den. la liv. Fourg. merc. à midi, 3 j. de route, 12 livres 15 sols.

Boulogne, Dilig. l. merc. v. d. en *Eté*, merc. j. en *hiver* à 11 h. demi du mat., 2 j. de route. Pl. 48 l. 16 s. Cab. & Car. 30 l. 10 s. port 3 s. 3 den. la liv. Char. Pl. 18 liv. 6 s.

Bordeaux, Dilig. l. m. merc. d. 10 h. du s., 6 j. de route. Pl. 124 liv. 8 s. Cabr. & Car. 77 l. 10 s. Fourg. merc. à midi, 15 j. de route, Pl. 26 liv. 14 s. Port 7 s. 9 den. la liv.

Bourges, Dilig. merc. 11 h. du mat., 4 j. de route. Pl. 34 l. 16 s. Cabr. & Car. 21 liv. Port 3 s. la liv.

Brantôme, Fourg. j. 3 h. du mat. 11 j. de r. Pl. 38 liv. 8 s. Port 6 s. 6 den. la liv.

Brest, Dilig. 8 h. du s. 10 j. de r. Pl. 99 liv. 4 s. Port 7 s. 6 den. la l. Fourg. d. 5 h. du mat. 15 j. de r. Pl. 43 l. 16 s. Port 6 s. 6 d. la liv.

Bruxelles, Dilig. m. j. s. 11 h. du mat. Pl. 56 liv. 4 s. Cabr. & Car. 34 liv. 15 s. Port 3 s. 9 d. la liv.

C.

Caen, Dilig. m. j. d. 6 h. du mat. 2 j. de r. Pl. 42 l. 8 s. Cabr. & Car. 26 l. 10 s. Port 2 s. 9 den. Fourg. d. à midi, 4 j. demi de r. Pl. 15 l. 18 s.

Calais, Dilig. l. merc. v. d. en *Eté*, & l. merc. v. en *hiver*, à 11 h. demi du mat. 2 j. 3 quarts de r. Pl. 55 liv. 14 s. Port 3 s. 6 d. Cabr. & Car. 34 l. 10 s. Port 3 s. 6 den. la l. Char. j. à midi, 6 j. demi de r. Pl. 20 l. 14 s. Port 3 s. la liv.

Cambray, Dilig. m. j. s. 11 h. du mat. 1 j. demi de r. Pl. 35 liv. 12 s. Cab. & Car. 22 liv. 5 s. Port. 2 s. 3 den. la liv.

Chalons-sur-Marne, Dil. t. l. j. le mat. 2 j. de r. Pl. 32 l. 16 s. Cabr. & Car. 20 liv. 10 s. Fourg. s. 6 h. du mat. 4 j. de r. Pl. 12 liv. 6 s.

Châlons-sur-Saône, Dilig. d. l. merc. j. s. à minuit en *Eté*, & d. m. merc. v. s. 4 h. du mat en *hiver*, 4 j. de r. Pl. 68 liv, Cab. & Car. 41 l. 10 s. Port 5 s. Guimb. merc. s. 4 h. du mat. 8 j. de r. Pl. 2 liv. du cent.

Champs-sur-Marne, Bureau Fauxbourg Saint-Honoré, N°. 9.

Chartres, Dilig. l. v. 9 h. du s. Pl. 16 liv. Port 1 s. la livre. Fourgon & panniers 6 livres, Charrette lundi 5 heures du matin.

Château-Thierry, Dilig. merc. s. 6 h. du s. 1 j. de r. Pl. 12 liv. Port 1 s. la liv.

—— *Idem.* bureau rue de Vendôme, au Marais.

Chaumont-en-Bassigny, Car. merc. *en Eté*, d. *en hiver*, 5. h. du mat. 4 j. de r. Pl. 27 liv. 10 s. Port 3 s. la liv. Fourg. & panniers 10 l. 10 s.

Chaumont en Vexin, bureau rue Montorgueil, au Compas.

Cherbourg, Dilig. m. j. d. 6 h. du mat. 3 j. de r. Pl. 68 l. 16 s. Cabr. & Car. 43 l. Fourg. d. à midi, 7 j. de r. 24 l. 6 s. Port 4 s. 6 den. la liv.

Clermont-Ferrand, Dilig. t. l. s. à minuit, 4 jours de route. Place 75 livres 4 sols. Cabriolet & Carrosse 47 liv. Port 4 sols 9 den. la liv.

Compiegne, Dilig. m. v. 6 h. du mat. en *Eté*, merc. s. 7 h. du mat. en *hiver*, 1 j. de r. Pl. 12 liv. Port 1 s.

Coulommiers, Dilig. m. j. s. en *Eté*, merc. s en *hyver*, 5 h. du mat. 1 j. de r. Pl. 8 & 7 liv. Port 9 den. la liv.

Idem

Corbeille, Bureau rue Saint-Dominique, Place Saint-Michel.

Crepy en Valois, Bureau Carré de la Porte S. Martin, au Plat d'étain.

D.

Dieppe, Dilig. t. l. j. 11 h. du mat., 2 j. de r. Pl. 36 liv. Cabr. Car. 22 liv. 10 f. Port 2 l. 3 d. la liv.

Dijon Car. l. à minuit *en Eté*, 3 j. de route, j. 4 h. du mat. en *hiver*, 4 j. de route. Pl. 38 l. 10 f. Pan. & Fourg. 23 l. 2 f. Port 3 f. la liv.

Dole, route de Bourgogne, Dil. j. à minuit en *Eté*, & l. à 5 h. du mat. *en hiver*.

—— *Idem*. Route de Champagne, Dilig. d. à minuit en *Eté*., & à 5 h. du mat. en *hiver*, 3 à 4 j. de route. Pl. 70 liv. 8 f. Port, 4 f. 6 den.

Douay, Dilig. l. merc. v. à 11 heures demi du mat., 1 j. demi de route., Place 39 liv. 12 f. Cabr. & Car. 24 l. 15 f. Port 2 sols 6. den. la liv.

Dourdan, Coche, m. j. v. 7 h. du mat. Pl. 9 l. 12 f. Char. merc. f. 6 h. du mat. Pl. 3 l. 12 f. Port. 9 den. la liv.

—— *Idem*. rue d'Enfer, Place Saint-Michel.

Dreux par *Verneuil*, Dil. merc. 8 h. du f. 1 j. de r. Pl. 15 liv. 4 f. Port. 1 f. la liv. Fourg. merc. d. 5 h. du mat. Pl. 5 l. 14 f. 2 j. de route.

Dunkerque, Dilig. l. merc. v. 11 h. demi du matin *en Eté*, 3 j. de r. Pl. 62 l. 14 f. Car. 42 l. Char. j. à midi, Pl. 31 liv. 4 f. 8 j. de route. Port 4 sols la livre.

E.

Epernay, Dilig. t. l. j. 6 h. du mat. 1 j. demi de r. Pl. 26 liv. 8 f. Port 1 f. 9 d. Cabr. & Car. 16 l. 10 f. Fourg. f. 6 h. du mat. Pl. 9 l. 18 f.

Effonne, Bureau, rue Saint-Dominique, Pl. Saint-Michel.

Etampes, une Berl., t. l. j. à 1 h. du m. en *Eté*, & 8 h. en *hiver*, 1. j. de r. Pl. 10 l. 8 f. Char. [illegible] f. 3 h. du mat. Pl. 3 liv. 18 f. Port 9 den. la liv.

—— *Idem*. Bureau rue d'Enfer, Place St.-Michel.

Eu, Bureau rue du Jour St.-Eustache.

Evreux, Dilig. v. 3 h. du l. Pl. 20 liv. Cabr. & Car. 12 liv. Port 1 sol 3 denier la livre.

F.

Falaise, Dil. merc. v. 8 h. du mat., 2 j. de route, Pl. 22 l. Cabr. & Car. 13 liv. 15 s. Port 2 s. 9 den. la liv.

Feuquieres, bureau fauxbourg Saint-Denis, au Mouton.

Fontainebleau, Dilig. l. merc. v. à 8 h. du s. *en Eté*, m. j. s. 6 h. du mat. en *hiver*, 1 j. de r. Pl. 9 liv. Port 9 deniers la livre.

——*Idem*. Bureau rue de Vendôme, au Marais.

G.

Genève, Car. l. à minuit, 6 j. demi en *Eté*, j. 4 heures du mat. en *hiver*, 8 j. demi. Pl. 120 liv. & nourri, & 92 liv. 16 s. sans nourriture. Cabr. & Car. 92 liv. 16 s. Fourg. & pan. 87 l. & 62 l. 10 s. Port 6 s. 3 den. la liv.

Gisors, Bureau rue Montorgueil, au compas.

Grandvilliers, Bureau Fauxbourg Saint-Denis, au Mouton.

H.

Havre (le), Dilig. t. l. j. 11 h. du mat. 2 j. de r. Pl. 41 liv. 4 s. Fourgon merc. à 4 h. du mat., 4 j. de r. Pl. 15 liv. 18 s. Port 2 sols 9 deniers la livre.

I.

Ivry, bureau rue du Jour S. Eustache.

L.

Laferté-Alais, bureau rue Saint-Victor, au Cheval blanc.

Laferté Milon, bureau rue & porte St.-Martin, au petit St.-Martin.

Laferté-sous-Jouare, Car. v. à 4 h. du mat., 1 j. de r. Pl. 7 l. Port 9 den.

——*Idem*. bureau rue de Vendôme, au Marais.

Laflèche, merc. f. 9 h. du f. 4j. de route. Pl. 59 liv. 4 f. Fourg. m. à midi. 8 j. de route. Place 25 liv. 8 f. Port 4 fols 3 den. la liv.

Lagny, Car. m. j. f. 7 h. du mat. *en Eté*, & à 8. h. *en hiver*, 1 j. de route. Pl. 3 l. Port 6 den.

Langres, merc. en *Eté*, d. *en hiver* 5 h. du mat. 4 j. de route. Pl. 34 liv. Fourg. Pan. Pl. 20 liv. 8 f. Port 3 fols 6 deniers la liv.

Laon, Dilig. l. 10 h. du f. Pl. 26 liv. 8 f. Car. & Cabr. 16 liv. 10 f. Fourg. & Pan. 9 l. 18 f. 3 j. de r. Port 1 f. 9 den. la livre.

La Rochelle, j. f. 10 h. du f. 5 j. de r. Pl. 98 l. 16 f. Cabr. & Car. 61 liv. 15 f. Fourg. j. 3 h. du mat., 12 j. demi de r. Pl. 37 l. 1 f. Port 6 f. 3 den. la liv.

Laval, route de *Rennes*, Dilig. j. d. à 8 h. du f., Pl. 54 liv. Cab. & Car. 3: liv. 15 f. 3 jours de route. Port 3 f. 6 den. la l. Fourg. merc. d. 5. h. du mat. Pl. 20 l. 2 f.

Liege, Dil. merc. f. 10 h. du f. 4 j. de r. Pl. 72 l. Cab. Car. 45 l. Coche, m. 6 h. du mat. 9 j. de r. Pl. 27 liv. Port, 4 f. 6 den. la liv.

Lille, Dilig. l. merc. v. 11 h. demi du matin., 2 j. de r. Pl. 46 liv. Cabr. & Car. 28 l. 15 f. port 3 f. la liv.

Limoges, Dilig., m. 11 h. du mat. 3 j. demi de r. Pl. 74 l. 16 f. Cabr. Car. 45 l. 15 f. Fourg. merc. à midi, 9 j. de r. Port 5 f. la liv.

Liomer, Bureau Fauxb. St.-Denis, au Mouton.

Lisieux, Dilig. m. j. d. 6 h. du mat. 2 j. de r. Pl. 33 l. 12 f. Cabr. & Car. 21 l. Fourg. d. à midi, 4 j. de r. 12 l. 12 f. Port 2 f. 3 den. la liv.

Londres, *Calais*, Dilig. l. merc. v. d. à 11h. demi du mat. en *Eté*, & l. m. j. en *hiver*, 4 j. de r. Pl. 1:0 liv. y compris la nourriture Cabr. & Car. 81 l. 12 f. Fourg. j. à midi, 9 j. de r. Pl. 30 l, 6 f. Port 9 f. 6 den. la l.

L'Orient, route de *Rennes*, Dilig. j à 8 h. du f. 9 j. de r. Pl. 84 l. 14 f. Cab. & Car. 61 l. 15 f. Fourg. d. merc. 6 h. du mat. 14 j. de r. Pl. 37 l. 10 f. Port 6 f. 6 d. la liv.

Lunéville, route de *Strasbourg*, Dilig. l. merc. f. 6 h. du mat. 3 j. demi de r. Pl. 72 l. Cab. & Car. 45 liv. Fourg. f. 6 h. du mat. 8 j. demi. Pl. 27 l. Port. 4 f. 9 den. la liv.

Lyon, Dilig. d. l. merc. j. f. à minuit en *Eté*, 5 j. de r. & d. m. merc. v. f. 3 h. du mat en *hiver*, 5 j. de r. Pl. 114 liv. Cabriolet & Carrosse 40 liv. Port 6 f. Guimb. merc. f. 4 h. du mat. 11 j. de r. Pl. 33 liv. 18 f. Port 15 f. du cent.

M.

Mâcon, Dil. d. l. merc. j. f. à minuit en *Eté*, 4 j. de r. d. m. merc. vend. f. 3 h. du mat. en *hiver*, 5 j. de r. Pl. 77 liv. 12 f. Cab. & Car. 46 l. 10 f. Port 6 den. la liv. Guimb. merc. f. 4 h. du matin, 10 j. de r. Port 15 f. du cent.

Magny en Vexin, Bureau rue Bourg-l'Abbé, à l'Ecu de France.

Mantes, Guimb. m. j. f. 6 h. du mat. 1 j. de r. Pl. 7 liv. Port 9 den. la liv. Fourg. f. 6 h. du mat. 1 j. de r. Pl. 44 l. 4 fols.

Mans (le), Fourg. v. à midi, 5 j. demi de r. Pl. 15 l. 6. f. Port 2 f. 9 den. la liv.

Marseille, Dilig., d. l. merc. j. f. à minuit en *Eté*, d. m. merc. v. f. 3 heures du matin en *hiver*, prix 135 l. Port 9 f. par livre.

Maubeuge, Dilig. m. j. f. 11 h. demi du matin, 3 jours de r. Pl. 44 liv. 14 f. Cabr. & Car. 29 l. 15 fols, port 3 f. la liv.

Mayenne, Dilig. j. d. à 8 h. du soir, 3 j. de r. Pl. 47 liv. 4 f. Car. & Cabr. 29 liv. 10 f. Fourg. merc. d. 5 h. du matin, 5 j. demi de r. Pl. 17 l. 14 f. Port 3 f. par liv.

Meaux, Dilig. m. j. f. 6 h. du mat. en *Eté*, 7 en *hiver*, demi journ. de r. Pl. 8 l. Cabriolet & Carrosse 6 liv. Port 6 den. par livre.

Mecru en Beauvoisis, rue & porte St-Martin, au petit Saint-Martin.

Metz, Diligence, mardi, jeudi, dimanche matin 3 j. demi de route, Pl. 60 liv. 10 f. Cabr. & Car. 38 liv. Port 4 fols par livre.

Mezieres, Dilig. merc. f. 10 h. du soir. 2 j. de de r. Pl. 44 liv. 16 f. Cabr. & Car. 28 l. Pan. & Fourg 16 l. 16 f. Port 3 f. par livre. Coche, m. 6 h. du mat. 5 j. de r. Pl. 26 liv. 16 f.

Mollien, Fauxb. St-Denis, au Mouton.

Montfort-l'Amaury, Guimb. merc. f. 7 h. du mat. Pl. 6 liv. Fourg. *idem*. 4 h. du mat. 1 jour. de r. Pl. 3 l. Port 6 den.

Montmirail, Car. m. 10 h. du soir en *Eté*, merc. 6 h. demi du mat. en *hiver*. Pl. 11 l. 10 f. Port 1 sol 3 deniers par liv.

Montauban, Dilig. j. 11 h. demi du mat. 6 j. demi de r. Pl. 126 l. 8 f. Fourg. m. à midi, 15 j. demi de r. Pr. 47 l. 8 f. Port 8 f.

Montdidier, Car. v. 4 h. du mat. 2 j. de r. Pl. 10 l. Port 1 f. 3 d.

——*Idem.* rue de Vendôme, au Marais.

Montargis, Car. j. 5 h. du mat 1 j. demi de r. Pl. 10 l. Port 1 f. 6 den. la liv.

——*Idem.* rue de Vendôme, au Marais.

Montpellier, Dilig. j. 11 h. du mat. 11 j. demi de r. Pl. 154 l. Cabr. & Car. . . . Port 6 f. 9 den. la liv.

Montreuil-fur-Marne, Dilig., l. merc. v. d. à 11 h. du mat. en *Eté*, & l. merc. v. *en hyver*, 2 j. de r. Place 41 livres 12 f. Cab. & Car. 26 l. Char. j. midi, 5 j. de r. Pl. 15 l. 12 f. Port 1 f. 9 d. par l.

Moulins, Dilig. t. l. 4 j. à minuit, 3 jours de route Pl. 57 liv. 12 f. Cabr. & Car. 39 liv. Port 3 f. 9 d. la liv.

N.

Nanci, Dilig. v. mat. 3 j. demi de r. Pl. 66 l. 8 f. Cab. & Car. 41 l. 10 f. Fourg. m. à midi, 8 j. de r. 24 l. 10 f. Port 4 f. 3 d.

Nantes, Dilig. merc. f. 6 h. du f. 4 j. de r. Pl. 77 liv. 4 f. Cab. & Car. 55 l. Fourg. m. à midi, 8 j. de r. Pl. 31 l. 10 f. Port 5 f. par liv.

Nemours, Dil. t. l. j. 4 à minuit 1 j. de r. Pl. 16 l. Cab. & Car. 10 l. Port 1 f. 3 d. par l.

Nevers, Dilig. t. l. 4 j. à minuit 3 j. de r. Pl. 47 l. 4 f. Cab & Car. 29 l. 10 f. Port 3 f. par l.

Niort, Dilig. j. f. 10 h. du f. 4 j. de r. Pl. 86 liv. 16 f. Cabr. & Car. 54 l. 5 f. Fourg. j. 3 h. du mat. 10 j. demi de r Pl. 32 l. 2 f. Port 5 f. 6 d. la liv.

O.

Orléans, Dilig. d. l. v. f. à 11 h. du matin, Pl. 22 l. 16 f. Cabr. & Car. 14 liv. 5 f. port 1 f. 6 d.

Ornoy, bureau Fauxbourg Saint-Denis, au Mouton. Char. le mardi.

P.

Pau, Dilig. l. m. merc. d. 10 h. du f. Pl. 154 liv. 8 f. Cab. & Car. 107 liv. 10 f. Port 10 f. 6 d. par l.

Périgueux, Fourg. j. 3 h. du mat. 12 j. de r. Pl. 47 liv. Port 6 f. 9 den. par liv.

Peronne, Dilig. t. l. j. 11 h. demi du mat. 1 j. de r. Pl. 26 l. 16 f. Cab. & Car. 16 l. 15 f. Port 1 f. 9 den. par liv.

Poissy, Car. à volonté, 8 h. du mat. Pl. 4 liv. 15 f. Coche t. l. j. Pl. 1 l. 10 f. Port 6 d. par liv.

Poitiers, Dil. t. l. j. excepté le v. à 10 h. du f. 3 j. de r. Pl. 71 l. 12 f. Fourg. merc. à midi 7 j. de r. Pl. 28 liv. 17 f. Port 4 f. 6 d. par liv.

Pont-Saint-Maxence en Valois, Bureau rue Grenetat.

Provins, Caroffe mardi 5 heures du matin. Pl. 10 l. Port 1 f. par liv.

——*Idem.* Bureau rue de Vendôme, au Marais.

Rebois en Brie, rue de Vendôme, au Marais.

R.

Reims, Dilig. merc. f. 10 h. du f. 2 j. de r. Pl. 30 l. 8 f. Cabr. & Car. 19 liv. Coche m. 6 h. du mat. 3 j. de r. Pl. 11 liv. 8 f. Port 2 f. par l.

Rennes, Dilig. j. d. 8 h. du f. 8 j. de r. Pl. 69 liv. 4 f. Cab. & Car. 43 liv. 5 f. Port 4 f. 6 d. par liv. Fourg. merc. d. 5 h. du mat. 8 j. de r. Place 25 livre 16 fols. Port 3 f. 6 den. par livre.

Rethel, Dilig. merc. f. 10 h. du f. 1 j. demi demi de r. Pl. 37 l. 12 f. Cab. & Car. 23 liv. 10 f. Coche, m. 6 h. du mat. 4 j. de r. Pl. 14 l. 2 f. Port 2 f. 6 d. par liv.

Roanne, Car. les j. 6 j. de r. Pl. 21 l. Port 2 f. 3 d. voy. *Moulins*.

Rochefort, Dilig. j. f. 10 h. du f. 6 j. de r. Pl. 102 liv. 6 f. Port 6 f. 6 d. par l.

Rouen, Dilig. t. l. j. 11 h. du mat. 1 j. de r. Pl. 24 l. 16 f. Cabr. 15 l. 10 f. Port 1 f. 9 den. par l. Car. f. à midi, 3 j. de r. Pl. 16 f. 10 f. Fourg. & pan. merc. 4 h. du mat. 2 j. demi de r. Pl. 9 liv. 18 f. Port 1 f. 6 d.

Roye, Fauxb. S. Denis, au mouton.

Rozoy, Car. f. m. 5 h. du mat. 1 j. de r. Pl. 6 liv. Port 1 fol par livre.

——*Idem.* rue de Vendôme, au Marais.

S.

Saintes, Fourg. merc. à midi. 11 j. demi de r. Pl. 37 liv. 7 f. Port 6 f. 3 d.

Saumur, Dil. m. s. 9 h. du s. 4 j. de r. pl. 67 l. 4 s. Cabr. & Car. 42 l. Fourg. m. à midi, 8 j. de r. pl. 25 l. 4 s. port 4 s. 3 d.

Sedan, Dilig. merc. 10 h. du s. 2 j. de r. pl. 48 liv. 16 s. Cab. & Car. 30 liv. 10 s. Coche m. 6 h. du mat. 5 j. de r. pl. 18 l. 6 s. port 3 s. par livre.

Sens, Dil. d. l. mer. j. s. à minuit en *Eté*, & d. m. merc. v. s. 3 h. du mat. en *hyver*, 1 j. demi de r. 24 l. Cabr. & Car. 12 l. 10 s. port 2 s. la l. Guimb. merc. s. 4 h. du mat. 3 j. de r. port 1 s. 6 d. la liv.

Sezanne, Car. m. 10 h. du s. en *Eté*, 6 h. demi du mat. mer. en *hiver*, 2 j. demi de r. pl. 12 l. port 1 s. par l.

—*Idem* rue de Vendôme, au Marais.

Strasbourg, Dilig. l. merc. s. mat. 4 j. demi de r. pl. 95 l. 4 s. Cabr. & Car. 59 liv. 10 s. Fourg. s. 6 h. d. mat. 12 j. de r. prix 35 l. 14 s. port 6 s. par liv.

Soissons, Dilig. l. 10 h. du s. 1 j. de r. pl. 20 l. Cab. 12 l. 10 s. Coche 6 h. du mat. 2 j. de r. pl. 7 l. 10 s. port 1 sol 3 den.

Saint-Germain en Laye, Car. à volonté, 8 h. du matin, prix 1 l. 5 s. Coche t. l. j. 2 h. du s. prix . . . port 6 d. par l.

Saint-Malo, Dilig. d. 8 h. du s. pl. 77 l. 14 s. Cabr. & Car. 51 l. 15 s. port 5 s. 6 d. par l. Fourg. merc. à midi, 12 j. de r. prix 30 liv. 18 s. port 4 s. 6 d. par liv.

Sainte-Menehould, Dilig. m. j. d. 7 h. du mat. 2 j. demi. de r. Pl. 40 l. 16 s. Cabr. 25 liv. 10 s. Port 2 s. 9. den.

Saint-Omer, Dil. d. 11 h. demi du mat. 2 j. de r. pl. 49 l. 4 s Cab. & Car. 30 l. 15 s. Port 3 s. 3 d.

Saint-Quentin, Dilig. d. j. à 10 h. du s. 1 j. demi de r. pl. 28 liv. Fourg. j. 6 h. du mat. 3 j. de r. pl. 10 l. 10 s. port 1 s. 9 d.

T.

Tonnere, par *Besançon*, Diligence lundi à minuit en *Eté*, jeudi 4 heures du matin en *hiver*. Place 40 liv. Car. & Cab. 25 liv. Port 2 s. 6 den.

Toulouse, Dilig. j. 11 h. du mat. 7 j. de r. pl. 136 l. port 8 s. 6 d. Fourg. merc. à midi 16 j. de r. prix 51 l. port 6 s.

Tours, Dil. v. 11 h. du s. 2 j. demi de r. pl. 47 l. 12 s. Car. & Cab. 29 l. 15 s. 2 j. demi de r. Fourg. l. à midi, pl. 17 l. 17 s. port. 3 s. 5 j. de r.

Troyes, Dilig. v. à minuit en *Eté*, 2 j. de r. 5 h. du mat en *hyver*. pl. 30 l. Car. & Cab. 19 l. Port 2 s.

V.

Valenciennes, Dilig. m. j. s. 11 h. demi du mat. 2 j. de r. pl. 41 l. 4 s. Cab. & Car. 25 l. 15 s. port 2 s. 9 d.

Verdun, route *de Metz*, Dilig. m. j. d. 7 h. du mat. 3 j. de r. pl. 48 l. 16 s. Cabr. & Car. 30 l. 10 s. port 3 s. 3 d.

Verneuil, Dil. merc. s. 8 h. du s. pl. 22 l. 1 j. der. Cab. & Car. 13 l. 15 s. port 1 s. 6 d. 1 j. de r. Fourg. merc. d. 5 h. du mat. pl. 8 l. 2 s. 3 j. de r.

Vernon, Car. s. à midi, 2 j. de r. pl. 10 l. Fourg. 6 l. port 1 s.

——*Idem.* rue du Jour S. Eustache.

Versailles, Bureau Quai d'Orçay, Voitures de toutes especes, t. l. j. & à toutes h., pl. 3 l. 10 s. Car. 8 h. du mat. & à 2 h. de l'après-midi, pl. 1 l. 5 s. port 6 d. la liv.

Villers-Cotterets, en *Picardie*, à 15 lieues, Bureau rue Grenetat.

VOITURES PAR EAU.

De Paris à Rouen, bureau au Port S. Nicolas t. l. s. & par extraordinaire les mardi & jeudi.

Galliotte de *Poissy* pour *Rouen* t. l. j. à 11 h. pl. 3 s. par lieue.

COCHES D'EAU.

Quai & hors de la Tournelle, part t. l. j. 7 h. du mat. en *Eté*, depuis le premier Avril jusqu'au premier Octobre, & à 8 h. du mat. *en hiver*.

Sens, lundi.
Briard, mardi.
Corbeil, mercredi, samedi.
Auxerre, mercredi, samedi.
Montreau, jeudi.
Melun, vendredi.
Nogent, dimanche.

Coche royal t. l. j. à 7 h. pendant le séjour du Roi à Fontainebleau, pl. 2 l. 10 s.

N. B. Les marchandises doivent être envoyées la veille au Bureau avant 7 h. du s.

ROULAGE PARTICULIER.

Commissionnaires Entrepreneurs de grosses Voitures par la voie des Rouliers, pour tout le Royaume. MM.

Abraham (ve.), rue S. Denis.
Bailly, rue Beaurepaire.
Brebion, rue de la Verrerie.
Bugey, rue S. Martin.
Chaillam, rue Grenetat.
Chatra, rue d'Enfer.
Depreste, rue S. Sauveur.
Glot, rue S. Denis.
Hemery, rue S. Denis.
Leclerc & Hébert, rue des Deux Ecus.

www.ingramcontent.com/pod-product-compliance
Ingram Content Group UK Ltd.
Pitfield, Milton Keynes, MK11 3LW, UK
UKHW020322230726
13925UKWH00002B/558

9 782014 449747